सफल होना चाहते हैं तो मेहनत करना सीखें। अपने रोजमर्रा के कामों की प्राथमिकता तय करें। आप क्या चाहते हैं और आपके पास क्या होना चाहिए, इन दोनों के बीच अंतर करना सीखिए। काम करने के लिए एक निश्चित तरीका अपनाएं। अपने पास एक नोटबुक या डायरी रखें। हर काम को करने का समय इस प्रकार तय करें कि आप काम के बोझ तले दब न जाएं। अपने को केंद्रित रखें। व्यवहारकुशल बनें। काम के पूरा करने का पूर्ण प्रयत्न करें। काम आनंद पूर्वक करें, भार स्वरूप नहीं। हमेशा सीखने के प्रति जिज्ञासु रहें। सहायता लेने से परहेज न करें। अपने काम का विश्लेषण करें एवं अपने ऊपर पूर्ण भरोसा रखें। सफलता आपकी सुनिश्चित है।

आप भी सफल हो सकते हैं

जोगिन्दर सिंह
भूतपूर्व सी.बी.आई. निदेशक (भारत)

फ्यूजन बुक्स

प्रकाशक : डायमंड पॉकेट बुक्स (प्रा.) लि.
X-30 ओखला इंडस्ट्रियल एरिया, फेज-II
नई दिल्ली-110020
फोन : 011-40712200
ई-मेल : sales@dpb.in
वेबसाइट : www.diamondbook.in

Aap Bhi Safal Ho Sakte Hain
By : Joginder Singh

भूमिका

जीवन में बेहतर बनने व कुछ पाने के विषय पर बाजार में सैकड़ों किताबें हैं। वे सब अच्छी हैं क्योंकि उनसे कुछ-न-कुछ सीखने को मिलता है। जीवन इतना छोटा है कि इसे बरबाद नहीं किया जाना चाहिए। अभी तक सफलता के लिए कोई निश्चित दवा या फार्मूला नहीं बना। यह उस लकड़ी की तरह है, जो आसानी से नहीं उगती। हवाएं जितनी तेज होंगी, पेड़ उतना ही मजबूत होता जाएगा। यही हम मनुष्यों पर भी लागू होता है। हमारे चारों ओर अनेक अवसर मौजूद हैं पर हमें अपनी धुन का पक्का होना होगा। यह एक ऐसा वरदान है जिसके फलस्वरूप हम मनचाही सफलता पा सकते हैं।

अगर आप लगातार कोशिश करें और लगातार काम करें तो सब कुछ कर सकते हैं। इस संसार में पक्की धुन या लगन का स्थान कोई नहीं ले सकता। 'केल्विन कोलिज' इस बारे में कहते हैं-"केवल प्रतिभा से नहीं, असफल व्यक्ति भी प्रतिभावान हो सकते हैं। केवल बुद्धिमानी से नहीं, बुद्धिमत्ता भी कभी-कभी पहचान में नहीं आती। केवल शिक्षा से नहीं क्योंकि संसार में शिक्षित भरे पड़े हैं। केवल और केवल पक्का इरादा और लगन ही काम आ सकते हैं।"

अगर जो है, उससे ज्यादा पाना चाहते हैं, जो हैं, उससे अच्छे बनना चाहते हैं तो आपको प्रतिदिन मेहनत करनी होगी। हमें सदा अपने पंख फैला कर उड़ान भरने, खुशियों से दामन भरने और सबसे अच्छा कर दिखाने को तैयार रहना चाहिए। प्राय: हम जल्दी ही हार मान जाते हैं। कई बार तो हम कोशिश तक नहीं करते, हम मान लेते हैं कि हम सफल हो ही नहीं सकते। इसकी पड़ताल रोचक हो सकती है कि आखिर ऐसा होता क्यों है? यह इसलिए होता है क्योंकि हम बहुत आसानी से अतीत की भूलों को भविष्य पर हावी होने देते हैं।

प्रसन्नता व पराजय के बारे में आपकी जो भी सीमित भावनाएं हों उनसे उबरने की कोशिश करें। आपको स्वयं ही अपनी बनाई कैद से आजाद होना होगा। कड़ी मेहनत से ही सच्ची जीत मिलती है। बिना कोई कीमत चुकाए, न तो कोई जीता है और न ही जीत सकता है। सही जगह व सही समय पर होना ही भाग्य नहीं होता। यह मनचाहा जीवन पाने की जोश भरी रोमांचक प्रक्रिया है।

यह सोच कर हाथ पर हाथ रखकर न बैठ जाएं कि अच्छी बातें अपने-आप घटेंगी। साहसी बनें, जो चाहते हैं आगे बढ़ कर ले लें। अपना लाभ तय करें और प्रतिदिन इसे अपनी कल्पना में देखें। भाग्य अपने-आप चला आएगा। यह केवल तभी आपका साथ देता है जब आप सपने साकार करने की दिशा में जुट जाते हैं। उन लोगों की गिनती में अपना नाम शामिल न करें जो सदा उन परेशानियों का रोना रोते रहते हैं जो कभी उन पर आई थीं या आ सकती हैं। इसके बजाय मानकर चलें कि जो बीत गई सो बात गई। हर दिन एक नई शुरुआत होता है। अतीत को पीछे छोड़ दें और आगे चलें। पिछली भूलों व पछतावों के जाल में न फंसें। सच्ची बुद्धिमानी यही जानने में है कि किन बातों पर ध्यान देना है और किन्हें छोड़ना है।

स्वयं को तथा दूसरों को अतीत की भूलों के लिए दोषी ठहराने की बजाय कुछ अच्छा करें। सदा भविष्य की ओर देखें। अपनी ओर से प्रसन्नता की किसी भी संभावना का स्वागत करें। एक अमरीकी विचारक हेनरी डेविड ने कहा है, "एक आदमी जो अपने बारे में सोचता है, उसी से उसके भाग्य का पता चलता है या संकेत मिलता है।"

यह पुस्तक उन पाठकों के लिए सहायक हो सकती है जो अपने जीवन को बेहतर बनाना चाहते हैं। आगे बढ़ें और इसका आनंद लें।

–जोगिंदर सिंह

भूतपूर्व सी. बी. आई. निदेशक

(भारत)

अनुक्रमणिका

1. खेल के नियम 9

2. धनवान बनें 33

3. कर्मचारियों को प्रेरणा दें 51

4. सफलता की रेसिपी 64

5. आप भी महान हैं 86

6. रचनात्मकता के लिए... 105

7. घरेलू जीवन व काम को व्यवस्थित करें 120

8. सफलता की तैयारी 135

9. सफलता की राह और भी 157

10. नए वर्ष का संकल्प 174

1.

खेल के नियम

नियमों के साथ चलें

अगर यह जीवन एक खेल है तो आप इसके नियमों पर चल कर ही सफलता के शिखर तक पहुंच सकते हैं। वैसे तो नियम साधारण ही होते हैं परंतु हम इन्हें आसानी से अनदेखा कर देते हैं।

अगली बार जब भी आप किसी दूसरे की आलोचना शुरू करें तो अपने-आपसे इतना अवश्य पूछें कि क्या ऐसा करने से कहीं कोई बदलाव आएगा? वह व्यक्ति तो ज्यों का त्यों ही रहेगा परंतु आप अपनी ही नजरों में गिरकर छोटे हो जाएंगे। किसी दूसरे को नीचे गिराकर आप कभी ऊंचे नहीं उठ सकते, इस व्यवहार से केवल आपका क्रोध, घृणा, असुरक्षा, जलन और भय ही स्पष्ट होता है।

अक्सर लोग एक-दूसरे के प्रति नीच व्यवहार करते हैं क्योंकि वे असुरक्षा की भावना से ग्रस्त होते हैं और उन्हें लगता है कि उन्हें कोई नहीं चाहता। वे इस प्रेम से अपने-आपको दूर ले जाकर अपना बचाव करने की कोशिश करते हैं। दूसरे शब्दों में अगर कोई अपने-आपको प्रेम करने योग्य नहीं समझता तो वह दूसरों को भी प्रेम नहीं दे पाता। एक आत्मविश्वासयुक्त व्यक्ति विश्वास रखता है कि वह स्नेह और मित्रता करने के योग्य है और दूसरों के साथ भी ऐसा ही व्यवहार करता है।

संक्षेप में, अपने आत्मविश्वास को बढ़ाने के लिए आपको दूसरों के व्यवहार की चिंता छोड़कर, अपने-आपमें बदलाव लाना होगा। आप पहले स्वयं को सुरक्षित महसूस करें, तभी दीर्घकालीन, सकारात्मक और संतुष्टिदायक संबंध बना सकते हैं। एक स्वाभिमानी व्यक्ति किसी को भी अपनी भावनाओं से खेलने का अवसर नहीं देता। वास्तव में, यदि आप चाहें, तभी कोई आपके आत्मविश्वास को ठेस पहुंचा सकता है। अगर आप अपने बारे में सकारात्मक नजरिया रखते हैं तो आप दूसरों से भी आदर व दयालुता से पेश आएंगे। दूसरों

से आपके संबंधदर्शाते हैं कि आप अपने बारे में क्या सोचते हैं। अपनी सकारात्मक छवि प्रस्तुत करने का भरपूर प्रयत्न कीजिए। अपने-आपको श्रेष्ठ रूप में दर्शाइए।

आपको यह सीखना होगा कि किस तरह आत्मविश्वासी व्यक्ति शब्दों का प्रयोग न करते हुए भी अपने व्यवहार व हाव-भाव से अपना परिचय दे देते हैं। अगर आप दूसरों पर सकारात्मक प्रभाव डालना चाहते हैं तो निम्नलिखित बातों पर अवश्य ध्यान दें।

विरोधाभास को पहचानें। कई बार हम चाहकर भी दूसरों पर अच्छा प्रभाव नहीं डाल पाते। ऐसा हम तब करते हैं जब सभी काम सामान्य तरीके से करते हुए साधारण रूप से जीते रहते हैं। निश्चित ही कुछ फिल्म अभिनेता, अभिनेत्रियां व खिलाड़ी अपनी उपलब्धियों व सेलीब्रिटी होने के नाते अपना प्रभाव जमा लेते हैं परंतु ऐसे प्रभाव केवल वही नहीं डालते। हम भी प्रतिदिन, प्रति क्षण दूसरों पर अपना अच्छा प्रभाव छोड़ सकते हैं।

ऐसा जीवन के किसी भी क्षेत्र में, किसी भी रोल में (चाहे वह मां, पत्नी, पति, बच्चे, कर्मचारी या व्यवसायी किसी का भी क्यों न हो) संभव है। हमें जीवन का प्रत्येक क्षण सजगतापूर्वक जीना चाहिए। प्राय: हम लोग तयशुदा आदतों के अनुसार अपना जीवन जीते हैं। हमें एहसास भी नहीं होता कि हमारे कामों का दूसरों पर कैसा असर पड़ रहा है। इन हालातों में हमारा व्यवहार भी हमारे मूल्यों से मेल नहीं खाता पर अगर हम पूरी कोशिश करें तो उच्च स्तरीय जीवन जी सकते हैं।

सफलता के लिए सफल संबंधों की भूमिका बहुत महत्त्व रखती है। कोई भी व्यक्ति अकेला द्वीप नहीं होता और न ही वह अकेला ऊंचाइयों तक पहुंच सकता है। हम अपने जीवन में मिलने वाले प्रत्येक व्यक्ति से कुछ-न-कुछ सीख सकते हैं। विंस्टन चर्चिल (1874-1965), ब्रिटिश के प्रधानमंत्री ने एक बार कहा था-"मैं सदा सीखने को तैयार रहता हूं, हालांकि मुझे पढ़ाया जाना पसंद नहीं है।"

हम प्राय: दूसरों से प्रेरित होते हैं या उन्हें प्रेरणा देते हैं। दूसरे शब्दों में कुछ लोग आपका हौंसला बढ़ाते हैं और कुछ लोग आपका उत्साह ठंडा कर देते हैं। कुछ लोग आपको नीचा दिखाने की कोशिश भी करते हैं पर वही लोग

सफल हो पाते हैं जिन्हें दूसरों को उठाने की कला आती हो। दूसरों की प्रशंसा करना व उन्हें उत्साहित करना, इसे आप सफल संबंधों का आधार मान सकते हैं। लोगों को ऊंचा उठाने के लिए उनकी प्रशंसा करें। प्रशंसा में बहुत बड़ी शक्ति छिपी है। जब आप किसी की तारीफ करते हैं तो संबंध अपने-आप ही मजबूत होने लगते हैं।

आप वो समय याद करें जब किसी ने आपकी प्रशंसा की थी। आपको कितना अच्छा लगा होगा, संभवत: उस दिन के बाद आप उस व्यक्ति को और अधिक चाहने लगे। मेहनती व ईमानदार लोगों की तारीफ करें और उन्हें बताएं कि आप उनकी कद्र करते हैं। आप अपने शब्दों, किसी कार्ड या फोन कॉल द्वारा भी अपनी प्रशंसा जाहिर कर सकते हैं।

व्यक्ति की नहीं, उसकी किसी विशेषता की तारीफ करें। मान लें, आपके ऑफिस में एक मेहनती और लगन वाला कर्मचारी काम करता है। आप उससे कह सकते हैं–"लगता है बस तुम्हीं सबसे पहले आते हो और सबसे आखिर में दफ्तर से जाते हो। तुमने तो दूसरों के लिए भी मिसाल कायम की है। तुम जैसा कर्मचारी/अधीनस्थ पाना मेरे जैसे बॉस के लिए बहुत बड़ी बात है।"

हमें केवल इसलिए तारीफ नहीं करनी चाहिए कि तारीफ करना जरूरी है। हमें आसपास रहने वाले लोगों की खास आदतों या बातों को जान कर उनकी तारीफ करनी चाहिए। यहां झूठ बोलने से कोई फायदा नहीं होगा। जब किसी से कोई गलती हो जाए, तो उसे उसकी भूल समझाते समय कुछ प्रशंसा के शब्द भी कहें। आपके संबंधों में इस व्यवहार से आश्चर्यजनक सुधार आएगा।

परिवार, मित्र व सहयोगियों के साथ सहयोग व संबंधों से मिलकर ही यह जीवन बनता है। जब हम लोगों को उनकी सकारात्मक विशेषताएं बताते हैं तो हमारे संबंधों में निखार आता है। दूसरे लोगों को नीचा दिखाने की बजाय उनके जीवन-स्तर में सुधार लाने की क्षमता से ही आपकी नेतृत्व शक्ति का पता चलता है। अमेरिका के सोलहवें राष्ट्रपति अब्राहम लिंकन (1810-1865) ने एक बार कहा था, "मैं धीमी गति से अवश्य चला पर मैंने कभी उल्टी चाल नहीं चला।"

जब आप दूसरों की तारीफ करते हैं तो वे आपके वफादार हो जाते हैं

क्योंकि उन्हें पता चल जाता है कि आप उनकी परवाह करते हैं और उनसे स्नेह रखते हैं। यह रवैया आपकी सफलता में सहायक होता है।

ऊंची कल्पना करें

उत्साहहीनता और घमंड आपकी मानसिक शांति को भंग कर देते हैं। जब कभी हम ज्यादा थक जाएं, किसी काम में असफल होकर निराश हो जाएं, बीमार पड़ जाएं, कर्जे से घिर जाएं और लगने लगे कि हमारे जीने का कोई मतलब ही नहीं है तो हम पर उत्साहहीनता छा जाती है। असफलता व कुंठा भरे माहौल में हम ऊंची और अच्छी कल्पना ही नहीं कर पाते। साहस की कमी से ही हताशा पैदा होती है। इस जीवन-रूपी यात्रा में बिना किसी नक्शे के और सिद्धांतों की बजाय भ्रम के साथ चलने से ही ऐसे हालात बनते हैं। उत्साहहीनता एक ऐसी स्थिति है जहां आप एक ऐसे जंगल में खो जाते हैं, जहां से बाहर आने का मार्ग ही नहीं सूझता। हमारे मित्र व सहयोगी हमारे कामों का अपने तरीके से विश्लेषण करने के बाद हमें निरुत्साहित कर देते हैं और हम अपने लक्ष्य से भटक जाते हैं।

साहस को एक विशेषता या खासियत की तरह विकसित किया जा सकता है। स्पष्ट नजरिए के साथ अपनी क्षमताओं के संतुलित प्रयोग से हमारे भीतर साहस पैदा होता है। साहसी बनने का सबसे अच्छा तरीका यही है कि आप कोई लक्ष्य चुनें और उसे पाने में जुट जाएं।

जो भी वादा करें, चाहे वह छोटा ही क्यों न हो, उसे निभाने की कोशिश करें। इससे आपको आत्मविश्वास बढ़ाने में मदद मिलेगी। यह शांति व विकास की ओर पहला कदम होगा।

गर्व या घमंड भी आपके सारे प्रयत्नों को डांवाडोल कर देता है। अक्सर घमंड या अभिमान को किसी व्यक्ति की उपलब्धियों से प्राप्त संतुष्टि व आनंद के रूप में परिभाषित किया जाता है। यह भी आपके जीवन में एक विनाशकारी तत्त्व हो सकता है। सी.एस. लुईस इस विषय में कहते हैं: "केवल कुछ पाने से नहीं अपितु दूसरे व्यक्ति से ज्यादा पाने की अनुभूति ही गर्व है—यह तुलना ही आप में घमंड पैदा करती है। घमंड एक आध्यात्मिक कैंसर की तरह है—यह प्रेम, संतुष्टि व सामान्य बुद्धि की सारी संभावनाओं को खा जाता है।"

कुछ लोग मानते हैं कि एक निश्चित जीवन-शैली होने से उनके गर्व को तुष्टि मिलेगी, चाहे वह उनकी आय के साधनों से ज्यादा ही क्यों न हो। ऐसे लोग सदा अपने कपड़ों, शरीर व घर आदि की तुलना दूसरों से करते रहते हैं। कुछ लोग अपने मित्रों व सहयोगियों की संख्या व उनसे प्राप्त होने वाली प्रशंसा की मात्रा को अभिमान का विषय मानते हैं। कुछ लोगों को अपनी डिग्रियों के बल पर शिक्षित होने का मान होता है। उन्हें लगता है कि उच्च शिक्षा उन्हें सबसे उच्च पद पर पहुंचा सकती है। यद्यपि हमें ऐसे लोगों की तारीफ करनी चाहिए जिसके पास अच्छा घर, अधिक मित्र, धन अथवा नई गाड़ी हो। घमंड को नफरत व जलन से नहीं जोड़ना चाहिए।

कुछ लोग यही मानकर संतुष्ट हो लेते हैं कि वे दूसरों के मुकाबले सफलता की काफी सीढ़ियां चढ़ चुके हैं। उन्हें इस बात की भी परवाह नहीं होती कि उनकी सीढ़ी सही दीवार के सहारे टिकी है या नहीं। घमंडी लोग अपनी सारी ऊर्जा व समय यही जानने में लगा देते हैं कि किसके पास बड़ी गाड़ी है, किसका घर सबसे सुंदर है या कौन शहर के पास इलाके में रहता है। उनके लिए प्रतिस्पर्धा का स्वर, आत्मा की गुनगुनाहट से कहीं ऊंचा होता है। इससे उनके जीवन की प्राथमिकताएं नष्ट हो जाती हैं।

अभिमान नम्रता का शत्रु है। हमें यह मान लेना चाहिए कि हम अकेले नहीं जी सकते और हमारे जीवन की विशेषता दूसरों के जीवन से भी जुड़ी है। हम जितना ही लोगों व मूल्यों की कद्र करेंगे, हमारी मानसिक शांति में इजाफा होगा।

कई बार जब हम किसी काम को पूरे मन से करने की इच्छा प्रकट करते हैं तो उसका नतीजा उसी समय मिल जाता है। यह कोई चमत्कार नहीं हमारी कड़ी मेहनत और प्रयत्नों का फल होता है। संसार की अनेक शक्तियां हमारे लिए काम करती हैं। हम जान भी नहीं सकते कि वे अज्ञात रूप में किस तरह हमारे लिए सहायक हो जाती हैं। जब भी हम कोई फैसला लेने लगते हैं, वे सभी शक्तियां मिलकर हमारी सहायता करने आ पहुंचती हैं। यह प्रक्रिया तब तक चलती रहती है जब तक हम अपने लक्ष्य तक नहीं पहुंच जाते। इसलिए मैं कहता हूं कि ऐसा कोई काम नहीं, जिसे आप नहीं कर सकते। जब आप वास्तव में किसी काम को करना चाहते हैं तो उसे होने से कोई नहीं रोक सकता।

बड़े व महान काम करने के लिए एक विशेष प्रकार की मानसिक अवस्था चाहिए। इसके लिए दृढ़ संकल्प, आशावादिता, स्पष्टता, मानवता के लिए प्रेम तथा विनय भी अनिवार्य गुण हैं। आशावादी चिंतन आपको नया नजरिया देता है। अगर आपको पूरा विश्वास हो कि कोई-न-कोई रास्ता अवश्य निकल आएगा तो परिस्थितियां आपके लिए स्वयं ही हल प्रस्तुत कर देती हैं। दृढ़ संकल्प बहुत काम आने वाली चीज है चाहे आप किसी काम को करने के मूड में नहीं हैं, चाहे आपको दूसरों की तुलना में ज्यादा काम दिया जा रहा हो, चाहे आपको कड़ी मेहनत करनी पड़ रही हो, काम करने से न घबराएं। साथ ही आपको स्पष्ट रूप से केंद्रित भी रहना होगा। आप जितना अधिक केंद्रित होंगे, घटनाएं आपके पक्ष गें घटने लगेंगी। अपने लक्ष्यों को लिखने की आदत बनाएं। अगर आप किसी बात में पूरी तरह विश्वास रखने लगते हैं तो ब्रह्मांडीय बल उस घटना के घटने में पूरा योगदान देता है। चाहे दूसरे कुछ भी कहें, लालच से बच कर रहें। केवल स्नेह व आदर उन लोगों को आप तक खींच लाएगा जो आपकी मदद कर सकते हैं। यह सच ही तो है, जो आप दूसरों को देते हैं, वही आपके पास लौटकर आता है।

सकारात्मकता पर केंद्रित रहें

शेक्सपीयर ने अपने नाटक 'हेमलेट' में कहा है, "कुछ भी अच्छा या बुरा नहीं होता, आपकी सोच उन्हें वैसा बनाती है।" एक बार एक राजा ने अपने दरबारियों को बताया कि उसके दिमाग में दो कुत्ते रहते हैं। जिनमें से एक गुस्सैल और भयानक तथा दूसरा साहसी व मनमौजी है। यह दोनों कुत्ते लगातार लड़ते रहते हैं। एक दरबारी ने पूछा–"इनमें से किस कुत्ते की जीत होती है?"

राजा ने उत्तर दिया–"जिसे मैं खुराक देता हूं।"

यह हम सबके लिए भी सच है। हर दिन हमारे लिए चुनाव लेकर आता है। यह हम पर निर्भर करता है कि हम सकारात्मक पहलू पर केंद्रित होंगे अथवा नकारात्मक पहलू पर। नकारात्मकता से असुरक्षा, भय व मनहूसियत का माहौल पैदा होता है। सकारात्मक विचार व रवैए से आशा की किरण जन्म लेती है–यह सारा चुनाव आप पर ही है। अक्सर लोग इस खास तथ्य की उपेक्षा करके यह मानने लगते हैं कि उनके कर्म ही जीवन की सफलता, असफलता व मानसिक दशा तय करते हैं। 'रिचर्ड कार्लसन' के अनुसार कुछ

भी सत्य से आगे नहीं होता, "हालात नहीं, हालात के बारे में हमारी सोच यह तय करती है कि हम कैसा महसूस करते हैं।"

मेरे उन दो मित्रों को ही लें। वे दोनों ही पचास वर्ष की आयु के हैं। उन दोनों के पास अपनी शेष आयु के लिए अलग-अलग राय है। एक का मानना है कि उसकी आयु अब थोड़ी रह गई है इसलिए उसे जिंदगी के बाकी काम जल्दी निपटा देने चाहिए। दूसरे का मानना था कि जीवन का पचासवां वर्ष उसके लिए नई चुनौतियां लाया है जिन्हें स्वीकार कर वह अपने व्यवसाय में शिखर तक पहुंच सकता है। पैंसठ वर्ष की आयु में वह एक धनी व्यक्ति बन गया। हमारे जीवन की घटनाएं नहीं, विचार ही यह निश्चित करते हैं कि हमारा आज और आने वाला कल कैसा होगा। सौभाग्य से ईश्वर ने हमें इन घटनाओं को देखने के लिए सकारात्मक दृष्टि दी है।

सबक लेना सीखें

अगर आपके जीवन में कोई मुश्किल घटना घटे तो उससे सबक लेने की कोशिश करें। अपने-आपसे पूछें–"इस घटना से मैं क्या सीख सकता हूं।" मैं इस घटना का इस्तेमाल बेहतर इंसान बनने के लिए किस तरह कर सकता हूं। यह रवैया आपकी चुनौती को सकारात्मक बना देगा। सदा ऐसी घटनाओं का बारीकी से विश्लेषण करें। इस तरह ये घटनाएं भी आपके लिए कुछ सीखने व जानने का सुनहरा अवसर बन जाएंगी।

धैर्य रखें

सदा बुरी बातों का रोना न रोएं। बुरी घटना के प्रभाव को सकारात्मक बनाने की कोशिश करें। अपने जीवन की कमियां न गिनाएं। अक्सर बेरोजगार लोग अपनी जिंदगी को कोसते हैं कि न तो उनके पास नौकरी है और न ही धन। अक्सर ऐसे लोगों को नौकरी मिल जाए तो वे समय की कमी का रोना रोने लगेंगे। ऐसे लोग सदा नकारात्मकता में ही खोए रहते हैं। अगर आप में भी ऐसी भावना आए तो एक कागज-कलम लेकर बैठ जाएं और उन सब नियामतों की सूची बनाएं जिनसे आपको खुशी व तसल्ली मिलती हो तब आपको पता लगेगा कि जिंदगी आप पर कितनी मेहरबान है। फिर आप प्रभु से इन नियामतों

के लिए प्रार्थना करें और अपने दुखों को दूर करने की हिम्मत मांगें। सर्वेक्षणों से पता चला है कि ईश्वर के प्रति इस कृतज्ञता ज्ञापन के समय आपका मन इतना शांत रहता है कि आपको क्रोध, भय व उदासी छू भी नहीं पाती। इस साधारण सी तरकीब से आप सकारात्मक सोच पा लेंगे।

जीवन को गुलाब के फूलों की तरह लें, उसके कांटों के रूप में नहीं। अगर हमारी गाड़ी या जहाज देर से आए तो हम उसकी देरी के कारणों पर केंद्रित हो जाते हैं, उसके सही सलामत पहुंचने के लिए प्रभु को धन्यवाद नहीं देते। हम घर के नौकरों की शिकायत करते हैं लेकिन प्रभु को सुख-सुविधाओं से भरे सुंदर घर के लिए धन्यवाद नहीं देते। दूसरे शब्दों में, जब हमें गुलाब मिलते हैं तो हम उनकी सुगंध लेने की बजाय कांटों की शिकायत ले बैठते हैं। यह एक गलत प्रतिक्रिया है परंतु अधिकतर लोगों को किसी भी घटना का नकारात्मक पहलू देखने की आदत-सी पड़ जाती है। किसी भी हालात में अच्छाई को तलाशें और जीवन का पूरा मजा लें। अपने-आपसे पूछें—"इस घटना में कौन-सी अच्छाई छिपी है जिसे मैं अपना सकता हूं।" इससे आपकी सारी परेशानियां दूर तो नहीं होंगी पर तनाव की मात्रा घट जाएगी। जीवन में कांटों की नहीं, गुलाबों की तलाश करें। अपने-आपसे महत्त्वपूर्ण प्रश्न पूछें और आपका दिमाग उत्तर देगा। अक्सर 'क्यों' से आरंभ होने वाले प्रश्नों का सीधा संबंध अतीत से होता है जिसे दिमाग अच्छी तरह समझ जाता है। सही व सटीक उत्तर पाने के लिए ऐसे प्रश्न पूछें जो 'क्या' से शुरू होते हों। इससे आपके दिमाग की रचनात्मकता बढ़ेगी। पीटर मैकविलियम कहते हैं—"हमारा जीवन अच्छे-बुरे व सकारात्मक-नकारात्मक का मिश्रण है। जब हम अच्छाई पर ध्यान लगाते हैं तो हम बेहतर महसूस करते हैं। अगर हम ऐसा नहीं करते तो बेहतर महसूस नहीं करते और इसी तरह जीवन चलता रहता है।" अगली बार जब भी कोई चुनौती आपके सामने आए तो 'मैं ही क्यों' कहने की बजाय अपने-आपसे पूछें कि आप इस चुनौती पर काबू पाने के लिए क्या कर सकते हैं। जीवन में प्रसन्नता व संतुष्टि पाने के लिए सभी परिस्थितियों की सकारात्मकता पर ध्यान केंद्रित करें। यह एक चुनाव है जो हमीं पर निर्भर करता है।

कबाड़ निकाल फेंकें

अक्सर हमारे आसपास रहने वाला बिखराव हमारे दिमाग को भी जकड़ लेता है। मुझे उन लोगों पर बड़ी हैरानी होती है जो सफलता पाने के लिए मन-ही-मन योजना बनाते हैं, उस पर काम करते हैं और उसे पाकर ही दम लेते हैं। दरअसल हम अपने दिमाग को जो आज्ञा देते हैं, वह उसे ही मानकर चलता है। वे लोग अपने दिमाग को लगातार सफलता का संदेश देते रहते हैं जिसे दिमाग स्वीकार कर लेता है और उसी के अनुसार काम करता है।

हम लोग तेजी से बदलते हुए युग में जी रहे हैं। हमें इस बात का ध्यान रखना चाहिए कि हमारे दिमाग में ज्ञान बढ़ाने वाली बातें ही प्रवेश करें। जब भी आप कोई काम शुरू करने लगें तो अपने-आपसे पूछें, क्या इस काम से मुझे एक बेहतर इंसान बनने और लक्ष्य तक पहुंचने में मदद मिलेगी? या यह मुझे मेरे स्तर से भी नीचे गिरा देगा?

मेरा एक मित्र जो सदा समय की कमी का रोना रोता था, उसने बारीकी से छानबीन की तो पता चला कि उसका अधिकतर उत्पादक समय टी.वी. देखने में चला जाता था। उसने टी.वी. देखना बंद कर दिया और अब उसके पास अपने मनपसंद काम करने और कुछ नया सीखने के लिए भरपूर समय है। उसका यह भी मानना है कि अब उसे अपने दिमाग को सफलता के लिए प्रेरित करने के लिए अधिक ऊर्जा नहीं लगानी पड़ती। आप स्वयं ही पता लगाएं कि आपके किस काम का सफलता या लक्ष्य से कोई लेन-देन नहीं है। उसे घटा दें या बिल्कुल न करें। पर्याप्त मात्रा में भोजन व व्यायाम भी हमारे दिमाग की कार्यक्षमता को बढ़ाता है। अपने शरीर को भोजन फेंकने का कूड़ेदान न बनाएं। उतना ही भोजन करें जिसे आप आसानी से हजम कर सकें। सही प्रकार का भोजन मस्तिष्क को पोषण देता है।

वचन-बद्धता

चाहे आप कोई भी काम क्यों न करते हों, कोई भी उत्पाद अथवा सेवाएं क्यों न देते हों, दिए गए वादों को निभाने की पूरी कोशिश करें यानी जो भी कहें, उसे अवश्य करें।

गुणवत्ता

निश्चित करें कि आप जो भी कर रहे हैं, वह सबसे बेहतर है। आपके व संस्था के बारे में दिए गए संदेश भी उच्च स्तरीय होने चाहिए। अपनी विश्वसनीयता स्थापित करते समय दूसरों का नजरिया भी अपने दिमाग में रखें। अपने प्रयत्नों व प्रदर्शनों से दूसरों को हैरानी में डाल दें, तकनीकी सभ्यता के चलते व्यक्ति यह समझने की भूल कर बैठते हैं कि सफलता को 'दो मिनट रेसिपी' की तरह प्राप्त किया जा सकता है। वे इसे बाजार में मिलने वाला रेडीमेड उत्पाद मान बैठते हैं जबकि सही मायने में सफलता, हमारे बेहतर संबंधों, कड़े परिश्रम तथा दूसरों के प्रति हमारी संवेदनशीलता से प्राप्त होती है।

दिमाग को व्यवस्थित रखने के नियम

सफलता पाने के लिए दिमाग की शक्ति व भूमिका को नकारा नहीं जा सकता। अगर हम केरियर, वित्त, स्वास्थ्य, भावनाएं, संबंध व आध्यात्मिक जीवन आदि क्षेत्रों में संतुलित सफलता पाना चाहते हैं तो हमें दिमाग को सदा सीधी व सकारात्मक पटरी पर रखना होगा। हमारे दिमाग और टी.वी. तथा रेडियो स्टेशन में गहरी समानता है। आप ट्यूनिंग करने के बाद ही रेडियो सुन सकते हैं तथा टी.वी. देख सकते हैं। ऐसा किए बिना संकेत प्राप्त करना कठिन है। अगर हमारा दिमाग, विश्वास, भावनाएं तथा मन अकेंद्रित रहें तो सफलता कभी हाथ नहीं आ सकती। हमें सबसे पहले अपने दिमाग को सफलता रूपी स्टेशन में बदलना होगा। यहां इसी विषय में कुछ सुझाव दिए जा रहे हैं–

पशु व मनुष्य में सबसे बड़ा अंतर यही है कि मनुष्य के पास चुनने की आजादी है। उन्हें सदा छठी इंद्रिय के भरोसे नहीं जीना पड़ता। अगर हम सफलता के लिए कमर कस लें तो उसे पाकर ही दम लेते हैं। यह उस कसरत की तरह है जिससे हम अपनी शारीरिक क्षमता व ऊर्जा बढ़ा सकते हैं। ठीक इसी तरह दिमाग को 'फिट' रखने के लिए भी व्यायाम की जरूरत पड़ती है। अपने दिमाग को फिट बनाए रखने के लिए इसे नियमित रूप से सकारात्मक चुनावों व फैसलों की खुराक देते हैं। उदाहरण के लिए आप पक्का इरादा करके अपने दिमाग की मदद से कोई भी बुरी

आदत छोड़ सकते हैं। यहां दो ही विकल्प हैं–अपने-आपको बदल दें या यूं ही बने रहें। आप यदि चाहें तो अपने दिमाग को सफलता के अलावा किसी दूसरे स्टेशन पर भी ले जा सकते हैं।

हमारी दुनिया में हर रोज बदलाव हो रहे हैं। इस बदलती दुनिया के साथ चलने के लिए हमें बनी-बनाई लीक से हटकर पुरानी सोच को छोड़ना होगा तथा अतीत को भुलाकर अल्पकालीन व दीर्घकालीन लक्ष्यों पर ध्यान केंद्रित करना होगा। ज्यादा बेहतर तो यही है कि आप अपने दिमाग को खाली न रहने दें और अपनी प्राकृतिक क्षमता का उपयोग करते हुए फैसले लें।

हमारे दिमाग में बहुत कूड़ा भरा रहता है जो अक्सर हमारे कार्यों में झलकता है। अनेक बाहरी प्रभाव व विचार हमारे दिमाग व उद्देश्य को प्रभावित करते रहते हैं। यह हमी पर निर्भर करता है कि हम नियमित रूप से उसे अच्छे व सकारात्मक विचार दें। आप जब भी अपने दिमाग को कोई विचार देना चाहें तो स्वयं से एक प्रश्न पूछें?

–यह सकारात्मक है अथवा नकारात्मक?

–यह आपको ऊंचा ले जाएगा या नीचे गिरा देगा?

–यह आपको बेहतर इंसान बनाएगा या बदतर?

–यह आपके विकास को प्रोत्साहन देगा या रोक देगा?

–क्या यह दिमाग को सफलता की प्रेरणा देगा?

–क्या यह आपको तयशुदा लक्ष्यों की ओर ले जाएगा?

असुरक्षा व अपने प्रति अनादर रहने का आत्मविश्वास से गहरा संबंध है। हम सभी को प्रायः इनका सामना करना पड़ता है। पेंग्विन साइकोलोजी डिक्शनरी इस विषय में कहती है–

आत्म-प्रतिष्ठा–अपने प्रति आदर भाव

असुरक्षा–अनिश्चितता व असुरक्षित होने का भाव

आत्म-विश्वास–अपने ऊपर पूरा भरोसा होना

आत्म-प्रेम–अपने प्रति प्रेम भाव

आत्म-छवि–अवचेतन में अपने प्रति भाव

''यह सभी बातें आत्म प्रतिष्ठा से जुड़ी हैं तथा इनका विपरीत अनादर भाव से संबंध रखता है।''

यद्यपि अपने-आपको पूरा आदरमान देने वाले व्यक्तियों से भी कुछ प्रश्न

पूछे जाने चाहिए, जैसे: क्या वे हमेशा स्वयं को पूरा आदर या प्रतिष्ठा देते हैं? क्या सुरक्षित लोगों को अनिश्चितता नहीं सताती? क्या आत्मविश्वासी होने का अर्थ है कि आप दूसरों पर विश्वास नहीं रखते? क्या आपको कभी अपने ऊपर शंका नहीं होती? अपने-आपसे प्रेम करना अच्छा है अथवा बुरा?

निश्चय ही, प्रत्येक व्यक्ति कभी-न-कभी असुरक्षा व संदेह के घेरे में आता ही है। अक्सर आपको भी हीनता का बोध होता होगा परंतु याद रखें कि ऐसे हालात सदा नहीं रहते और यह सब शीघ्र ही बीत जाएगा। अगर आप उन क्षणों को दोहराएं जब आपने पूरा आनंद लिया था और मन की सहज व शांत अवस्था के बीच काम किया था तो आप पाएंगे कि उस समय आप अपने-आपको भी भूल गए थे। अपने-आपको स्वीकृति देने से आप प्रत्येक काम में पूरा रस ले पाएंगे।

आत्म-प्रतिष्ठा पाने के लिए आपको स्वयं ही मेहनत करनी होगी। आत्म-प्रतिष्ठा पाने का इच्छुक, इसे पाकर ही रहता है। यह एक तरह की जिम्मेवारी है जो गुरुत्वाकर्षण की तरह इच्छुक व्यक्ति तक पहुंच जाती है। कई बार हमें लगता है कि भगवान हमें ही कठिन चुनौतियों में क्यों डाल रहा है जबकि दूसरे लोग सहज रूप में जीवन बिता रहे हैं। जबकि हकीकत यह है कि अगर आपका दिमाग हर तरह की कठिनाई सह सकता है तो कठिन-से-कठिन चुनौती भी सरल बन सकती है और आप सब कुछ कर सकते हैं।

हममें से प्रत्येक जीवन को उसके सही रूप व आकार में जीने की शक्ति रखता है। केवल साहस व शक्ति होनी चाहिए। कई बार हमें ऐसा भी लगने लगता है कि हमारे पास जीवन में सकारात्मक बदलाव लाने योग्य शक्ति ही नहीं है। इस तरह के विचार हमें उदासी से भर देते हैं। अपनी योग्यता व निपुणता की अनदेखी न करें। उससे अपना व दूसरों का जीवन बेहतर बनाने की कोशिश करें। प्रत्येक जीवन दूसरे जीवन से जुड़ा है। किसी भी हालात में इस मन को अधिक रोमांचक बनाने की पूरी कोशिश करें। यह सोचकर निराश न हों कि आपकी कोशिश अधूरी रह जाएगी, छोटी-छोटी कोशिशें मिलकर भी बड़ी क्रांति कर सकती हैं।

ईश्वर ने हमें अपनी प्रतिभा व शक्ति का वरदान इसलिए दिया है ताकि हम इसका भरपूर इस्तेमाल करें। अगर इनका कोई उपयोग ही नहीं था तो ईश्वर ने हमें यह सब क्यों दिया? अक्सर हम लोग सोचते हैं कि सारे दुख, पीड़ा

और पराजय समाप्त हो जाएं तो जीवन कितना सुंदर, प्रसन्न व संतुष्ट हो जाएगा परंतु हम ऐसा माहौल बनाने का प्रयत्न नहीं करते। इसे पाने के लिए हमें क्राध, चिड़चिड़ाहट, बेचैनी, निराशा व तनाव से उबरना होगा। स्वयं को तथा दूसरों को माफी देना सीखना होगा ताकि हर दिन की एक नई शुरुआत हो सकें अपने भय से ऊंचा उठकर, अपने से दो कदम आगे चल रही खुशियों को पाना होगा। यह सब पाने के लिए सबसे जरूरी है, साहस। आगे बढ़ें और सारी खुशियां पा लें।

उसे पाएं या खो दें

जब संन् 1955 में आइंस्टीन नामक वैज्ञानिक की मृत्यु हुई तो पैथोलोजिस्ट ने उसके परिवार की अनुमति लिए बिना उसका दिमाग निकाल कर अपने पास रख लिया। अगले चालीस वर्षों तक सूक्ष्मदर्शी से उसका अध्ययन करता रहा। उसने दूसरे शोधकर्ताओं की विनती पर उन्हें भी छोटे-छोटे टुकड़े बांट दिए ताकि वे भी इस विषय पर शोध कर सकें। वे सब आइंस्टीन की बुद्धिमत्ता का रहस्य जानना चाहते थे।

...परंतु उसे कोई सफलता नहीं मिली। 1980 के प्रारंभ में, उसी की एक सहकर्मी, मैरियन डायमंड (जो केलीफोर्निया विश्वविद्यालय में एक न्यूरो-एनेटोमिस्ट थी) ने एक ऐसी खोज की, जिसने बुद्धि व सीखने से जुड़े सभी विचारों में क्रांति ला दी।

एक बुद्धिमान की कहानी

अधिकतर लोगों की मान्यता है कि प्रतिभाशाली व्यक्ति जन्मजात होते हैं। डायमंड इसी विषय में जानना चाहती थी। उसने आइंस्टीन के मस्तिष्क के सभी हिस्सों का बारीकी से अध्ययन किया। जैसा कि उसने सोचा था, उसे आइंस्टीन के दिमाग के बाएं हिस्से में ग्लियल (हसपंस) कोशिकाओं की बढ़ी हुई संख्या का पता चला। यह एक तरह का न्यूरोलॉजिकल स्विचिंग स्टेशन था जिसके बारे में डायमंड ने कहा, "यह दिमाग के दूसरे हिस्सों को आपस में जोड़ने वाला क्षेत्र है।" यह कोशिकाएं गोंद की तरह काम करते हुए तंत्रिका कोशिकाओं को आपस में जोड़े रखती हैं और इलैक्ट्रो-केमिकल संदेश

पहुंचाने में सहायता करती हैं। डायमंड को इस बात का आभास अपने चूहों के दिमाग का अध्ययन करने से हुआ जो उसने अपनी प्रयोगशाला में पाल रखे थे जब उसने आइंस्टीन के दिमाग में भी वही कोशिकाएं पाईं तो उसे अंदाजा हो गया कि वहां भी वही प्रक्रिया काम कर रही थी।

अपने मस्तिष्क को उत्तेजना दें

न्यूरॉन कोशिकाएं केवल एक ही बार जन्म लेती हैं परंतु ग्लिअल, एक्सॉन तथा डैंड्राइट कोशिकाएं आजीवन बढ़ती रहती हैं परंतु यह तभी संभव होता है जब आप अपने दिमाग का सही तरीके से इस्तेमाल करें। डायमंड के अध्ययन से स्पष्ट हो गया है कि हम जितना सीखते हैं, हमारा दिमाग उतना ही तेज होता जाता है। जब हम सीखना छोड़ देते हैं तो यह इन कोशिकाओं की संख्या घटकर दिमाग को डल बना देती हैं।

आइंस्टीन ने भी इस विषय पर अपने विचार प्रकट किए हैं। उनका विश्वास है कि आप अपनी ऊंची कल्पना के माध्यम से दिमाग को प्रेरक विचार दे सकते हैं। शर्त केवल इतनी है कि कल्पना मुक्त होनी चाहिए, वह किन्हीं सीमाओं, शर्तों व बंधनों में न बंधी हो। दूसरे शब्दों में, हम बहाव के साथ बहकर अपने मस्तिष्क की शक्ति में सुधार कर सकते हैं। इस ईश्वर दत्त प्रतिभा में विस्तार किया जा सकता है। यह हमीं पर निर्भर करता है कि हम इसे पा लें या खो दें।

हमें मानसिक व्यायाम का अभ्यास करना होगा। एक्सीटर विश्वविद्यालय के एक मनोवैज्ञानिक माईकेल होवे का मानना है कि "आपको मेहनत तो करनी ही होगी। जो लोग प्राकृतिक रूप से प्रतिभाशाली कहलाते हैं, उन्होंने भी अपने हुनर को निखारने में दिन-रात मेहनत की है।"

दिमाग की तरक्की के लिए प्रेरणा बहुत मायने रखती है। वास्तव में जो लोग प्रेरित होते हैं, वे ही मानसिक श्रम कर पाते हैं। दृढ़ संकल्प भी आपकी मानसिक क्षमता का आकलन करता है। प्रोफेसर स्टेनबर्ग के अनुसार-"अध्ययन से पता चला है कि जो अपनी बुद्धि का सक्रिय उपयोग करते हैं वे अपनी बुद्धिमत्ता बढ़ा सकते हैं।"

जीत का फार्मूला

बेहतर संप्रेषण की कला आपके जीवन को खुशियों से भर सकती है। यह आपको अपनी वाणी पर संयम रखना सिखाती है। जब लोगों को बोलते समय उपयुक्त शब्द नहीं मिल पाते तो वे गंवारू भाषा बोलने लगते हैं। एक अच्छे संप्रेषण के लिए आपके पास सार्थक शब्द होने चाहिए। एक मौलिक व अच्छी बातचीत के बीच ऊटपटांग शब्दों का प्रयोग आपके व्यक्तित्त्व को बुरी तरह प्रभावित करता है। शब्द ही आपके विचारों को प्रकट करने का साध न हैं। अगर आपके पास अच्छे शब्दों का अभाव है तो आपके दिल की बात प्रभावी तरीके से दूसरों तक नहीं पहुंच सकती।

समृद्ध शब्द-ज्ञान हमें सही शब्दों का चुनाव करने की आजादी देता है और इस योग्य बनाता है कि हम सबके बीच अपने विचारों को अच्छे तरीके से प्रस्तुत कर सकें।

आपके पत्र, संदेश या बातचीत की भाषा में आने वाले बुरे शब्द सामने वाले व्यक्ति पर सीधी चोट करते हैं। आपका दिमाग ज्ञान का अथाह भंडार है। आप इसकी शक्ति का अंदाजा भी नहीं लगा सकते। आप जो भी चाहें, सीख कर, दिमाग में सुरक्षित रख सकते हैं। आपका दिमाग किसी कंप्यूटर से भी कई गुना शक्तिशाली है। अगर यह सब सच है तो देर किस बात की है?

दरअसल हम लोग अपने ही शत्रु बन जाते हैं। अपने बारे में गलत राय रखना हमारी सबसे बड़ी कमजोरी है। हम सबके भीतर छिपा वह शत्रु हमें लगातार समझाता रहता है कि हम इस लायक ही नहीं कि हमें सफलता मिले। सबसे पहले आपको अतीत में माता-पिता, अध्यापकों, सहपाठियों व सहकर्मियों द्वारा डाले गए नकारात्मक प्रभावों से अपने-आपको मुक्त करना होगा।

जब आप शांत, सकारात्मक व सजग अवस्था में कुछ सीखना शुरू करते हैं तो सीखने की प्रक्रिया में तेजी आती है। नए सिद्धांतों व सूत्रों को याद रखने में आसानी होती है। आपको निपुणता पाने के लिए पूरी लगन से मेहनत करनी होगी ताकि आपकी योग्यता में निखाार आ सकें तब आप अपनी तर्क शक्ति व अतुल जानकारी से किसी को भी प्रभावित कर पाएंगे। आपके पास अपना पक्ष प्रस्तुत करने के लिए दलीलें होंगी। आप समस्याओं के समाधान के नए तरीके निकाल पाएंगे, जैसे अगर आप अपने विचारों को लिखकर बेहतर ढंग से प्रस्तुत कर पाते हैं तो कई बार आपको मौखिक अभिव्यक्ति भी देनी पड़

सकती है इसलिए आपकी तैयारी में कहीं कोई कमी नहीं होनी चाहिए।

केलीफोर्निया विश्वविद्यालय के अध्ययनकर्ताओं ने पता लगाया है कि योग में श्वास लेने के व्यायाम व तकनीकें आपके दिमाग की कार्यक्षमता में सुधार ला सकती हैं। अध्ययन से स्पष्ट हो गया है कि जब आप शब्दों व तर्कों के बीच होते हैं तो दिमाग का बायां हिस्सा तेजी से सक्रिय हो जाता है। संगीत व कला आदि पक्ष दिमाग के दाएं हिस्से से संबंध रखते हैं। हमारे पास इन दोनों हिस्सों के मध्य चलने वाला चक्र है, जो दो घंटे का है। इस चक्र को तोड़ने का एक ही तरीका है कि आप एक ही नथुने से सांस लें। बायां नथुना दाएं हिस्से को तथा दायां नथुना बाएं हिस्से को प्रभावित करता है। सभी मनोवैज्ञानिक किसी भी पहलू की सकारात्मकता पर विशेष रूप से बल देते हैं।

कुछ लोग ज्यादा व्यावहारिक बनने की चेष्टा में, आने वाली घटना के नकारात्मक पहलू देखने के आदी हो जाते हैं। किसी भी नई व कठिन परियोजना को शुरू करते समय ऐसा गंभीर व व्यावहारिक रवैया खतरनाक हो सकता है। वहीं दूसरी ओर व्यक्ति में हर समस्या के समाधान का साहस भी होना चाहिए। अगर आप सारी दुनिया को गुलाबी चश्मे से देखेंगे तो ज्यादा गलतियां होंगी।

आपको पता होना चाहिए कि कई बार प्रतिभाशाली व्यक्तित्त्व भी पहले–पहल अपने को पहचान नहीं पाते। उन्हें मंद बुद्धि या मूर्ख समझा जाता है। मानव जीवन में सुधार लाने वाले थॉमस एडीसन ने 1093 प्रयोग पेटेंट करवाए जबकि स्कूल में उसकी गिनती अच्छे छात्रों में नहीं होती थी। उन्हीं के शब्दों में–"मेरे पिता मानते थे कि मैं मूर्ख हूं जो जीवन में कुछ नहीं कर सकता।" आइंस्टीन भी बचपन में बहुत तेज दिमाग वाले नहीं थे। उन्हें पढ़ने व बोलने में दिक्कत होती थी। उनको भाषा सिखाने वाले ग्रीक टीचर का मानना था कि वे जीवन में कुछ नहीं कर पाएंगे। वे कॉलेज में एंट्रेंस की परीक्षा में फेल हो गए। डिग्री लेने के बावजूद उन्हें अपने प्रोफेसरों से कोई शाबाशी या आगे बढ़ने की मदद नहीं मिली।

उन्हें 'स्विस पेटेंट दफ्तर' में नीचे तबके की नौकरी करने को मजबूर होना पड़ा। 25 वर्ष की आयु तक वे साधारण जीवन जीते रहे परंतु 1905 में 26 वर्ष की आयु में उन्होंने जगत को परस्पर संबंध का सिद्धांत दिया। सोलह वर्ष

बाद उन्हें नोबल पुरस्कार मिला और उन्होंने अंतर्राष्ट्रीय रूप में प्रसिद्धि पा ली।

डॉ. हरगोविंद खुराना के साथ भी यही हुआ था। वे चाहकर भी चंडीगढ़ के पंजाब विश्वविद्यालय में नौकरी नहीं पा सकें यू.एस.ए. प्रवास के पश्चात् उन्होंने नोबल पुरस्कार जीता।

हमारे वर्तमान राष्ट्रपति डॉ. कलाम बंगलौर के इंडियन इंस्टीट्यूट में नहीं जा सके लेकिन उन्हें भारत रत्न पुरस्कार से सम्मानित किया गया और भारत का प्रथम नागरिक होने का गौरव प्राप्त किया। इन प्रेरणादायक उदाहरणों से पता चलता है कि मनुष्य जीवन में जो चाहे, पा सकता है।

सफलता के लिए संगठित हो जाएं

सफलता पाने के लिए प्रेरणा का दामन न छोड़ें। हर दिन को नए साल की शुरुआत मानें क्योंकि हर तारीख पूरे एक साल बाद आती है। बुद्धिमत्ता पूर्वक नियोजन आपके आने वाले हर दिन को एक नई शुरुआत में बदल सकता है। अगर आपने कोई योजना या लक्ष्य नहीं बनाया तो आप केवल भटकते रह जाएंगे।

किसी भी नौकरी या व्यवसाय में आपको अपने लिए लक्ष्य बनाना होगा कि आज से पांच, दस, पंद्रह या बीस साल बाद अपने-आपको कहां देखना चाहेंगे। आपको अपने-आपसे समय-समय पर यह प्रश्न पूछते रहना चाहिए कि आज आप कहां हैं और आने वाले समय में कहां जाना चाहते हैं। फिर उस लक्ष्य प्राप्ति के लिए आवश्यक कार्रवाई करने में जुट जाएं। अपने पास एक योजना लिखने वाली डायरी रखने की आदत डालें।

चाहे आपकी नीयत कितनी ही सच्ची क्यों न हो, विचार कितने ही मजबूत क्यों न हों, अगर आप उन्हें अमली जामा नहीं पहना पाते, तो सब बेकार है। ऐसे हालात में आपके लक्ष्य केवल विचार बनकर रह जाएंगे। किसी भी संस्था के नेता को अपने कर्मचारियों को मार्गदर्शन देना पड़ता है इसलिए अगर नेता स्वयं ऊंची सोच और काम करने की ताकत नहीं रखेगा तो संस्था कभी उन्नति नहीं कर पाएंगी। जॉन मैक्सवैल कहते हैं–''नेताओं को अपने अनुयायियों को मार्गदर्शन के लिए पास-पास रहना चाहिए परंतु इतना दूर रहना चाहिए ताकि वे प्रेरणा भी दे सकें।''

यही सिद्धांत हमारे निजी जीवन पर भी लागू होते हैं। लार्ड चेस्टरफील्ड

के अनुसार, "चरित्र को साफ-सुथरा व चमकदार रखना चाहिए।"

अगर आप कुछ नहीं बदलेंगे तो कोई बदलाव नहीं होगा। इस जीवन में तैरना कठिन नहीं है लेकिन आप केवल तैर कर कहीं नहीं पहुंच सकते। भीड़ के साथ चलने की बजाय अपने भीतर अकेले चलने का साहस पैदा करें। हेनरी फोर्ड के अनुसार, "मनुष्य के लिए सबसे कठिन कार्य है-चिंतन।" अगर हालात आपकी राह में रुकावटें पैदा करें तो थोड़ा समय लेकर योजना बनाएं ताकि आप अगले वर्ष कह सकें कि आप लक्ष्य पाने में सफल रहे। आपने अपने लिए तय किए गए लक्ष्य पा लिए। आपने जिंदगी को अपने काबू में कर लिया।

इससे प्राप्त संतुष्टि आपको आगे बढ़ने की प्रेरणा देगी। योजना, वचनबद्धता व कर्म इन तीनों का मेल ही आपको सफलता के द्वार तक ले जा सकता है। याद रखें, हम सब स्वयं अपना भाग्य लिखते हैं, चाहे वो अच्छा हो या बुरा, उसे आसानी से मिटाया नहीं जा सकता।

सदा खुशमिजाज बनकर रहें। जब आपके कामों की लिस्ट पूरी हो जाए, आप लक्ष्य तक पहुंच जाएं तो अगला लक्ष्य तय करने के दौरान आप निश्चिंत होकर बैठ सकते हैं। इस समय आपको उसका मूल्यांकन भी करना होगा, जो बीत चुका है। ताकि आप अपनी भूलों से सबक लेकर ऊंचाई तक पहुंचने का जश्न मना सकें। यह तभी संभव है जब आपका चुना हुआ रास्ता स्पष्ट हो और जीवन-यात्रा आराम से चलती रहे। यह काम आपके अलावा और कोई नहीं कर सकता।

आपको आत्म-परीक्षण का अभ्यास करना होगा। कुछ लोग सदा फालतू की गपशप में व्यस्त रहते हैं। स्वयं से पूछें कि क्या इससे आपकी कोई मदद हो सकती है। क्या आपको अपना यह व्यवहार बदल देना चाहिए?

आपको आदत डालनी होगी कि आप लोगों की पीठ पीछे केवल सकारात्मक बातें कहें। अक्सर हम सभी को जीवन में दूसरों द्वारा खड़ी की गई परेशानियां झेलनी पड़ती हैं। अपने-आपसे पूछें कि आप इस विषय में उनसे बात करना चाहते हैं या इस बात को टालना चाहते हैं? क्या इससे आपके मन में उनके लिए बुरी भावनाएं जन्म ले रही हैं? फिर जानने की कोशिश करें कि यही परेशानी आपने पैदा की होती तो इससे निबटने का क्या उपाय होता? आपको यह भी जानना होगा कि दूसरों का प्रेम, समर्थन व मित्रता पाने के लिए

आपके अपने व्यवहार में कुछ बदलाव लाना होगा? जो भी समस्या आप सुलझाएंगे, वह आने वाली समस्याओं का हल बनकर काम आएगी।

प्रसन्नता भी बहुत मायने रखती है। खुश होने का सबसे सही समय अभी और जगह यही है। प्रसन्न होना चाहते हैं, दूसरों को प्रसन्न करना सीखें। कोई भी उपलब्धि इतनी आसानी से हाथ नहीं आती। संघर्षों व कठिनाइयों के बाद ही जीत की खुशी हासिल होती है। सफलता तक पहुंचने वाली ऐसी कोई राह नहीं है, जिसमें मुश्किलें न आती हों।

अपने जीवन का दायित्व लें

व्यवसाय, खेल, मित्रता व प्रेम आदि किसी भी क्षेत्र की सफलता हमी पर निर्भर करती है। अपनी क्षमता में विश्वास रखने वाले व्यक्ति सफलता व प्रसन्नता को चुंबक की तरह अपनी ओर खींचते हैं। उनके साथ अच्छी घटनाएं नियमित रूप से घटने लगती हैं। उनके संबंध लंबे समय तक चलने वाले होते हैं। वे अपनी सभी योजनाओं को पूरा करके ही दम लेते हैं।

ठीक इसी तरह आत्मविश्वास की कमी वाले व्यक्ति असफलता व उदासी को चुंबक की तरह अपनी ओर खींचते हैं। उनकी सारी योजनाएं ध ूल में मिल जाती हैं। वे अपने हाथों अपनी सफलता व प्रसन्नता का गला घोंट देते हैं। उनके लिए कोई तरीका कारगर नहीं हो पाता। अगर ऐसा व्यक्ति अपने में विश्वास पैदा कर ले तो उसकी सारी परेशानियां दूर हो सकती हैं। आत्मप्रेरणा से एक व्यक्ति अपने-आपमें बदलाव ला सकता है।

व्यक्ति को निराशा में ऐसा नहीं सोचना चाहिए कि असफलता उसके भाग्य में बदी है या उसे सारी जिंदगी इसी नकारात्मकता में जीना होगा। थोड़े से प्रयत्न से इस नकारात्मकता से छुटकारा पाया जा सकता है। इसी तरह आत्मविश्वास बढ़ाना और सपनों को साकार करना भी असंभव नहीं होता। यहां कुछ सुझाव प्रस्तुत हैं–

सफलता के लिए अपनी सीमाओं पर नहीं, गुणों पर भरोसा करें। अपनी सीमाओं की केद से आजाद होकर जिएं। अपनी कमजोरियों पर ध्यान देने की बजाय गुणों में निखार लाएं। अगर आप तय कर लें तो किसी भी क्षेत्र में सफल हो सकते हैं। यह सोचकर हीन भावना से ग्रस्त न हों कि आप दूसरों के मुकाबले में कम सुंदर हैं या कोई आपसे अधिक चतुर है। अपने को दूसरों से

नीचा या छोटा न समझें। जीवन में सबसे खास बात यही है कि आप भरपूर होकर जिएं।

हमें किसी भी काम को अच्छे तरीके से करने पर जोर देना चाहिए। अनेक असफल लोग ऐसे होते हैं जिनमें कुछ करने की प्रतिभा तो होती है परंतु वे उसे पहचान कर विकसित नहीं कर पाते। कोई भी सर्जन रातों रात सर्जन नहीं बनता। इसके लिए उसने महीनों और वर्षों तक अभ्यास किया है। अपने क्षेत्र विशेष में दिन रात मेहनत की है।

अक्सर हम लोग काम को कठिन जानकर बीच में ही छोड़ देते हैं। या अपने से सफल व्यक्ति को देख हमारा दिल टूट जाता है। सफलता के लिए कोई शार्टकट नहीं होते। अपनी निपुणता व कौशल में लगातार निखार लाकर ही हम सफलता पा सकते हैं। कई लोग सफलता पाने के लिए भूल व सुधार की तकनीक का भी सहारा लेते हैं। यह याद रखना चाहिए कि सफलता मिलने में निश्चित रूप से समय लगता है। राह में बाधाएं आती ही हैं। हमें दूसरों की योग्यता व क्षमता देखकर हताश नहीं होना चाहिए। वैसे पक्के इरादे से बहुत अंतर पड़ता है, वास्तव में यह आपकी प्रतिभा से ज्यादा मायने रखता है।

अपनी एक सफल व्यक्ति के रूप में कल्पना करें। जब हम अपने दिमाग को लगातार नकारात्मक संदेश भेजते रहते हैं तो वे इन्हें सच मानकर हमारे मनोबल को कमजोर बना देता है।

प्रतिदिन अपना आत्मविश्वास बनाए रखने का अभ्यास करें। अपने-आपको एक सफल व्यक्ति के रूप में देखें। कल्पना करें कि आप कठिन-से-कठिन काम की चुनौती पर भी विजय पा रहे हैं। आप भी प्रतिभाशाली खिलाड़ियों का फार्मूला अपनाएं। वे अपने दिमाग में लगातार उस स्कोर की कल्पना करते हैं, जहां तक वे पहुंचना चाहते हैं। आप भी अपने दिमाग में ऐसी सकारात्मक छवियां बनाएं। ऐसा तब तक लगातार करें जब तक वे आपके अवचेतन मस्तिष्क का हिस्सा न बन जाएं। अपने-आपसे सदा सफल होने की अपेक्षा रखें। नारेमन कबिन कहते हैं, "जब लोग अपने सपनों की कीमत पर भयग्रस्त हो जाते हैं तो असुरक्षा का भाव और भी बढ़ जाता है।"

दूसरे लोगों की अपेक्षाओं की परवाह न करें। हमें दूसरे लोगों के मतामत की परवाह किए बिना अपने लक्ष्य पर ध्यान देना चाहिए। आज जो नहीं हैं, वह बनने की कोशिश भी न करें। जिन विषयों की जानकारी न हो, उनका ज्ञान

प्राप्त करने की कोशिश करें। आपको एहसास होना चाहिए कि अगर आप एक बौद्धिक व्यक्ति नहीं हैं तो आप लेखक कभी नहीं बन सकते। आप केवल अपने-आपमें ही सफल हो सकते हो। दूसरों को प्रभावित करने की बजाय ज्यादा-से-ज्यादा जानकारी बटोरने को अपना ध्येय बनाएं। जब भी किसी से बातचीत करें तो अपनी ओर से ही न बोलते रहें, दूसरों की भी सुनें। इस तरह आपके सामाजिक दायरे में विस्तार होगा। लोग आपको पसंद करने लगेंगे। हम सभी में किसी-न-किसी दिशा में तरक्की करने की प्राकृतिक क्षमता होती है। हम अपनी ही बुद्धि व प्रकृति के अनुसार इसे खोज सकते हैं। यह प्रतिभा ईश्वर प्रदत्त होती है।

अच्छे, भरोसेमंद व सहारा देने वाले रिश्तों की शुरुआत करके अपना आत्मविश्वास बढ़ाइए। अधिकतर लोग अपनी छवि में सुधार की कई तकनीकें अपनाते हैं लेकिन उन लोगों को अनदेखाकर देते हैं, जो उनकी मदद कर सकते हैं। यह स्रोत हम सबके भीतर ही छिपे हैं।

आत्मविश्वास बढ़ाने के लिए सबसे जरूरी है कि आपके जीवन में प्रेम का प्याला लबालब भरा हो। स्नेहपूर्व संबंध आपके भरोसे को मजबूत बनाते हैं। प्यार एक दोराहा है। जब आप इसे दूसरों में बांटते हैं तो यह आपके पास भी लौटकर आता है। ऐसे पोषक व स्नेही संबंधों के लिए हमेशा पहल करनी चाहिए। इसके लिए आपको नए-नए लोगों से मिलने की जरूरत नहीं है। आप जिनके मित्र हैं, उनके साथ अपनी दोस्ती पक्की करें। संबंध अच्छे व बुरे दोनों तरह के होते हैं। लोग अलग-अलग स्वभाव व प्रकृति वाले होते हैं जिसका हमसे कोई संबंध नहीं है। हमारी जिम्मेवारी केवल इतनी है कि हम अपनी प्रतिभा का पूरा सदुपयोग करते हुए उसे विकसित करें। हमें अपनी सीमाओं से ऊपर उठकर अपनी प्रतिभा का फैलाव करना होगा। विश्वास का प्रसन्नता से भी गहरा नाता है। आप अपने बारे में जितने विश्वस्त हैं, खुशियां उतना ही आपके साथ होंगी।

हमें अपने लिए जिम्मेवारी लेनी सीखनी चाहिए। यूं तो समय हर घाव को भर देता है लेकिन कई लोग इस दौरान भी सदमों व पीड़ाओं से ऊपर नहीं उठ पाते। जीवन में हानि, मृत्यु, तलाक, लंबी बीमारी आदि पीड़ादायक अनुभवों से निबटना सीखें। कुछ लोग इन बातों के लिए ईश्वर, भाग्य या सहकर्मियों को दोषी ठहराते हैं। जबकि सच यही है कि हमारे जीवन की सारी

जिम्मेवारी हमारी ही है। एक अच्छा प्रबंधक किसी भी मुद्दे पर फैसला लेकर काम करने में देरी नहीं लगाता। जीवन में लक्ष्य पाने के इच्छुक भी खतरा मोल लेकर आगे बढ़ने को तैयार रहते हैं। हमें कठिन चुनावों व फैसलों से घबरा कर पीछे नहीं हटना चाहिए।

जब तक आप न चाहें, सफलता का कोई फार्मूला काम नहीं आता

स्वास्थ्य, धन, नौकरी, परिवार के साथ हमारे संबंध आदि अनेक बातें हमारे जीवन में मायने रखती हैं। इनके अलावा कुछ ऐसे तथ्य भी हैं जो जीवन को उसी क्षण प्रभावित करते हैं इसलिए खास व साधारण तथ्यों में अंतर जानना बहुत जरूरी हो जाता है। खास बातों का हमारे जीवन से गहरा नाता होता है। यहां समय प्रबंधन के महत्त्व व लाभों से इनकार नहीं किया जा सकता, साथ ही आपकी मंजिल तक पहुंचने की गति भी मायने रखती है।

यह हमें ही तय करना होगा कि हमें कहां व कैसे पहुंचना है और हमारे लिए जीवन में कौन-सी बातें महत्त्व रखती हैं। कोई भी दूसरा व्यक्ति हमें मदद नहीं दे सकता। कई बार हम बेकार की उलझनों में फंसकर अपना समय बहुत बरबाद करते हैं। हम केवल स्थितियों व लोगों के लिए प्रतिक्रियाएं ही व्यक्त करते रहते हैं। घटनाओं के दबाव में जीवन की अहम बातें भुला दी जाती हैं। जेम्स एलेन के शब्दों में, "एक मनुष्य के हृदय की अवस्था से ही उसका जीवन आगे बढ़ता है, उसके विचार कार्य का रूप लेते हैं और उसके कार्य चरित्र व भाग्य का निर्माण करते हैं।"

चार्ल्स ह्यूमल ने कहा है, "महत्त्वपूर्ण कामों को निश्चित रूप से सबसे पहले निपटाना चाहिए। जरूरी काम सबसे पहले आपका ध्यान चाहते हैं क्योंकि उन्हें कर न पाने की स्थिति में हानि भी आपको ही उठानी होगी...।"

आपातकाल की स्थिति ही यह तय करती है कि हमें कौन-सा काम पहले करना होगा। कई बार जरूरी और गैर जरूरी कामों में अंतर करना मुश्किल हो जाता है पर थोड़ा-सा ध्यान देते ही आप उसका अंतर जान सकते हैं।

अपनी जरूरतों को पूरा करने के लिए जरूरी है कि हमारी जिंदगी बेहतर हो। यह अच्छा स्वास्थ्य, वित्तीय दशा, शिक्षा व ऊर्जा आदि कई कारकों पर

निर्भर करती है। इनमें से कोई भी कमी आपके जीवन पर असर डाल सकती है। कोई भी जरूरत पूरी न होने पर आपकी एकाग्रता भंग हो सकती है। हर व्यक्ति के लिए संतुष्टि का पैमाना अलग-अलग होता है। एक बार जार्ज बर्नार्ड शॉ ने कहा था, "अपना उद्देश्य पहचान कर जीने का अपना ही आनंद है...। स्वार्थी व बुरे लोगों का खिलौना बनने की बजाय प्रकृति का साथ दें और शिकायत न करें कि लोग आपकी प्रसन्नता में बाधा देते हैं मेरी तो यही राय है कि मेरा जीवन पूरे समाज से जुड़ा है और इसकी सेवा करना मेरे लिए सौभाग्य की बात है। मैं अपनी मृत्यु तक जीवन को भरपूर जीना चाहता हूं, इससे काम लेना चाहता हूं। मैं जितनी मेहनत करूंगा, उतना ही जी पाऊंगा। मैं जीवन का पूरा रस लेता हूं। जीवन मेरे लिए किसी छोटी मोमबत्ती की तरह नहीं है जो जलकर बुझ जाएगा। यह उस मशाल की तरह है जिसे मेरे हाथ में थमाया गया है और मैं इसे पूरी ताकत के साथ जलाए रखना चाहता हूं।"

सफलता के लिए आपको सबसे जरूरी कामों की जानकारी लेनी होगी। एक बार एक विशेषज्ञ ने समय के सदुपयोग के लिए सूत्र दिया था—"उन छः जरूरी कामों को कागज पर लिखें, जिन्हें आप कल करना चाहेंगे। उन्हें महत्त्व के अनुसार क्रम दें। अगले दिन सुबह उठें और पहला काम शुरू कर दें और तब तक करें, जब तक वह खत्म न हो जाए। इसी तरह दूसरा काम शुरू करें और आखिर तक ले जाएं। सारे काम खत्म न हो पाएं तो निराश न हों। इसी पद्धति को प्रतिदिन अपनाएं।"

मैंने निजी रूप से इस तकनीक का इस्तेमाल किया और पाया कि यह समय बचाने का बढ़िया और प्रभावी उपाय है।

सफलता का दूसरा सूत्र यह है कि आप सफल व्यक्तियों की तरह ही कपड़े पहनें। सफलता मिलने से पहले ही आपको एक सफल व्यक्ति की तरह जीना सीखना होगा। यहां अच्छे व साफ-सुथरे वस्त्रों का भी बहुत बड़ा रोल है। कपड़ों से आपके स्तर का पता चलता है। लोगों के दिमाग में आपकी एक साफ-सुथरी और प्रभावी छवि बनती है।

गंदे व असभ्य तरीके से पहने जाने वाले कपड़ों से आपकी निर्धनता, अशिष्टता व असफलता झलकती है। सफलता के प्रति निष्ठावान होने के नाते आपको अच्छे वस्त्र पहनने चाहिए। कपड़े ऐसे हों मानो उन्हीं के आधार पर आपको पदोन्नित मिलने वाली है। कपड़ों की अच्छी सिलाई व खिले हुए रंगों

से आपका आत्मविश्वास झलकता है।

सफलता तब तक नहीं मिल सकती जब तक आप उसके लिए कोई स्पष्ट लक्ष्य न बना लें। यह आपकी संस्था में कोई उच्च पद, अधिक धन कमाने की इच्छा या लेखन के क्षेत्र में नाम कमाने की अभिलाषा भी हो सकती है। आपको प्रतिदिन 15 से 20 मिनट का समय अपने लक्ष्यों को लिखने में लगाना चाहिए। आपको यह भी देखना चाहिए कि पिछले दिन की सूची में से कितने जरूरी काम रह गए थे। जीवन का प्रमुख लक्ष्य सदा आपके दिमाग में बना रहना चाहिए। आपको अपने-आपको याद दिलाते रहना चाहिए कि आपके सभी प्रयत्न व ऊर्जा का प्रवाह लक्ष्य-प्राप्ति के लिए ही हो।

2.

धनवान बनें

'संचय का सिद्धांत'

'संचय का सिद्धांत' सफलता के बड़े नियमों में एक है। इस नियम के अनुसार मानव जीवन के इतिहास की कोई भी उपलब्धि, छोटे-बड़े प्रयत्नों व बलिदानों का फल है, जिन्हें न तो कोई देखता है और न ही सराहता है। इसके अनुसार किसी भी वस्तु को चेतन व अवचेतन रूप में तैयार होने में लंबा समय लगता है। हम अपने ही जीवन में देख सकते हैं कि कोई भी उपलब्धि मिलने से पहले हमें अनेक संघर्षों, कष्टों व परेशानियों से गुजरना पड़ता है, जिनकी न तो कोई परवाह करता है और न ही प्रशंसा करता है। किसी भी काम के लिए किए जाने वाले प्रयत्नों की तुलना एक बर्फ के गोले से की जा सकती है जो देखने में छोटा जान पड़ता है परंतु फेंकने के बाद बर्फ के छोटे-छोटे कणों में बदल जाता है।

जो भी सीखना चाहें, उसमें निपुणता पाएं

सदियों के लंबे शोधों व अध्ययन के बाद हम पूरे मानव शरीर की जानकारी एकत्र कर पाए हैं। उन छोटे-छोटे अध्ययनों से प्राप्त जानकारी के पीछे जाने कितने वैज्ञानिकों का परिश्रम छिपा है। किसी भी क्षेत्र विशेष में इतना ज्ञान पाने के लिए कड़ी साधना करनी पड़ती है। विशेषज्ञ अपनी इसी मेहनत के बल पर आदर पाते हैं। किसी भी आम व्यक्ति को इतना उच्च स्तरीय ज्ञान पाने के लिए जी तोड़ मेहनत करनी होगी, तब वह उनके स्तर तक पहुंच पाएगा।

धन की बचत करें

सैंकड़ों व हजारों की संख्या में जोड़े गए धन से ही विशाल राशि एकत्र होती है। कर्नाटक राज्य में 'साऊथ केनरा बैंक' प्रतिदिन पांच से दस रुपए की छोटी

बचत के नियम पर खोले गए थे। बैंकों के विकास के साथ-साथ वे छोटी-छोटी बचत करने वाले व्यक्ति आने वाले समय में करोड़पति बने। धन की बचत शुरू करने का सही समय अभी है। आज से ही नियमित बचत की आदत विकसित करें। जब आप धन की बचत करने लगेंगे तो अपने-आप एक चेन बनती चली जाएगी और आप इसका एक हिस्सा बन जाएंगे।

जो लोग बचत करके धनी बने हैं वे आपको बताएंगे कि जैसे ही आप बचत करनी शुरू करेंगे तो यह आदत आपके जीवन में धन व आय के अन्य साधनों को अपनी ओर खींचेगी। अगर आपने आज से ही छोटी-मोटी बचत आरंभ कर दी तो आप रिटायर होते समय गरीब नहीं होंगे।

बुद्धिमान बनें

अनुभव के क्षेत्र में भी संचय का नियम लागू होता है। अनुभव का कोई विकल्प नहीं है। अपने-अपने क्षेत्र में प्रसिद्धि व सफलता पाने वाले व्यक्ति वही हैं जिनके अनुभव औसत व्यक्तियों से कहीं अधिक हैं। जीवन का कोई भी क्षेत्र क्यों न हो, हमारे अनुभव ही काम आते हैं। जब तक कोई व्यक्ति जीवन में आगे बढ़ने का खतरा मोल नहीं लेता, सफलता के पास नहीं पहुंच पाता। खतरा उठाने को तैयार हो जाएं, राह में आने वाली मुसीबतों से घबराकर पीछे न हटें। यही जीवन में निपुणता व योग्यता पाने का एकमात्र तरीका है।

हर विचार और पहल महत्त्व रखती है

जब तक आप अपने आरामदायक घेरे से निकलकर अनुभव प्राप्त नहीं करते, तब तक मनचाहा धन नहीं कमा सकते और तरक्की नहीं कर सकते। गलतियां ही अनुभवों का मूल्य हैं और संचय के लिए अनुभवों का होना बहुत जरूरी है। गलतियों सहित, आप जो भी कुछ करते हैं, मायने रखता है। लोग सबसे बड़ी भूल यही करते हैं कि वे अपने मतामत को ही सबसे खास मान बैठते हैं।

अगर आप किसी से मिलते हैं, टी.वी. देखते हैं, किताब पढ़ते हैं, संगीत सुनते हैं या बातचीत करते हैं तो यह सब मायने रखता है। किसी भी दिशा में कोई भी अनुभव व्यर्थ नहीं जाता। हमारा प्रयत्न यही हो कि हम इनसे सीख लेकर अपने माइनस को प्लस में बदल सकें।

समय का सकारात्मक उपयोग करें

आपको समय का इस प्रकार सकारात्मक प्रयोग करना चाहिए जिससे यह आपके पक्ष में जाए। यहां तक कि जब आप लगातार टी.वी. देखते हैं, गपशप लगाते हैं, पागलों की तरह भटकते हैं तो यह सब भी गिनती में आता है परंतु नकारात्मक रूप में। आप अपने क्रेडिट साइड में वृद्धि करके जीवन को आनंददायक बना सकते हैं। अगर डेबिट साइड में नकारात्मकता अधिक हुई तो आप कभी लक्ष्य तक नहीं पहुंच पाएंगे अपितु लक्ष्य से दूरी की संभावना बढ़ जाएगी।

आप जो भी बनना चाहते हैं, बन नहीं पाएंगे। कितना धन कमाना चाहते हैं, कमा नहीं पाएंगे। इस तरह सब कुछ मायने रखता है। आज से ही उन सब विषयों का ज्ञान पाने की प्रक्रिया शुरू कर दें जो आपको लक्ष्य तक ले जाने में सहायक हो सकते हैं। हो सकता है कि आपको वह ज्ञान पाने में महीनों और वर्षों का समय लग जाए, इससे कोई अंतर नहीं पड़ता। अंतर इस बात से पड़ता है कि आप आज से ही वह काम शुरू कर दें। आपका जो भी क्षेत्र हो, उसमें पूरा अनुभव पाने की कोशिश करें। काम की जल्दी शुरुआत, कड़ी मेहनत और दूसरों की बजाय ज्यादा लगन से काम करके एक नया आरंभ करें। सदा खतरा मोल लेने और प्रेरणादायक विचारों को अपनाने को तैयार रहें। यह अनमोल अनुभव लंबे समय के बाद आपके बहुत काम आएगा और चक्रवृद्धि ब्याज की तरह लाभ देगा।

अगर आपको लगे कि सफलता के नाम पर दिए गए सिद्धांतों में से कुछ भी काम नहीं कर रहा, तो भी आप प्रेरित तो हो ही सकते हैं। वहीं दूसरी ओर, हो सकता है कि आप निजी तथा व्यावसायिक सफलता पा ही लें। सफलता केवल तभी आपकी हो सकती है, यदि आप चाहें, हो सकता है यह आपकी अगली कोशिश के बाद ही सामने आ जाए।

संप्रेषण करें व धन बचाएं

मैंने नोट किया है कि व्यवसाय जगत में सबसे बड़ी समस्या संप्रेषण की ही है। यह परिवार के सदस्यों पर भी लागू होती है। मैंने सरकारी संस्थाओं को भवनों आदि की खरीद पर काफी धन लगाते देखा है पर वे सही तरह का

फर्नीचर खरीदने के लिए धन नहीं लगाते, जैसे कंप्यूटर, फाइलें रखने के केबिन व काम करने के अन्य सुव्यवस्थित तरीकें ऐसा इसलिए होता है क्योंकि वहां काम कर रहे कर्मचारियों और सार्वजनिक व्यक्तियों (जो वहां काम के लिए आते हों) से उनकी जरूरतों के बारे कभी पूछा ही नहीं जाता। गैर सरकारी तथा सरकारी दोनों क्षेत्रों में संस्था को बेहतर नतीजे पाने के लिए संप्रेषण पर बल देना चाहिए ताकि संस्था की साख भी बनी रहे।

इसके लिए वहां सही तरह का आरामदायक फर्नीचर होना भी जरूरी होता है। संस्था यदि नई तरह की परियोजनाओं पर काम करना चाहती है तो उसे अपने कर्मचारियों को उससे जुड़ी सारी सुविधाएं देनी चाहिए ताकि वहां काम करने का मित्रतापूर्वक माहौल तैयार हो सकें अपनी टीम के साथ विचारों के आदान-प्रदान से संस्था जान सकती है कि क्या नई योजनाओं में कोई फेरबदल की गुंजाइश तो नहीं है। अच्छी व कारगर योजनाएं शुरू करने से पहले ऐसी फीडबैक पाना फायदेमंद होता है। साथ ही छोटी बातों पर भी ध्यान देना चाहिए जो बड़ी बनकर दूसरों को नुकसान पहुंचा सकती हैं; जैसे गलत फर्नीचर की वजह से कर्मचारियों को काम करते समय पीठ-दर्द, आंखों में जलन, गर्दन में अकड़ाव या कलाई में सूजन जैसी तकलीफें हो सकती हैं। अगर काम करने की जगह अस्वास्थ्यकर होगी तो संस्था कभी बेहतर नतीजे नहीं पा सकती। पूरी दुनिया में तेजी से बदलाव हो रहा है, ऐसे में किसी भी संस्था को अपने कर्मचारियों को मूल्यवान संपत्ति की तरह मान देना चाहिए क्योंकि निष्ठावान कर्मचारी ही किसी संस्था के प्राण होते हैं। लोग मशीनों का इस्तेमाल करते हैं, मशीनें लोगों का इस्तेमाल नहीं करतीं। इसलिए अपनी टीम से जानने की कोशिश करें कि उनकी क्या परेशानियां हैं और उनका क्या हल हो सकता है?

आपके पास 'शिकायती डिब्बा' जैसा कोई विकल्प हो ताकि कर्मचारी अपने परेशानियां बयान कर सकें। यहां उन्हें अपना नाम देने की जरूरत न पड़े क्योंकि कई लोग अपने-आपको सामने लाना नहीं चाहते। उनसे समय-समय पर भेंट करें और बातचीत करें। हर जगह अपनी समस्याओं का रोना न रोएं। सबसे पहले अपने घर को व्यवस्थित करें। आप काफी धन की बचत कर सकते हैं। लोगों के साथ काम करते हुए सभी को एक ही लाठी से नहीं हांका जा सकता क्योंकि सभी लोगों की जरूरतें और मत अलग-अलग होते हैं।

अपने परिवार के बजट का ध्यान रखें

धन पाने के दो ही तरीके हैं। पहला है ज्यादा धन कमाएं, दूसरा है ज्यादा बचत करें। लक्ष्य पाने के लिए धन की बचत बहुत जरूरी है। हर किसी को अपने लक्ष्य को हकीकत में बदलने की कीमत चुकानी पड़ती है। केवल वही टीम लक्ष्य तक पहुंचती है जिसमें जीतने की इच्छा और कोई भी कीमत चुकाने की शक्ति होती है। कुछ लोग केवल एक सीमा तक इच्छा करके ही शांत हो जाते हैं। जब कीमत चुकाने की बारी आती है तो उनके हाथ-पांव ठंडे हो जाते हैं। यह परेशानी पैदा करने वाली बात है। कई बार कुछ बातों पर ज्यादा गौर नहीं दिया जाता, जैसे–हो सकता है आपकी पत्नी ही अनजाने में आपको काम पर ध्यान देने से रोक रही हो। ऐसे हालात में उसे प्यार से अपनी स्थिति समझाएं और सहयोग देने को कहें। मंजिल की ओर जाते समय हमें रुकावटों की अपेक्षा रखनी चाहिए और कोई भी कीमत चुकाने को तैयार रहना चाहिए।

एक सदा किंतु प्रभावी रवैया आपके जीवन पर गहरा प्रभाव डालता है। अगर आप धन की बचत करना चाहते हैं तो सबसे पहले एक अच्छी वित्त योजना बनाएं। यह बजट आपकी अनुमानित आय-व्यय का लेखा होता है। यह भी जरूरी है कि पूरा परिवार इस बजट पर एक टीम की तरह काम करे। आपस में इस बारे में चर्चा भी जरूरी है ताकि सभी राय मिल सकें हर सदस्य को अपने-अपने तरीके से धन की बचत करनी सीखनी चाहिए।

परिवार के प्रत्येक सदस्य, यहां तक कि बच्चों को भी केश एलाउंस या नकद धनराशि मिलनी चाहिए। यह निजी खर्चे के लिए हो तथा इसकी बाबत पूछताछ न की जाए। इस पॉकेट मनी की उपयोगिता से इनकार नहीं किया जा सकता। यह किसी व्यक्ति को धन-खर्च करने व बचत करने में अंतर सिखाती है। यह राशि कितनी हो, यह आपके बजट पर निर्भर करता है। कोई भी ऐसी राशि निकालने से पहले परिवार को अपनी प्राथमिक जरूरतों की व्यवस्था कर लेनी चाहिए।

अल्पकालीन व दीर्घकालीन लक्ष्यों को ध्यान में रखते हुए वित्त का प्रबंध होना चाहिए। वित्तीय प्रबंध नीति में आप खरीददारी पर दी जाने वाली विशेष छूट का लाभ उठा सकते हैं। यहां आप 20 से 25 प्रतिशत तक धन बचा सकते हैं। इसके लिए आपको पता होना चाहिए कि बाजार भाव क्या हैं और कौन-सी वस्तु, किस मौसम में, किस बाजार में सस्ते दामों पर मिलती है। अगर आप विंडो शॉपिंग के शौकीन हैं तो इन बातों का आसानी से पता लगा सकते हैं।

यू.के. की मैनचस्टर यूनिवर्सिटी में एक कोर्स के दौरान हमें सलाह दी गई थी कि बाजार में सर्वे करके, दाम की तुलना करने के बाद धन का निवेश करना चाहिए। इस तरह आप एक अच्छी धनराशि बचा पाएंगे।

भारत में आप कई ऐसी दुकानें या शोरूम पाएंगे, जहां स्थायी रूप से 50 प्रतिशत छूट का बोर्ड टंगा रहता है। वे लोग किसी भी कीमत के 100 प्रतिशत दाम बढ़ाकर, उस बढ़ी हुई कीमत पर 50 प्रतिशत छूट देकर ग्राहक को मूर्ख बनाते हैं।

जहां कटौती वाले दाम हों, वहां जाने से पहले बाजार भाव का अंदाजा अवश्य लगा लें। कुछ भी खरीदने से पहले मार्केट सर्वे करना न भूलें, यह एक अच्छी आदत है। जो भी सामान खरीदें, उसका सही तरीके से इस्तेमाल करें। उसकी अच्छी तरह से देखभाल करें ताकि उसके रखरखाव और मरम्मत पर कम-से-कम खर्च आए।

घर के छोटे-छोटे कामों, मरम्मतों आदि पर बाहर रुपया देने की बजाय खुद करने में कोई हर्ज नहीं। आपके हुनर की जांच भी हो जाएगी और पैसे भी बचेंगे। क्रेडिट कार्ड रखते हैं तो जरा सोच-समझकर इस्तेमाल करें। आप पर कर्जे का बोझ कम-से-कम होना चाहिए। ब्रांडेड नामों के पीछे न भागें।

अपने चीज की गुणवत्ता की जांच अवश्य करें। सार्वजनिक सेवाओं, पुस्तकालयों व पार्कों की सुविधा का लाभ उठाएं। कई ऐसे धोखेबाज आपके आसपास हो सकते हैं जो आपसे लाभ उठा सकते हैं, उनसे सावधान रहें। वस्तु व सुविधाओं के चुनाव व खरीददारी के समय अपने उपभोक्ता अधिकारों व कर्तव्यों के प्रति सचेत रहें। आपकी थोड़ी-सी भी लापरवाही परेशानी का कारण बन सकती है। अगर किसी वस्तु की कीमत ज्यादा लगे तो सौदेबाजी करने में कोई बुराई नहीं है क्योंकि यह धन आपका है, इसे बचाने का आपको पूरा हक है, आपने बड़ी मेहनत से इसे कमाया है।

आपको ध्यान रखना होगा कि कोई आपको चतुराई न दिखा जाए। ऐसी फालतू की खरीददारी से बचें जो आपके किसी काम नहीं आने वाली। दूसरों की देखादेखी ऐसी वस्तुएं न खरीदें, जिन्हें कुछ दिन बाद कूड़े में फेंकना पड़े।

बजट के बाहर चलने की कोशिश न करें क्योंकि यह दौड़ आपको महंगी पड़ सकती है। इस बजट को लिखकर किसी अलमारी या फ्रिज के

दरवाजे पर भी टांग सकते हैं ताकि आते-जाते समय पूरे परिवार की नजर इस पर पड़ती रहे।

अच्छी सौदेबाजी के कुछ टिप्स

सफलता और जिंदा रहने के लिए आपको यह हुनर सीखना ही होगा। यह आपकी सफलता का ठोस आधार है। आपको लगातार इस हुनर में निखार लाना चाहिए। कहा जाता है कि हर वस्तु में एक बिंदु तक सौदा या व्यवहार किया जा सकता है। सफल व्यवहारी पक्के आत्मविश्वासी होने के नाते वस्तुओं के अंकित मूल्य पर ध्यान नहीं देते। वे मानते हैं और विश्वास रखते हैं कि उन्हें सामने पड़ी वस्तु का कोई भी मूल्य तय करने का पूरा हक है। मेरा एक बहुत ही व्यावहारिक मित्र गुड़गांवा में फ्लैट खरीदना चाहता था। कीमतपूछने पर विक्रेता ने जवाब दिया '99 लाख'। उसने 50 लाख की पेशकश रखी। वह व्यक्ति इस तरह उछल गया मानो बिच्छू ने डंक मारा हो। वह चिल्लाकर बोला-"यह कोई सब्जी मंडी नहीं है जो आप मोल-भाव कर रहे हो।" तब मेरे मित्र नरेंद्र ने उत्तर दिया कि उसे सही दाम बोलने का पूरा हक है। तब विक्रेता उस फ्लैट की कीमत सीधा 58 लाख पर ले आया यानी सीधा 41 लाख रुपए कम। मेरा मित्र अब उस फ्लैट पर पैसा खर्च करने को तैयार नहीं था और न ही ऐसे मक्कार आदमी से व्यवहार करना चाहता था। उसने मुझे बताया कि वह पहले से ही बाजार भाव का पता लगा चुका था और अपनी पेशकश रखने का उसे पूरा हक था। अगर आप एक पक्के सौदेबाज बनना चाहते हैं, आपमें सामने वाले व्यक्ति की बात को काटने और उसे चुनौती देने की हिम्मत होनी चाहिए।

एक सफल व्यक्ति हर सुनी-सुनाई बात पर विश्वास नहीं रखता और सही जानकारी लेने के बाद अपनी बात पर डटा रहता है। वह अपनी मांग के बारे में पूरी तरह स्पष्ट होता है तथा जानता है कि 'न' को 'हां' में बदलने के लिए वह किस सीमा तक जा सकता है। गुस्से व उत्तेजना से बच सकें, तो हम भी यह काम बखूबी अंजाम दे सकते हैं। दूसरे व्यक्ति पर दबाव डालने की बजाय शांति से अपना पक्ष रखें। किसी किशोर को किसी काम के लिए सख्ती से मना करने की बजाय कह सकते हैं-"अगर तुम यह काम इस तरीके से करोगे तो मुझे ज्यादा खुशी होगी।" अपने हितों के बचाव के लिए दृढ़ता

तो दिखाएं लेकिन आपकी बातों से बैर-भाव नहीं झलकना चाहिए। अगर दूसरा व्यक्ति भी अपने हितों की रक्षा करना चाहे, तो उसे बाधा न दें आप केवल अपनी परवाह करते हैं तो यह संबंध टूटते देर नहीं लगेगी।

अच्छे श्रोता बनें

अच्छे बिचौलिए जासूसों की तरह बातों-बातों में अपने काम की बात निकलवा लेते हैं। वे प्रश्न-पर-प्रश्न पूछकर अपनी कोई बात बताए बिना सारे राज जान लेते हैं। अगर आप सुनने को तैयार हों तो दूसरी पार्टी आपको सब कुछ बता सकती है। केवल सुनने मात्र से झगड़े, गलतफहमियां और मनमुटाव सुलझाए जा सकते हैं। दुर्भाग्य से हम यह कला भूलते जा रहे हैं। हम अपनी दुनिया में इतने मस्त रहते हैं कि दूसरों की बात सुनने का धैर्य ही नहीं रहता। अगर सभी बिचौलिए सुनने की कला में निपुण हो जाएं तो उन्हें बहुत लाभ हो सकता है। उन्हें कोशिश करनी चाहिए कि सामने वाला व्यक्ति ज्यादा-से-ज्यादा बात करे मतलब अगर वे 20 प्रतिशत बोलें तो सामने वाला 80 प्रतिशत बात करे। ऐसे प्रश्न पूछे जाएं, जिनका उत्तर केवल 'हां' या 'न' में देना संभव न हो।

अपने-आपको तैयार करें

किसी भी तरह का सौदा करने से पहले दूसरी पार्टी के बारे में जरूरी जानकारी एकत्र करें। उनकी जरूरतें, कमजोरियां और विकल्पों के बारे में भी आपको पता होना चाहिए। बातचीत शुरू करने से पहले इन बातों का पता लगा लें। ऐसे किसी भी सफल सौदे के लिए थोड़ा-सा होमवर्क कर लेंगे तो बेहतर होगा।

लक्ष्य ऊंचा रखें

ऊंचे लक्ष्य से परिणाम भी ऊंचा ही प्राप्त होगा। जितनी अपेक्षा रखेंगे, उतना ही पाएंगे। किसी भी सफल व्यवहारी के लिए आशावादी होना भी जरूरी है। अगर आप कोई वस्तु बेचने जा रहे हैं तो जो दाम आप चाहते हैं उससे कुछ ज्यादा ही बताएं। इसी तरह कुछ खरीदते समय जो दाम आप देना चाहें, उससे

कम बताएं। सौदा ऐसा होना चाहिए जिससे दोनों पार्टियों को संतुष्टि मिल सकें संतुष्टि का अर्थ है कि दोनों के हितों का बचाव हो सकें एक अच्छे सौदेबाज को धैर्यवान होना चाहिए। उसे कोई भी सौदा करते समय हड़बड़ाहट से बचना चाहिए क्योंकि अक्सर जल्दबाजी में लिए गए फैसले गलत हो जाते हैं।

बेहतर होगा कि आप दूसरी पार्टी को अपनी बात रखने दें। इस तरह आप उनकी सीमाएं, शक्ति व कमजोरियां भांप सकते हैं। आपको पता चल जाएगा कि वे इस सौदे से क्या अपेक्षा रखते हैं। हो सकता है, वह कीमत इतनी कम कर दे, जितनी आपने कल्पना भी न की हो।

अगर आप अपनी बात पहले रखेंगे तो हो सकता है कि आप उस व्यक्ति की इच्छा से कहीं ज्यादा देने की पेशकश कर बैठें। ऐसे हालात में आप उसे सही कीमत से ज्यादा भुगतान करने को विवश हो जाएंगे इसलिए कभी भी पहली पेशकश को स्वीकार न करें।

अगर आप पहले ही प्रस्ताव पर राजी हो जाते हैं तो उस पार्टी को लगेगा कि वह थोड़ी और राशि तुड़वा सकता था या आपसे फायदा उठा सकता था।

आपको किसी भी प्रस्ताव पर बुद्धिमत्तापूर्वक विचार करना चाहिए अगर आपने पहले ही 'हां' कह दी या सहमति का संकेत दे दिया तो कहानी यहीं खत्म हो जाएगी। दूसरी पार्टी का व्यक्ति अपनी बात पर ऐसा अड़ेगा कि सौदेबाजी की कोई गुंजाइश ही नहीं बचेगी इसलिए पहले-पहल अपनी ओर से कोई 'हां' या 'ना' न दें।

कभी भी अपनी तरफ से समझौते न करें। अगर आप किसी व्यक्ति को कुछ दे रहे हैं तो आपका लेने का हक भी बनता है। सारे काम तरीके से करें। यहां आप कह सकते हैं–

"मैं आपके लिए ऐसा कर सकता हूं, अगर आप मेरे लिए ऐसा कर सकें नहीं तो मुझे किसी दूसरे आदमी के साथ इस सौदे की बात करनी पड़ेगी।"

कभी भी पहल व चुनाव के बिना सौदेबाजी न करें। अगर आप उस सौदे से कुछ ज्यादा ही उम्मीद लगाए बैठे हैं या उसे हर हालत में पाना चाहते हैं तो आपके लिए 'न' कहना मुश्किल हो जाएगा। अगर ऐसा लगे कि सौदा जम नहीं रहा और आपको उससे बेहतर विकल्प मिल सकता है तो सौदा छोड़कर जाने में संकोच न करें।

कोई गारंटी नहीं होती

यह घटना 'वाशिंगटन पोस्ट' में छपी थी। उसमें लिखा था—पिछले वर्ष के अरबपतियों में से चार सदस्य अपना धन गंवा चुके हैं। वे हैं "स्विस शेयर धारक एक्टिविस्ट मार्टिन एवनर, जर्मन मीडिया टाइकून लियो किर्च, ब्राजील टेलीविजन से रोबर्टो मारीनो तथा टर्किश बैंकर मेहमेत करामेहमेत।" इसमें कोई हैरानी की बात नहीं है कि एक वर्ष में एक व्यक्ति के पास अरबों डॉलर हों और अगले वर्ष वह सब चला जाए।

इसका अर्थ यह है कि अगर आपने सावधानी न बरती तो आपके अरबों-करोड़ों किसी भी समय हाथ से जा सकते हैं।

हमें कहना होगा कि जीवन में किसी वस्तु की गारंटी नहीं होती। हमें हर वस्तु पर गहरी पकड़ नहीं रखनी चाहिए। अगर पकड़ गहरी होगी तो वस्तु का मोह त्यागना दुखदायी हो जाएगा। धन व उपलब्धियों की संभाल व सुरक्षा करनी चाहिए परंतु भूलना नहीं चाहिए कि जो चीज आसानी से हाथ आती है, उसी तरह चली जाती है।

हमारा नजरिया ऐसा हो कि हम जीवन को कुछ बेहतर दे सकें। अपने सपनों को साकार करने का हर संभव प्रयास करें। धन या उपलब्धि, आपके पास जो भी हो, उसका पूरा आनंद लें। वैसे यह जीवन की सबसे बेहतर नियामतें नहीं होतीं। अपने परिवार, मित्रों, चरित्र व विश्वास से मिलने वाली मानसिक शांति ही सबसे बड़ा धन है। इन्हें अपने जीवन में पूरा स्थान दें। धन पाने के लिए अपनी व परिवार की मानसिक शांति को दांव पर न लगाएं। आपको धन के बिना भी परिवार की आवश्यकता पड़ेगी अपनी सफलता को परिवार व मित्रों के साथ बांटना सीखें। व्यावहारिक बनकर सोचें कि उन चारों अरबपतियों ने अपना धन-दौलत किस तरह गंवा दी। इस जीवन में कोई गारंटी नहीं होती। लोग व हालात बदल सकते हैं। हर दिन को अपना आखिरी दिन मानकर जिएं। इसका भरपूर आनंद लें पर आने वाले दिन की योजना बनाना न भूलें।

अच्छे दिनों का आनंद लें। बुरे दिनों का सामना करें। अच्छे व बुरे दिन आपके जीवन का एक अंग हैं। हालात चाहे केसे भी क्यों न हों, अपने-आपको उत्साहित करें व प्रसन्न रहें।

सफलता की इच्छा रखें

आत्म-विश्वास, आत्म-प्रतिष्ठा व आत्म-सुधाार के बाद हम अपने सहपाठियों, माता-पिता व समाज के दूसरे लोगों के शक्ति व प्रभाव के प्रति सजग हो जाते हैं। हम सामाजिक दायरों में किस तरह जाने जाते हैं, इसका हम पर गहरा प्रभाव पड़ता है। हमारा अपने प्रति रवैया भी तय करता है कि लोगों की हमारे बारे में क्या राय होगी या समाज हमारे बारे में क्या सोचता है। जब आप विश्वास करते हैं कि लोग आपको ऊंचा व अच्छा समझते हैं तो इससे आपके आत्म-ज्ञान व आत्म-प्रतिष्ठा में वृद्धि होती है। एक अच्छा व प्रभावी व्यक्तित्त्व पाना चाहते हैं तो अपना आदर करना सीखें।

हमें जीवन में नकारात्मक प्रभावों व विचारों से छुटकारा पाना चाहिए। साथ ही हमें उन विचारों से भी मुक्ति पानी चाहिए जो हमें अतीत की भूलों को याद दिलाकर शर्मिंदा करते रहते हैं। अपने साथ घटी सभी घटनाओं के स्रोत, कारण व परिणाम स्पष्ट रूप से लिखें। तब आप जान पाएंगे कि आप किस घटना के लिए कितने उत्तरदायी थे या आपका क्या रोल था। साथ ही आपको यह भी पता चलेगा कि भविष्य में इनसे बचाव की क्या नीति अपनाई जाए।

अपने कामों का लेखा-जोखा लें

अपनी प्रतिभा व योग्यताओं की सूची बनाएं। अपनी सकारात्मक विशेषताओं के अंक जोड़ें और नकारात्मकता के अंक घटा दें। अपने उन महत्त्वपूर्ण कामों को भी लिखें जिनके बल पर आपने सफलता पाई। ऐसा इसलिए करना आवश्यक है ताकि आप वर्तमान व भविष्य के लिए अपने-आपको उत्साहित कर सकें तथा भविष्य की संभावनाओं में निखार ला सकें। वास्तव में हमारे भीतर किसी भी काम को करने की असीमित क्षमता होती है। हम अपने जीवन में जो चाहें, पा सकते हैं, जिस स्तर तक जाना चाहें जा सकते हैं, जीवन में जो भी बनना चाहें बन सकते हैं। यह आप पर ही है कि आप किस तरह छोटे-बड़े लक्ष्यों के माध्यम से कदम-दर-कदम चलते हुए मंजिल तक पहुंचते हैं। सभी बाधाएं तो आपके दिमाग में ही होती हैं। ऐसी कोई रुकावट नहीं, जिसे आप पार नहीं कर सकते।

अगर कोई बात आपको पीड़ा दे रही है या परेशान कर रही है तो अपने किसी विश्वासपात्र मित्र या जीवनसाथी के पास बैठें और इस बारे में बात करें। दुख बांटने से आधा हो जाएगा और आपको एक नया नजरिया प्राप्त होगा। दूसरा तरीका यह है कि परेशानी को अपने-आपसे काट लें। सोचें कि वह आपके साथ नहीं किसी दूसरे के साथ है और आप उस व्यक्ति को निबटने के लिए क्या राय देना चाहेंगे। अपने खुशनुमा अनुभवों को बार-बार दोहराते हुए अपना प्रोत्साहन बढ़ाते रहें। हमेशा अपने बारे में अच्छा ही सोचें। इस तरह आप जो भी पाना चाहेंगे, पा लेंगे तब आपके जीवन में प्रसन्नता की सीमा नहीं रहेगी। यह एक हकीकत है कि हम आसानी से किसी भी कठिनाई पर काबू पा सकते हैं।

अपनी व्यावहारिकता को निराशा में न बदलने दें। जो अपने लक्ष्य के लिए समर्पित होते हैं, भाग्य उन्हीं पर मेहरबान होता है। अपनी क्षमताओं का ज्ञान न होने से ही असंतुष्टि पैदा होती है। कई लोग अपनी शक्तियों का सही अंदाजा न लगा पाने के कारण ही तरक्की नहीं कर पाते। अगर आप किसी फैसले को कार्यरूप देने में जुट जाएं तो ब्रह्मांड की सारी शक्तियां आपकी मदद करने आ जाएंगी। आपके विश्वास में कमी, क्रोध, संदेह, निराशा व गलतफहमियां राह की रुकावटें बन सकती हैं। वास्तव में आपका दिमाग वही चाहता है, जो आप इसे सिखाते हैं। किसी भी हालात में सकारात्मकता न त्यागें, जीवन के बदले हुए रूप को देखकर आप भी हैरानी में पड़ जाएंगे।

पहले काम को सबसे पहले करें

लक्ष्य की शक्ति विलक्षण होती है। सही नियम व सिद्धांत इस बात का आश्वासन देते हैं कि सफलता मिलने में देर नहीं लगेगी। जब तक आप नहीं जानते कि अल्पकालीन व दीर्घकालीन लक्ष्यों के रूप में आप प्रतिदिन, प्रतिमास, प्रतिवर्ष, हर पांच, दस या बीस वर्ष बाद क्या करने जा रहे हैं तो आप कुछ नहीं कर सकते। जहां तक संभव हो लक्ष्यों को समय सीमा में बांध ें। यह प्रक्रिया केंद्रीकरण के नियम पर आधारित है जो हमें एकाग्रता की प्रेरणा देती है। यह उसी तरह है जैसे कोई सूर्य की किरणों को एक बल के रूप में एकत्र करके अग्नि पैदा कर दे।

सही तरीके से न चल पाने के कारण आप असफल होंगे और द्वेष की भावना पैदा होगी। ऐसे हालात हमारी रही-सही शक्ति भी छीन लेते हैं। हमारे पास बुरे हालात का सामना करने के लिए ऊर्जा ही नहीं बचती। सामान्यत: लक्ष्य के बारे में अनुभव तथा भावनाएं मिश्रित होती हैं। हममें से कुछ लोग अनुशासन के बल पर लक्ष्य पाना चाहते हैं तो कुछ लोग इसके लिए कोई भी कीमत चुकाने को तैयार होते हैं। यह लक्ष्य ही व्यक्ति व राष्ट्र के भाग्य को आकार देते हैं। यद्यपि कुछ लोग इन्हें आदर्शों के रूप में लेते हैं जिसकी इस दुनिया में ज्यादा पूछ नहीं है परंतु तथ्य वही है कि अगर आप जानते ही नहीं कि जाना कहां है तो आप वहां कभी नहीं पहुंच सकते। इसलिए लक्ष्य का चुनाव करना बेहतर होगा, चाहे कोई भी कीमत क्यों न देनी पड़े। अगर पहले-पहल लक्ष्य तक पहुंचने की राह में परेशानियां आएं तो हमें पूरी निष्ठा, साहस, लगन व धैर्य से अड़े रहना होगा।

हम सबकी आत्मा व व्यक्तित्त्व बैंक में निजी सदाचार व पहचान का एक खाता होता है। इसमें हमारे विश्वास की मात्रा डेबिट, क्रेडिट होती रहती है। जब हम अपने वादे पूरे करते हैं तो इसमें विश्वास की मात्रा बढ़ती है जिससे हमारी अपनी विश्वसनीयता में भी वृद्धि होती है और हम दूसरों के प्रति वचन-बद्धता का पाठ सीखते हैं। अगर आपके इस खाते की रकम ज्यादा है तो यह आपके लिए शक्ति व सामर्थ्य का अच्छा स्रोत बन सकता है।

लक्ष्य-प्राप्ति में असफल होने पर हम निराश होकर ही अपनी ही नजरों में गिर जाते हैं जिससे हमारे खाते में आत्मविश्वास की मात्रा काफी घट जाती है समय के साथ-साथ इस मात्रा के लगातार घटने से हमारा अपनी ही योग्यता व हुनर में विश्वास खत्म हो जाता है। हमें लगने लगता है कि हम किसी काम के नहीं हैं। हम किसी का और अपना विश्वास जीत ही नहीं सकते। यही संदेह और निराशा हमें आगे जाने ही नहीं देती। अत: जब हमें अपने बिगड़े हुए हालात को संभालने के लिए चरित्र के सामर्थ्य की सबसे ज्यादा जरूरत होती है, वह हमारे पास नहीं होता।

एक मजबूत चरित्र का निर्माण भी शारीरिक शक्ति बढ़ाने की तरह ही है। जब कभी अवसर सामने आए और आपके पास चारित्रिक क्षमता न हो तो यह तथ्य उसी क्षण स्पष्ट हो जाता है। आप इसका झूठा दावा नहीं कर सकते।

हम अपने लक्ष्य तक क्यों नहीं पहुंच पाते, इसके अनेक कारण हो सकते हैं। एक कारण यह हो सकता है कि हमने जो लक्ष्य तय किए वे व्यावहारिक नहीं थे। हम अपने व दूसरों के दिमाग में ऐसी अपेक्षाएं पैदा कर देते हैं जिनसे हमारी विशेषताएं व योग्यताएं स्पष्ट ही नहीं हो पातीं।

ऐसा प्रति वर्ष होता है जब लोग नए साल पर बेहतरी के लिए बदलाव की अपेक्षा रखते हैं, फिर चाहे वह भोजन हो, व्यायाम से जुड़ी आदतें हों या दूसरों के प्रति उनका आचरण। कुछ भी अचानक नहीं बदलता क्योंकि केलेंडर भी 31 दिसंबर की जगह 1 जनवरी दर्शाता है। यह तो मानो वही बात हुई कि हम एक दिन के बच्चे से एक ही दिन में घुटनों के बल चलने, कांटे-चम्मच से खाने और गाड़ी चलाना सीखने की उम्मीद रखें। हमारी महत्त्वाकांक्षाएं और लक्ष्य जब भ्रम पर आधारित होते हैं तो उनका कोई नतीजा नहीं निकलता। हमें प्राकृतिक विकास के नियम को भूलना नहीं चाहिए।

कभी-कभी जब हम लक्ष्य तय करने के बाद काम करना शुरू करते हैं तो या तो हालात बदल जाते हैं या हममें बदलाव आ जाता है। हमारे सामने एक नया बेहतर अवसर आता है और जब हम उसे पाने की कोशिश करते हैं तो कोई दूसरा व्यक्ति उसकी परेशानियां गिना देता है, उसी क्षण हमारा उस अवसर के प्रति नजरिया बदल जाता है। ऐसे हालात में अपनी मंजिल तक पहुंचने की लगन बनाए रखना, एक बहुत बड़ी चुनौती है।

अगर हम अपने लक्ष्य बदल सकें तो बेहतर महसूस कर सकते हैं परंतु कई बार यह हमारे लिए पीड़ा, परेशानी व बेचैनी का कारण भी बन सकता है क्योंकि हमें यही लगता रहता है कि हम अपने तय किए गए लक्ष्य से पीछे क्यों हटे।

कई बार लक्ष्य तक पहुंचने की प्रक्रिया में हमें कई जरूरी बातों को नजरंदाज करना पड़ता है। हमें अपने जीवन में ऐसा संतुलन बनाना चाहिए जिससे हमारी मानसिक शांति भंग न हो। कभी भी अपने सकारात्मक रवैए, आत्मा व सपनों की कीमत पर लक्ष्य पाने की कोशिश न करें। हमारा प्रयास यही हो कि पहला काम पहले ही किया जाए। सकारात्मक मानसिकता वाला व्यक्ति सदा अपने भीतर से ही सुरक्षा पाता है।

बदलाव लाने वाले मोड़

हर फैसला जो भी आप लेते हैं, अपने-आपमें खास होता है चाहे वो उस समय आपको गैर जरूरी ही क्यों न लगे। सच तो यह है कि हमारे लिए हुए फैसले हमारी आदतों में शुमार हो जाते हैं। यही आदतें हमारी किस्मत लिखती हैं। कई बार हमारे फैसलों से चमत्कारिक बदलाव भी संभव हो जाते हैं। दरअसल जरूरी कामों को पहले निपटाने के अभ्यास से ही यह चमत्कार होता है और हमारा जीवन बेहतर बनता है। कई बार यह फैसले आपको कठोर, बुरे, खतरनाक व अव्यावहारिक भी लग सकते हैं लेकिन अगर आप अपनी अंतरात्मा की सुनें तो आप कभी कोई गलत फैसला नहीं लेंगे।

बिखराव समेट दें

जीवन में हर काम के लिए समय निर्धारित करें। आपकी क्रियाएं नियमित हों ताकि बिखराव को साथ-साथ समेटा जा सकें आप अपने घर या दफ्तर को किस तरह रखते हैं, इसी से पता चलता है कि आप अपने बारे में क्या सोचते हैं एक सुव्यवस्थित स्थान आपके आत्मविश्वास में भी वृद्धि करता है। आपके हर काम में निखार आने लगता है। कई बार हम लोग जान-बूझकर कामों को टालते रहते हैं जैसे अलमारी की सफाई या घर की झाड़-पोंछ। हम उन कपड़ों को भी यूं ही पड़ा रहने देते हैं जिन्हें हम फटा होने के कारण पहनना छोड़ चुके हैं। मेरे कजिन की पत्नी वंदना बब्बर ने मुझे बताया कि जब वो अपना स्टोर रूम देखती हैं तो उन्हें एहसास होता है कि जिन वस्तुओं को वे खरीदना चाहती हैं और समझती हैं कि वे उनके पास नहीं हैं, वे पहले से ही उनके पास मौजूद होती हैं।

मैंने स्वयं ऐसी कई ऐसी नई कारें देखी हैं जिसमें चश्मे, कागज व पुराने कपड़े आदि उल्टा-सीधा-सामान भरा रहता है। चीजों की साफ-सफाई से आप स्वयं को व्यवस्थित और जोश से भरपूर पाएंगे। कोई भी काम शुरू करने से पहले आसपास बिखरा सामान समेट लें क्योंकि यह बिखराव आपकी ऊर्जा मंद कर सकता है। अक्सर हम लोग इन बातों की परवाह नहीं करते और इसी बिखराव के साथ जिंदगी जीते रहते हैं। अगर आपके काम करने का स्थान या गाड़ी कबाड़खाना बन गई है तो जान लें कि आप सही रास्ते पर नहीं चल

रहे। यह आप पर हावी हो रहा है और तरक्की के रास्ते रोक रहा है।

इसे समेट कर अपनी जिंदगी की नई शुरुआत करें। सदा समय के पाबंद रहें, चाहे कोई तारीफ करे चाहे न। अपने जीवन को यह मानकर न जिएं कि आप एक ऐसी गाड़ी पर सवार हैं जिसके अगले स्टेशन पर प्रसन्नता मिलेगी...या जीवन की अगली अवस्था में...या किसी बड़े कालेज में जाने पर...या ग्रेजुएट होने पर...या शादी होने व नौकरी मिलने पर...हनीमून से आने पर... बच्चे होने पर...बच्चों के बड़े होकर घर बसाने पर...या फिर सेवानिवृत्त होने पर...।

आज आपके पास जो भी है, उसके लिए आभार व्यक्त करें। प्रायः लोग यह समझ ही नहीं पाते कि प्रसन्नता कोई मंजिल नहीं है। यह जीने का एक खूबसूरत ढंग है। यह पहले से ही हमारे भीतर है। प्रसन्नता वहीं है, जहां आज हम हैं। हमें केवल इसे पहचानकर अपना बनाना होगा। रेस में एक फिनिशिंग लाइन या सीमा-रेखा होती है परंतु सफलता की कोई सीमा-रेखा नहीं है। यह एक यात्रा है जिसे पूरे आनंद के साथ जीना चाहिए।

हम सब सही समय व तारीख पर अपना काम समाप्त करना चाहते हैं। इससे हमें चिंता होने लगती है कि समय पर काम हो पाएगा अथवा नहीं। नतीजन हम कभी वर्तमान में जी ही नहीं पाते। भगवान ने हम सबको किसी अच्छे और भले काम का माध्यम बनाकर भेजा है पर हम उसे पहचान ही नहीं पाते।

आपको एहसास होना चाहिए कि आप किसलिए बने हैं और बेहतरी के लिए आप क्या-क्या कर सकते हैं।

हममें से प्रत्येक आसानी से अपने लक्ष्य तक पहुंच सकता है। उत्पादकता में सुधार, तनाव में कमी और जीने की प्रबल इच्छा से ही यह संभव है। कई बार लोग व्यस्त रहने के लिए ही व्यस्त हो जाते हैं कभी-कभी वे बिना किसी कारण के ही व्यस्त रहते हैं। आपको लक्ष्य तक पहुंचने के लिए अपने-आपको केंद्रित रखना सीखना होगा।

आगे बढ़ने के लिए भय का इस्तेमाल करें

नया स्थान, नई जगह और अनजाने लोगों से भय पैदा होता है। कोई नया काम शुरू करने में हिचकिचाहट महसूस होती है। कई बार अपने भय पर काबू पाना

भी मुश्किल हो जाता है। यह डर हमें ऊंचाइयों तक नहीं जाने देता। किसी भी डर पर काबू पाने के लिए कोई ऐसा काम शुरू कर दें जिसका उससे कोई संबंध न हो। चहलकदमी, जॉगिंग या कसरत की जा सकती है। कसरत में मांसपेशियों का तनाव ढीला पड़ेगा और हम अपनी भावनाओं को नियंत्रित कर पाएंगे। अगर आप परेशानी और अपने बीच थोड़े समय की दूरी डाल दें तो वह आपके लिए पहले की तुलना में सरल हो जाएगी। कोई भी काम करने से तनाव घटता है। भय के इस मनोभाव को डरने की बजाय कोई काम करने में लगा दें। अगर आपने लगातार यही रवैया अपनाया तो आप किसी भी स्थिति को हल करने की बौद्धिक प्रक्रिया शुरू कर सकते हैं।

अपने टैक्सों का भुगतान करें

डॉक्टर, वकील, उच्च पदाधिकारी तथा व्यवसायी जैसे बुद्धिमान व्यक्ति भी अपने वित्त का बेहतर प्रबंध नहीं कर पाते। हमें अपने जीवन में टैक्सों के भुगतान की अहमियत को समझना चाहिए। जब हमारे बच्चों के पास पैसा आ जाए और वे उसे खर्च करने लगें तो उन्हें भी जान लेना चाहिए कि वे अब उपभोक्ता बन गए हैं। सभी सुविधाओं, सेवाओं व सामान के उपभोक्ताओं को (चाहे वे छोटे हों या बड़े) अपने टैक्सों का भुगतान करना चाहिए। हम सब समाज के अंग हैं। समाज को सही ढंग से चलाने के लिए हमें बिजली, पानी व अच्छी सड़कों की सुविधा चाहिए। यह काम अकेले नहीं कर सकते और न ही करना चाहेंगे क्योंकि सार्वजनिक पार्क या सड़क बनवाना हमारे बस में नहीं है। इसके लिए बहुत समय व धन चाहिए इसलिए सरकार ही हमारी इन सुविधाओं का ध्यान रखती है। सरकार ही सड़कें व फुटपाथ बनवाती है। पुलिस व अग्निशमन विभाग की व्यवस्था करती है। इन सबके लिए धन चाहिए इसलिए हमें अपने टैक्सों का भुगतान करना चाहिए।

सबकी भलाई के लिए टैक्सों का भुगतान हमारा कर्तव्य बनता है। इसका अर्थ यह नहीं कि हम जरूरत से ज्यादा भुगतान करने लगें। हमें उन सभी कटौती व लाभों को पाने का भी अधिकार है जो सरकार ने हमें दी हैं। सभी नागरिकों की सुरक्षा, स्वतंत्रता व न्याय को बनाए रखने के लिए उचित रूप से टैक्स का भुगतान करें। 70/30 का फार्मूला बढ़िया है। इसके अनुसार आपको अपने टैक्सों का भुगतान करने के बाद अपनी 70 प्रतिशत आय में से

जीवन यापन करना होगा। यह 70 प्रतिशत आय अपनी आवश्यकताओं व भोग-विलास पर खर्च की जा सकती है। शेष 30 प्रतिशत में से एक तिहाई हिस्सा दान के लिए है ताकि समाज के अपंग व निराश्रित लोग भी जी सकें। बाकी 30 प्रतिशत आप धन पैदा करने के लिए रखें। यह धन आप संपत्ति आदि मे निवेश कर सकते हैं। अपनी कल्पना का भरपूर इस्तेमाल करते हुए थोक दामों में कोई चीज खरीद लें। जैसे जमीन का कोई टुकड़ा या फ्लैट, रेट बढ़ने पर बेचा जा सकता है। अगर किस्मत साथ दे तो आप इस तरह काफी धन कमा सकते हैं।

अगर आप किसी ऐसी जगह काम करते हैं जहां ओवर टाइम मिलता है या ज्यादा काम के लिए बोनस आदि दिया जाता है तो आप इस तरह का ध न अपने निवेश के लिए इस्तेमाल कर सकते हैं। आप इस 30 प्रतिशत में से कंप्यूटर आदि जरूरत की वस्तुएं भी खरीद सकते हैं। आप अपनी नौकरी के अलावा पार्ट टाइम काम करवा के ही धन कमा सकते हैं। अमीर व गरीब की यही परिभाषा दी जा सकती है कि गरीब लोग अपना धन खर्च करते हैं, जो बचता है उसकी बचत करते हैं। अमीर लोग अपने धन की बचत करते हैं, जो बचता है उसे खर्च करते हैं। आपको भी धन की बचत करके चक्रवृद्धि ब्याज का लाभ लेना चाहिए।

टैक्स-फ्री रिटायरमेंट कार्यक्रमों से लाभ उठाएं। इस तरह आप कुछ ही वर्षों में काफी धन कमा सकते हैं।

बचत आपके धन-नियोजन का अहम हिस्सा है। यह आपको जीवन की आर्थिक तंगी के दौर में मानसिक शांति प्रदान करेगी। धन को खर्च करने व बचत करने का पुराना दर्शन था—जो बच जाए, उसे जोड़ लो। नया दर्शन कहता है कि पहले बचत करो और बाद में खर्च करो। यही फलसफा किसी को अमीर या किसी को गरीब बना देता है।

निवेश व बचत एक दिन, महीने या साल में अपना प्रभाव नहीं दिखाते। आने वाले पांच या दस वर्षों में आप इसका असर देख सकते हैं। यह सब एक-सी आय से शुरू हो सकता है, बस आपको तरीका आना चाहिए।

3.

कर्मचारियों को प्रेरणा दें

'भय, प्रोत्साहन व वृद्धि' प्राय: इन तीनों द्वारा लोगों को काम करने की प्रेरणा दी जाती है। आइए, इन तीनों माध्यमों की जांच करें। भय एक ऐसा माध्यम है जिसे न तो कोई पसंद करता है और न ही अपने लिए चाहता है। लंबी अवधि के लिए भी यह कारगर नहीं होता। वैसे भी किसी संगठन के अच्छे स्वास्थ्य के लिए यह नुकसानदायक होता है। यद्यपि कई लोग सही समय पर काम करवाने के लिए भय व धमकियों की मदद लेते हैं। वैसे कर्मचारी की प्रकृति के अनुसार कभी-कभी दबाव भी डालना पड़ता है परंतु यह नियम सभी पर लागू नहीं होता।

अगला माध्यम है प्रोत्साहन या प्रलोभन (लालच) देना। जॉन मैक्सवेल इस बारे में कहते हैं–"जिस कार्य को पुरस्कृत किया जाए, उसे होने में देर नहीं लगती। दूसरे शब्दों में, अगर तुम यह काम इतने समय में करोगे तो तुम्हें वह मिलेगा।" यह तरीका भी बार-बार काम नहीं आता। उदाहरण के तौर पर भारत सरकार ग्रुप ए से नीचे आने वाले सभी कर्मचारियों को बोनस की एक समान प्रतिशत देती है, फिर चाहे वे काम करें अथवा नहीं। कुछ ही समय बाद सभी कर्मचारी इस बोनस राशि को अपना हक मानने लगते हैं और यह तरीका प्रभावहीन हो जाता है।

प्रत्येक व्यक्ति के हृदय में सदा कुछ श्रेष्ठ करने की लालसा छिपी रहती है परंतु कुछ व्यक्ति ही इस इच्छा को पूरा करना चाहते हैं। अंतत: प्रत्येक व्यक्ति अपने किए गए काम की पहचान चाहता है। यह एक अच्छा प्रेरक माध्यम है। निजी वृद्धि तथा विकास किसी भी संगठन के मूल मंत्र होने चाहिए। मैनेजमेंट को चाहिए कि वह संगठन के सभी सदस्यों को निजी व व्यावसायिक वृद्धि के नियमित अवसर प्रदान करे क्योंकि प्रत्येक कर्मचारी इसे प्रसन्नतापूर्वक अपनाता है। यह मेरी राय में श्रेष्ठ उत्प्रेरक है। प्रशंसा व पुरस्कार दोनों ही लंबे समय तक काम आते हैं।

मजबूत संबंधों की शुरुआत

हमें प्रतिदिन निजी तथा व्यावसायिक चुनौतियों का सामना करना पड़ता है। इस संघर्ष में हार-जीत लगी ही रहती है। इस बात से कोई अंतर नहीं पड़ता कि वे हमारे कारण हुए या किसी दूसरे के कारण। हमारे पास कोई चुनाव नहीं होता। हम केवल इतना चुन सकते हैं कि हम शिकार होंगे या शिकार करेंगे। अधिकतर व्यक्ति शिकार होते हैं। वे अपनी ही मानसिकता के शिकार हो जाते हैं।

इनकी मानसिकता ही इन्हें हालात से निपटना सिखाती है। यह मानसिकता प्रोत्साहनपूर्वक और उत्साहहीन दोनों रूपों में हो सकती है। करोड़ों लोग अपनी मानसिक विचारधारा को ही सच मान लेते हैं। इसका अर्थ यह नहीं कि आप दिल की बात सुनना छोड़ दें। आपको ऐसे हालात पर काबू पाना चाहिए ताकि संबंधों को सकारात्मक आधार मिल सकें संबंधों को मजबूती प्रदान करने के लिए निम्न बातों पर ध्यान दें–

अपने कामों से प्रशंसा जाहिर हो। आप किसी से कह सकते हैं–"मैं नहीं जानता कि किसी ने आपसे कहा या नहीं पर आपका भाषण बड़ा जोरदार रहा। आपने बहुत अच्छे रूप में अपना नजरिया हमारे सामने रखा, हमें भी इससे बहुत मदद मिलेगी। आपकी यह विशेषता प्रशंसा योग्य है।"

किसी कार्ड, तोहफे द्वारा या उक्त व्यक्ति के साथ समय बिताकर भी आप अपनी प्रशंसा जाहिर कर सकते हैं। प्रतिदिन कम-से-कम पांच व्यक्तियों की प्रशंसा करेंगे, इसे अपना लक्ष्य बना लें। अगर संभव हो तो दस व्यक्तियों की प्रशंसा करें या आप अपने संपर्क में आने वाले प्रत्येक व्यक्ति की प्रशंसा का प्रयास कर सकते हैं। इससे आपका दिल भी खुशनुमा हो जाएगा। आपकी यह प्रशंसा झूठी नहीं होनी चाहिए। किसी व्यक्ति की विशेषता के लिए ही उसे प्रशंसा दें। लोगों की प्रशंसा करना अपने-आपमें एक शक्तिशाली अस्त्र है। इससे संबंधों में मजबूती आती है। इस भाव से आपको पता चलता है कि प्रशंसा करने वाला व्यक्ति आपको कितना चाहता है। अगर हम परस्पर एक-दूसरे को अहमियत दें तो लंबे समय तक भेंट न होने के बावजूद दोस्ती कायम रख सकते हैं।

मनोवैज्ञानिकों के अनुसार यदि आप पूरा समय अपने संबंधों पर दृढ़ रहें तो संतुष्टिदायक संबंधों का स्वाद पा सकते हैं। वे परामर्श देते हैं कि आपको

दोस्ताना संबंध बनाने की पहल करनी चाहिए। आप निम्नलिखित नेटवर्किंग तकनीक आजमा सकते हैं–

सदा मुस्कुराते रहें–अपने चेहरे पर सदा मुस्कान बनाए रखें। प्रसन्नता आपको जीवंत बनाए रखती है। दूसरों से भेंट करते समय केवल अपने बारे में ही बातचीत न करें इसके बजाय उनके बारे में जानकारी लें।

विजिटिंग कार्ड लें–जब आप किसी से मिलने के बाद संबंध बनाना चाहें तो उक्त व्यक्ति का विजिटिंग कार्ड अवश्य लें। अगर उसके पास कार्ड न हो तो किसी कागज या अपने कार्ड के पीछे उसका नाम व पता लिख लें।

मेलिंग लिस्ट में उनका नाम डालें–जब आप घर जाएं तो वे सब नाम-पते अपनी मेलिंग व संपर्क-सूची में डाल दें। सावधानी से उन्हें श्रेणियों में बांटें। अक्सर हम लोगों से कार्ड लेने के बाद एक ढ़ेर बनाकर रख देते हैं और भूल जाते हैं कि हम उन लोगों से क्यों व किसलिए मिले थे। आप इस काम के लिए कंप्यूटर की मदद भी ले सकते हैं।

फोन द्वारा संपर्क बढ़ाएं–जिन लोगों से आप नियमित संबंध बनाना चाहें या उनके बारे में अधिक जानना चाहें तो उन्हें फोन करें। फोन पर उन्हें इस बात का एहसास न होने दें कि आप भविष्य में अपना हित साधने के लिए उनसे संपर्क बढ़ा रहे हैं। इसके बजाय उन्हें यकीन दिलाएं कि यह संबंध परस्पर लाभदायक होंगे। दूसरों से उम्मीद न रखें कि वे आपसे संपर्क करेंगे क्योंकि हो सकता है कि वे संपर्क बनाने की कला में अनाड़ी हों।

मान लें कि आप पार्टी के मेजबान हैं–जब भी संपर्क बनाने का अवसर मिले तो नए लोगों से मिलने से न चूकें। आत्मविश्वास बढ़ाने के लिए मान लें कि यह आपकी पार्टी है और आप मेजबान हैं। इस तरह आपके चेहरे पर मुस्कान आएगी और नए लोगों से भेंट करने की प्रेरणा मिलेगी।

काम करने की मेज को अखाड़ा न बनाएं

मेरे निजी अनुभव के अनुसार मैं और मेरे जैसे बहुत लोगों को कागजों के विशाल अंबार का सामना करना पड़ता है। अपने घरेलू कार्यालय को साफ-सुथरा रखने के चक्कर में मैं प्रतिदिन दो रद्दी कागजों की टोकरियां भर देता हूं। वास्तव में जब से मैं इन कागजों के बीच आता हूं। इन्हें मेरे मेज से फोल्डर तक पहुंचने में अधिक समय नहीं लगता। कई बार काम का दबाव

बढ़ने से यह मेरे पूरे स्टडी रूम में कब्जा जमा लेते हैं और चारों ओर अव्यवस्था फैल जाती है।

कागजों के इस अंबार से निपटने का सबसे उचित समय वही है, जिस समय यह मेज पर आएं। दूसरा विकल्प यह भी हो सकता है कि आप इन्हें बांधकर रख दें और समय पाते ही इनकी छंटाई कर लें परंतु इस तरह सिर्फ काम को टाला जा सकता है। जब आपको सही समय पर काम का कोई कागज नहीं मिलता तो आप चिड़चिड़ा उठते हैं। कागजों का ऐसा ढेर आपका तनाव और रक्तचाप दोनों ही बढ़ा देता है।

ऐसी भ्रामक स्थिति व तनाव से बचने का यही उपाय है कि आप कागज छांटकर उन्हें टाक, पढ़ने के लिए, ग्राहक, बिल, स्टाफ आदि फाइलों में लगा दें। यही काम को करने का सबसे अच्छा तरीका है। इस तरह आप और आपका स्टाफ दूसरे उत्पादक कार्यों को पूरा समय दे सकता है। जीवन की यह छोटी-छोटी बातें ही बड़े बदलाव लाती हैं।

बॉस अपने अधीनस्थ से क्या चाहता है?

बहुत से व्यक्ति अपने बॉस से पूछना चाहते हैं कि इतनी मेहनत करने के बावजूद उन्हें तरक्की क्यों नहीं मिलती? कुछ बॉस यह सोचते हैं कि कुछ लोग अपनी क्षमता के अनुसार काम क्यों नहीं करते? यह प्रश्न न कोई पूछता है और न ही कोई उत्तर देता है। अपने चालीस वर्षीय कार्यकाल के दौरान मैंने एक बॉस व अधीनस्थ के रूप में इन बातों का अनुभव किया है। अगर आप आगे बढ़ना चाहते हैं तो मेरे विचार से निम्नलिखित सूत्र आपके काम आ सकते हैं।

एक बच्चे की तरह हर काम में बॉस की सलाह न लें। आपको अपने काम की जिम्मेवारी स्वयं लेनी होगी। दूसरों की शिकायतें लगाना छोड़ दें। इससे आपको चुगलखोर समझा जाएगा। जब भी बॉस के पास कोई समस्या लेकर जाएं, उसका संभावित हल भी आपके पास हो। इसका अर्थ होगा कि आपके पास समस्या का हल है। आप केवल बॉस की सहमति भर चाहते हैं। मेरी राय तो यही है कि जब भी कोई समस्या पेश आए उसके संभावित हल तलाशें। इन्हें ऐसे अवसरों के रूप में लें जहां आप अपनी प्रतिभा का प्रदर्शन करते हुए संस्था की वृद्धि में सहायक हो सकते

हैं। किसी भी समस्या को बिगड़ने से पहले हल कर दें।

आप दिए गए काम से अधिक काम करके अपनी पदोन्नति के लिए रास्ता बना सकते हैं। बॉस ऐसे अधीनस्थों को ही चाहते हैं जो हर परेशानी का हल चुटकियों में निकाल देते हैं। कुछ लोग सोचते हैं कि अगर उनकी कमियां उजागर हो गईं तो सफलता के मार्ग में बाधा आ जाएगी। इसी भय के मारे वे खुलकर अपनी क्षमता का प्रदर्शन नहीं कर पाते। वे भूलों से बचने के लिए कुछ भी नया करने से हिचकते हैं। केवल अपने भविष्य की न सोचकर, भूलों की परवाह न करने वाले कर्मचारी ही अपने नए विचारों को अमली जामा पहनाते हैं और सहज भाव से चलने वाले व्यक्ति जीवन में कभी आगे नहीं बढ़ पाते।

अक्सर लोग यही मानते हैं कि किसी पद पर लंबे समय तक संतुष्टिदायक काम करने से ही पदोन्नति की संभावनाएं बढ़ती हैं। सिर्फ अच्छा काम करना ही पदोन्नति के लिए आवश्यक नहीं होता। हर संस्था में कर्मचारियों से अच्छे काम की उम्मीद की जाती है क्योंकि इसी के लिए उन्हें वेतन मिलता है। अपने बॉस को इस बात का एहसास दिलाएं कि आपमें दिए गए काम से अधिक कार्य करने की क्षमता है।

बॉस उन्हीं लोगों को प्रमोशन देना पसंद करते हैं जो संस्था की लक्ष्य-प्राप्ति में सहायक हो सकें। अगर कर्मचारी में कड़ी मेहनत व ज्यादा काम करने की क्षमता व प्रतिभा न हो तो गैरसरकारी संगठन में तो पदोन्नति मिल सकती है परंतु हमारी सरकारी संस्थाओं में स्थिति कुछ अलग है।

सरकारी संस्थानों के कर्मचारी किसी पद पर कुछ वर्ष काम करने के बाद स्वयं को उच्च पद का दावेदार मानने लगते हैं। प्रमोशन पाने के लिए आपको अपने बॉस के सामने अपनी क्षमता, प्रतिभा व योग्यता का प्रदर्शन करना चाहिए और स्वयं को एक श्रेष्ठ अधीनस्थ सिद्ध करना चाहिए।

अधिक काम करने की क्षमता और दायित्व लेना, इन दोनों गुणों को अपनाने के लिए सदा तैयार रहना चाहिए। इसमें कोई शक नहीं कि हर कोई धन चाहता है परंतु आप इस बात को इस रूप में रखें कि आप अतिरिक्त धन के लिए काम करने को भी तैयार हैं। इस तरह आप अपना भी काम कर सकते हैं और धन कमा सकते हैं। अपने-आपको आगे बढ़ने का पूरा अवसर दें। अवसर केवल एक बार द्वार नहीं खटखटाता।

वास्तव में यह हमेशा आपके पास होता है पर आप इसकी दस्तक सुन नहीं पाते। जीवन के हर कदम, हर मोड़ पर अवसर प्रतीक्षा करता है। हर काम में आगे बढ़ने का अवसर होता है। अगर कोई तकनीकी काम है जिसकी जानकारी आपको नहीं है तो उसका दायित्व न लें। वास्तविकता यही है कि हम किसी भी तरह के काम में अपना हुनर दिखा सकते हैं। उचित वातावरण व परिस्थितियों की प्रतीक्षा न करें। कोई भी नई तरह का काम सामने आए तो उसे करने की कोशिश करें। हो सकता है, अतिरिक्त काम के दबाव के कारण आप नई जिम्मेवारियां लेने में घबराहट महसूस करें, ऐसा होता भी है परंतु जीवन तो यही है। आप जीवन रूपी धारा में जितनी उठा-पटक करेंगे, उतनी जल्दी कुशल तैराक बन जाएंगे। सही तरह के लोगों को मित्र बनाएं।

किसी भी संस्था में नए संपर्क व संबंध बहुत मायने रखते हैं। सभी तरह के लोगों को अपना मित्र बनाएं। सकारात्मक लोगों की दोस्ती आपकी संस्था व उसके कर्मचारियों के लिए फायदेमंद हो सकती है। गलतियां निकालने वालों से दूर ही रहें, यह लोग आपके आशावादी नजरिए को नुकसान पहुंचा सकते हैं। मित्रों व सहकर्मियों के सामने अपनी संस्था की बुराई न करें। यह किसी-न-किसी रूप में आपके बॉस तक पहुंच कर आपको नुकसान पहुंचा सकती है। ऐसा कोई रवैया न अपनाएं जिससे कर्मचारियों व प्रबंधकों में अलगाव पैदा हो। यह दोनों एक ही संस्था के दो भाग हैं जो एक-दूसरे के बिना नहीं रह सकते।

ऊंचाई तक पहुंचने के लिए दिन-रात काम में जुटना जरूरी नहीं पर स्वयं को दस से छः की दिनचर्या में न बांधें। जब बॉस किसी महत्त्वपूर्ण योजना को पूरा करने में व्यस्त होते हैं तो उन्हें ऐसे अधीनस्थों की आवश्यकता पड़ती है जो घड़ी पर नजर दौड़ाए बिना काम में मदद कर सकें। उन्हें ऐसे लोग पसंद आते हैं जो सुबह समय पर आएं पर शाम को जाने की जल्दी न मचाएं।

आलोचना व क्रोध से कैसे निपटें?

जब कोई काम हमारी इच्छानुसार न हो पाए तो हम स्वयं को हताश व तनावग्रस्त पाते हैं। यहां दो ही रास्ते बचते हैं, या तो हम उन लोगों की आलोचना करने लगें जो हमारे काम में बाधक हैं, या हम उन लोगों के साथ

काम पूरा करने में जुट जाएं जो हमारे सहायक हों। दरअसल दूसरों की आलोचना करते-करते हम अपनी ही उम्मीदों पर खरे नहीं उतर पाते। जीवन हमें कई हालात से गुजरने का अवसर देता है। यह सभी हमारी पसंद के नहीं होते।

ईश्वर ने प्रत्येक व्यक्ति को अलग सांचे में ढाला है। हर व्यक्ति हालात व परिस्थितियों को अपने नजरिए से देखता है। किसी भी काम को करने के एक से ज्यादा तरीके हो सकते हैं। अब प्रश्न यह उठता है कि जब हम आलोचना व क्रोध की व्यर्थता को पहचानते हैं तो इन शत्रुओं से अपना बचाव क्यों नहीं कर पाते?

अगर हम आलोचक व क्रोधित हों तो हमें अपने विचार एक कागज पर लिख लेने चाहिए। यह लिखने के बाद अक्सर हम समझ जाते हैं कि हम राई का पहाड़ बना रहे थे। कागज पर लिखे गए शब्द, कंप्यूटर स्क्रीन की अनडू (नदकव) कमांड का काम करते हैं और हमारा सारा क्रोध छूमंतर हो जाता है। इस तरह हम अपनी आलोचना व क्रोध का कारण भी जान सकते हैं। कई बार हम दूसरों की बेहतरी के लिए भी आलोचना करते हैं परंतु जिसकी आलोचना की जाती है वह हमारे इन भावों को समझ नहीं पाता। वह इस विषय में ज्यादा ध्यान देता है कि हमने उसकी आलोचना केसे की? वह अपने बचाव की दलीलें तलाशने लगता है और बहसबाजी की नौबत आ जाती है।

इसमें कोई दो राय नहीं कि कभी-कभी किसी नतीजे पर पहुंचने के लिए आलोचना करना भी जरूरी हो जाता है परंतु इस समय यह न भूलें कि दूसरा व्यक्ति इस आलोचना से खीझ सकता है। वह इसे आत्म-सम्मान का प्रश्न बना सकता है।

कुछ तरीके हैं जिन्हें अपना कर आप अपनी क्रोधी व आलोचनात्मक छवि से मुक्ति पा सकते हैं। जब भी क्रोध आए या किसी की बुराई करने की इच्छा हो तो धीरे-धीरे एक से दस तक गिनती गिनें। जब हम क्रोधित होते हैं तो अपना आपा खो कर दूसरों के लिए अपशब्दों का प्रयोग कर बैठते हैं। दस तक गिनती गिनते-गिनते हमारा मस्तिष्क शांत व सहज अवस्था में आ जाता है और हम घटना के सभी पहलुओं पर सोच-विचार करने के योग्य हो जाते हैं। इस तरह हम उस दुर्व्यवहार से भी बच जाते हैं जिसके कारण दूसरों से माफी मांगने की नौबत तक आ जाती है।

किसी भी परेशानी को हल करने में होने वाली देरी के कारण आप उससे होने वाली हानि की मात्रा घटाने का अवसर खो देते हैं। जिंदगी में हमें बहुत से हालातों का सामना करना पड़ता है जहां अपना आपा खो सकते हैं या शांत रह सकते हैं, लोगों की निंदा कर सकते हैं या प्रशंसा कर सकते हैं। कई बार ऐसे हालात में लोग अपने पक्ष में दलील देते हैं–"उसने जो भी कहा, उसके उत्तर में मेरा व्यवहार गलत नहीं था।"

वास्तव में यह एक मानवीय कमजोरी है। चाहे झगड़ा हमने ही क्यों न शुरू किया हो। हम सदा दूसरों को ही दोषी ठहराते हैं।

अपने गुस्से पर काबू पाने का एक तरीका यह भी हो सकता है कि आप एक कागज के टुकड़े पर वो सब लिख दें, जो आप उक्त व्यक्ति से कहना चाहते थे। यहां नम्र या शिष्ट होने की कोई जरूरत नहीं है। आपके दिमाग में जो भी आए, चाहे वो अपशब्द ही क्यों न हों, उन्हें लिख दें। लिखने की इसी प्रक्रिया में आपका गुस्सा व निंदा दोनों ही शांत हो जाएंगे। आप बेहतर महसूस करेंगे। उस व्यक्ति को मनचाहा भला-बुरा लिखें। इस कागज को संभालें और कई बार पढ़ें। इससे आपका मानसिक उद्वेग शांत होगा और आप निंदा के विष को दूसरों पर उगलने से बच जाएंगे। कुछ समय बाद इसकी व्यर्थता को पहचान कर आप स्वयं ही कागज फाड़ देंगे।

अगर फिर भी आपको लगे कि आपका पक्ष सही था और उक्त व्यक्ति की आलोचना होनी ही चाहिए, तब अपने विचारों को पत्र या मौखिक रूप से प्रकट करें परंतु भाषा शिष्ट हो।

आपको हमेशा अपनी अप्रसन्नता भी शिष्टतापूर्वक व्यक्त करनी चाहिए। लिखते समय इसका अभ्यास करें। इस तरह बोलते समय भी आप अपने ऊपर काबू रखना सीख जाएंगे। कुछ लोग गुस्से व आलोचना द्वारा अपनी मांगें मनवा लेते हैं, जैसे बच्चे, अपने मां-बाप पर रौब जमाकर अपनी सारी बातें पूरी करवाते हैं। यहां उन्हें याद रखना चाहिए कि ऐसा रवैया केवल माता-पिता के साथ ही चल सकता है। बाहरी लोग माता-पिता की तरह सहनशील नहीं होंगे।

यदि गुस्से व आलोचना से प्राप्त ऊर्जा का सही प्रयोग किया जाए तो विलक्षण उपलब्धियां प्राप्त हो सकती हैं। दूसरों पर गुस्सा उतारने या घर की चीजें तोड़ने-फोड़ने की बजाय इस ऊर्जा का सकारात्मक प्रयोग करें। जब बहुत ज्यादा गुस्सा आए तो फुटबाल, बैडमिंटन, हॉकी, टेनिस व क्रिकेट आदि खेल

खेलें, आपका गुस्सा शांत हो जाएगा। बॉल को ठोकर मारते समय यही सोचें कि आप उसे मार रहे हैं, जिस पर आप नाराज हैं। खेल व अन्य शारीरिक व्यायाम बिना किसी हानि के आपके गुस्से का गुबार हल्का कर देते हैं।

उदाहरण के तौर पर आप किसी पर गुस्सा हैं तो फुटबाल को ठोकर मारकर कल्पना कर सकते हैं कि फुटबाल की जगह वह व्यक्ति ही था। क्रोध की भावना तो मिटेगी ही, आपकी खेल में जीत भी होगी। इस तरह आपका क्रोध सकारात्मक उपलब्धि में बदल जाएगा। जो लोग कलात्मक अभिरुचि रखते हैं वे अपना गुस्सा शांत करने के लिए कविता या चित्रकला की सहायता ले सकते हैं। आप उस व्यक्ति के मजेदार कार्टून बनाकर भी मन की भड़ास निकाल सकते हैं।

कई बार समाज व तंत्र के प्रति क्रोध भी मनुष्य को जनद्वेषी बना देता है, जिससे प्रत्येक घटना का केवल नकारात्मक पक्ष ही दिखाई देता है। वहां बार-बार अपना गुस्सा जताने की बजाय उस कमी को सुधारने का प्रयत्न करें। समाचारपत्रों के पत्र-स्तंभ में भी आप अपनी शिकायत भेज सकते हैं।

कई मौके ऐसे आते हैं जब हम प्रशासन की अक्षमता के कारण उससे जुड़े लोगों पर क्रोधित हो जाते हैं। यहां विवेक से काम लें, अगर गलती प्रशासन की है, किसी एक व्यक्ति की नहीं तो प्रशासन से ही जवाब-तलब करें। अगर किसी व्यक्ति विशेष से गलती हो तो उसे दबाने की बजाय भूल का एहसास करा दें ताकि भविष्य में ऐसा न हो।

आत्म-सम्मान का उपहार

मित्र, सहकर्मी व परिवार खास होते हैं किंतु किसी को भी आपकी प्रसन्नता, विवाह, आपके बच्चों के आत्मसम्मान को ठेस पहुंचाने का हक नहीं बनता। जब तक आप दूसरों को अपना अपमान करने की छूट देते रहेंगे वे आपको अपना शिकार बनाते रहेंगे। अंततः आपको ही सीमा रेखा खींचनी होगी, जहां आप अपने लिए खड़े होंगे। केवल आप ही तय कर सकते हैं कि 'बस, अब हद हो गई'। केवल आप ही अपना बचाव कर सकते हैं।

आपको किसी का भी दुर्व्यवहार झेलना नहीं चाहिए, चाहे वह आपका मित्र, सहकर्मी व संबंधी ही क्यों न हो। कोई भी आपका अपमान इसलिए नहीं कर सकता क्योंकि उसके पास अधिकार है। अन्यथा माता-पिता अपने बच्चों

से, दंपती एक-दूसरे से तथा बॉस अपने अधीनस्थों से बुरा व्यवहार करते रहेंगे। जबकि ये वह स्थान है जहां मनुष्य को दयालु बनना चाहिए।

अगर कोई बार-बार आपका दिल दुखाए तो अपने मन को समझाएं कि किसी को भी आपको भावनात्मक रूप से आहत करने का हक नहीं होना चाहिए। अब सवाल यह पैदा होता है कि 'ऐसे दुष्ट व्यक्ति का किया क्या जाए।' ऐसे व्यक्ति का बार-बार सामना करने से पहले अपने-आपसे पूछें कि आप किस तरह इस व्यक्ति का मुकाबला करते समय आत्म-सम्मान बनाए रखेंगे। कई बार लोग ऐसे दुष्टों के व्यवहार के बारे में ही चिंतित हो जाते हैं। उन्हें यही चिंता सताती रहती है कि उक्त व्यक्ति उन्हें चिढ़ाएगा या छींटाकशी करेगा। ऐसे दुष्ट अक्सर दूसरों को काबू करने व उन पर रौब जमाने की कोशिश करते हैं।

कई बार हमें अपनी भलाई व परिवार की इज्जत के नाम पर ऐसे लोगों को सहन करने को कहा जाता है। मेरी राय में अगर उसका व्यवहार आपको पीड़ा नहीं पहुंचाता तो आप उसकी उपेक्षा कर सकते हैं। अक्सर ऐसे लोग आपको दुख देने के बाद स्वयं को दुखी व उपेक्षित प्रदर्शित करते हैं। ऐसे में अपना मानसिक संतुलन बनाए रखें। अपने गुस्से को सकारात्मक दिशा में मोड़ दें ताकि जीवन सुचारु रूप से चल सकें वास्तव में ऐसा करना कठिन होता है पर यदि उसकी बात उसे ही मोड़ दें तो बात बन सकती है। उसे स्पष्ट शब्दों में कहें-"माफ कीजिए! मेरी इस बारे में ऐसी राय नहीं है।"

दूसरे शब्दों में आप उसे अच्छी तरह जता दें कि अब वह आपको और परेशान नहीं कर सकता। अगर वह ज्यादा असभ्य तरीके से पेश आने लगे तो उससे कहें-

"जहां तक मेरा सवाल है, बात खत्म हो चुकी है। मैं इस बारे में ज्यादा बातचीत नहीं करना चाहता।"

अगर वह आपके कमरे में साथ ही रहता है तो ऐसे व्यक्ति के सामने पड़ने की बजाय उसके साथ कम से-कम समय बिताने की कोशिश करें। आप अपनी सुविधानुसार उस व्यक्ति के सामने ही न पड़ें, यदि वह आ ही जाए तो स्वयं वहां से उठ जाएं।

यद्यपि, आपके साथ पहले कोई बुरा व्यवहार कर चुका हो तो याद करें कि आपने उस हालात का सामना कैसे किया था। अगर वही व्यक्ति दोबारा

सामने आ जाए तो आप कैसा महसूस करेंगे और उस समय आप उसके बारे में क्या सोचते थे। आप अपनी इच्छा को हकीकत में बदलने के लिए क्या कर सकते हैं? एक सूची बनाइए जिसमें ऐसे दुष्टों के व्यवहार से बचने के हर संभव उपाय दिए गए हों। संक्षेप में, पत्र लिखें कि आप ऐसे व्यक्ति का सामना कैसे करना चाहेंगे? इस पत्र को तीन बार पढ़ें। इसे उस व्यक्ति को न भेजें। इस तरह आपकी भावनाएं शांत हो जाएंगी।

आपको अपना पूरा ध्यान एक सफल व प्रसन्नतादायक जीवन के लिए केंद्रित करना चाहिए। जब आप अपनी हिम्मत के बल पर ऊंचे उठेंगे तो उंगली उठाने वालों के सिर स्वयं ही शर्म से झुक जाएंगे। वे लोग असुरक्षा की भावना के कारण ऐसा व्यवहार करते हैं। इन लोगों से बचने का सबसे अच्छा तरीका यही है कि आप आत्म सम्मान बनाए रखें। संसार में कोई भी व्यक्ति आपसे प्रसन्न रहने का अधिकार छीन नहीं सकता। आपकी खासियत ही उनके लिए ईर्ष्या का विषय है, वे अपनी जलन मिटाने के लिए आपसे द्वेष करते हैं। आप अपनी प्रसन्नता के लक्ष्य की ओर बढ़ते रहें, छोटी-मोटी बाधाएं स्वयं ही हट जाएंगी।

बस, इसे कर ही दो

गोथे ने कहा है–"जो आप करना चाहें या करने का स्वप्न देखें, बस उसे शुरू कर दें। इस साहस में ही शक्ति व जादू छिपा है।"

कई बार हमें लगता है कि हम उस नए लक्ष्य को नहीं पा सकते या कोई असाधारण काम नहीं कर सकते। इस हीनभावना से उबरने का एक ही उपाय है कि हम पूरे आत्मविश्वास के साथ ऐसा काम करें कि हमारी क्षमता भी आश्चर्य में पड़ जाए। विश्वास की कमी के कारण ही लोग अपने लिए बड़े लक्ष्य निर्धारित नहीं कर पाते और कभी भी ऊंचाइयों तक नहीं पहुंच पाते। अपनी महत्त्वाकांक्षा को ऊंचा उड़ने दें। आपको जीने के लिए केवल यही जीवन मिला है और यही सबसे सुनहरा अवसर है। जीवन व इसकी उलझनों को अनदेखा न करें। नई दिशाओं व लक्ष्यों से मुंह मोड़कर इसे ऊबाऊ व उत्साहहीन न बनाएं।

जीवन में सही मायने में सफलता पाने के लिए केवल सजग और सचेत धारणा ही काफी नहीं होती। हमें अपने अवचेतन मस्तिष्क को भी लक्ष्यों की

ओर प्रेरित करना चाहिए। मेरे विचार में अच्छे व सकारात्मक विचारों वाले ऑडियो टेप भी आत्मविश्वास बढ़ाने में सहायक हो सकते हैं, मैंने स्वयं इसका अनुभव किया है। मैं प्राय: उन्हें सुबह की सैर या बाथरूम में बिताए गए समय के दौरान सुनता हूं।

इन्हें मैंने अपनी आवाज में रिकॉर्ड किया है इसलिए समझने में भी कोई परेशानी नहीं होती। हम अक्सर बाथरूम में एक से दो घंटे का समय बिताते हैं। मैं पिछले बीस वर्षों से इस समय के दौरान प्रेरणादायक टेप सुनता आ रहा हूं। छात्र भी इसी तरह अपने पाठ दोहरा सकते हैं। मैं सुबह या शाम की सैर के दौरान भी वॉकमैन द्वारा संगीतमय टेप सुनता हूं। इस तरह समय की बचत भी हो जाती है। मुझे इन्हें सुनने के लिए अलग से समय नहीं देना पड़ता। चलते समय सुनने में कोई दिक्कत नहीं आती क्योंकि चहलकदमी से सुनने का कोई संबंध नहीं है।

एक जाने-माने स्तंभकार श्री खुशवंत सिंह ने मेरे इस अभ्यास पर टिप्पणी करते हुए कहा कि मैं आत्मभिमानी हूं। मैं यहां स्पष्ट करना चाहूंगा कि मैं इस माध्यम से स्वयं को सम्मोहित कर आत्मविश्वास बनाए रखने की कोशिश करता हूं। इस तरह आप भी अपने-आपको सम्मोहित कर अपने भीतर मनचाही विशेषताएं पैदा कर सकते हैं। अपनी ही योग्यताओं व क्षमताओं में विश्वास करना सीख सकते हैं। इस विधि से आप नए हालातों का सामना कर पाएंगे व पुराने हालातों में नए अवसर खोज पाएंगे। यह तरीका आपको प्रेरित करता रहेगा और जरूरत पड़ने पर तत्काल आत्मविश्वास बढ़ाएगा। सबसे खास बात यह है कि यह सदा हीनताबोध के भावनात्मक पक्ष पर सीधा प्रभाव डालता है। यह आपके अवचेतन मस्तिष्क को इस योग्य बना देता है कि वह भी किसी आत्मविश्वास से भरपूर व्यक्ति की तरह व्यवहार करे और हालात का सामना कर सकें दिए गए तरीकों में से कोई भी तरीका अपनाइए ताकि जीवन में आगे बढ़ने के लिए राहें खुली रहें।

हम केवल इतना चाहते हैं कि आप सभी वस्तुओं के प्रति सकारात्मक रुख अपनाते हुए एक जिज्ञासु की तरह बनें। आप यह सोच कर चलें कि जो भी होता है, अच्छे के लिए ही होता है। आपको याद रखना हो कि आत्म विश्वास चेतन व अवचेतन दोनों अवस्थाओं में होता है। यह एक आत्मविश्वास युक्त चिंतन का प्रश्न है।

कुछ लोग कह सकते हैं कि दुखदायी मानसिक अवस्था में यह कारगर नहीं होता पर अगर आप जीवन के प्रति सकारात्मक हैं और आपका अवचेतन मस्तिष्क आत्मविश्वास से भरपूर है तो आप इस अवस्था में आ ही नहीं सकते। अगर आपके विचार भावनाओं के दास नहीं हैं तो आप किसी भी हालात में सकारात्मक अनुभव कर सकते हैं। यदि आप समय रहते सावधान न हुए तो नकारात्मक भाव आपकी अच्छाइयों को दबा सकते हैं।

अगर आप किन्हीं हालात का सामना नहीं कर पा रहे तो उनके लिए नए हल तलाशें। काम करने का ऐसा तरीका अपनाएं, जिसमें आप स्वयं को तरोताजा महसूस कर सकें। केवल इसी तरीके से भयभीत व्यक्ति भी सार्वजनिक वक्ता बन सकते हैं। कविता की तरह, साहसप्रद भाषा मस्तिष्क को जल्दी प्रभावित करती है। इस प्रकार श्रोता भी स्वयं को प्रसन्न अनुभव करता है।

कोई काम शुरू करने से पहले कुछ मिनट अपने लिए समय निकालें और आराम से बैठें। कविता की तरह आपको बोले जाने वाले शब्दों को मन-ही-मन दोहराना होगा। आप जो कुछ भी करने या पढ़ने जा रहे हों उसे आराम से पढ़ने की कोशिश करें ताकि सब कुछ समझ आ जाए।

4.

सफलता की रेसिपी

नौ मिनट में व्यवस्था करें

आप नौ मिनट के दौरान बहुत कुछ कर सकते हैं। यहां आपके लिए कुछ उपाय प्रस्तुत हैं। उन पर गौर करें–

नौ मिनट और रूटीन बॉक्स

सुव्यवस्था के चक्कर में घंटों बिताने या सारा काम स्वयं करने की बजाय ऐसे रोजमर्रा के कामों की सूची बनाएं, जिन्हें नौ मिनट में किया जा सकता है। अपने व परिवार के हर सदस्य के लिए रोजमर्रा के कामों के बॉक्स बनाएं। अगर वे भी आपके साथ काम करना चाहें तो सप्ताह में एक बार सबको काम समझा दिया जाए। इस तरह अच्छे परिणाम सामने आएंगे। यहां आपको ध्यान देना होगा कि प्रत्येक व्यक्ति दिया गया काम, तय समय में पूरा कर ले।

यह आपको तय करना है कि किस सदस्य को केसा व कितना समय सौंपा जाए (यह उसकी आयु व शिक्षा पर निर्भर करता है) प्रतिदिन उस काम को निपटाएं, जो आपने हाथ में ले रखा हो। अगर वे सभी काम हो जाएं और डिब्बा खाली हो जाए तो उसे दोबारा भर लें। आप दफ्तर में भी यही तरीका आजमा सकते हैं।

नौ मिनट और साफ-सफाई

अव्यवस्था को काबू न किया गया तो यह घर व दफ्तर में हम पर हावी हो सकती है। प्रतिदिन रात को नौ मिनट इस काम के लिए अवश्य निकालें। आप नौ मिनट का अलार्म भी लगा सकते हैं। आप इसे एक मजेदार खेल भी बना सकते हैं। ज्यों ही अलार्म बजे तो परिवार के सभी सदस्य अपना-अपना सामान सही ठिकाने पर रखने लग जाएं। नौ मिनट के बाद जब सामान टिक जाए तो

अपने परिवार को व स्वयं को इस कार्य के लिए धन्यवाद दें तथा प्रशंसा करें।

कई लोग काम को यह कहकर टाल देते हैं कि 'जब समय होगा तो कर लेंगे'। अधिकतर लोग काम को टालने के लिए यही बहाना बनाते हैं। समस्या यह है कि ऐसा समय कभी आता ही नहीं।

"जब समय होगा, तब यह काम करूंगा...।"

एक दिन में नौ मिनट का फार्मूला इन्हीं लोगों के लिए बनाया गया है।

अगर आप वास्तव में काम करना चाहते हैं तो आपको उसके लिए समय निकालना ही होगा। उदाहरण के तौर पर अगर आप निःशुल्क यूरोप यात्रा का इनाम मिले और जाने की तिथि निश्चित हो तो आप जैसे भी हो सके, समय निकालेंगे और तैयारियां करेंगे। ठीक इसी तरह आपके चाहने पर, बहुत से बिगड़े कामों को नौ मिनट में सुधार सकते हैं। लक्ष्य हमारी गतिविधियों को नियमित करने में मदद करते हैं। चाहे कुछ पढ़ना हो, घर संभालना हो या बच्चों के साथ मौज-मस्ती करनी हो, आपको प्रतिदिन कम-से-कम नौ मिनट निकालने ही होंगे। कुछ दिन बाद आप स्वयं ही इसके आदी हो जाएंगे और वह काम नियमित रूप से होने लगेगा। इसी तरह आप प्रतिदिन नौ मिनट निकालकर अपने लिए भी कुछ कर सकते हैं।

कई बार दिन इतने व्यस्त व तनावपूर्ण हो जाते हैं कि परिवार, स्वास्थ्य, अध्यात्म व निजी समय आदि खास बातें भी उपेक्षित हो जाती हैं। नौ मिनट फार्मूला की मदद से आप प्रतिदिन इन पर ध्यान दे सकते हैं।

अपनी योग्यता को निखारें

इस तेज रफ्तार दुनिया और जिंदगी में वही लोग विजेता हैं जो निपुण व योग्य हैं। मध्यस्थ कहीं पीछे छूट गए हैं। केवल दक्ष व्यक्ति ही इस दौड़ में आगे हैं। आपको भी सफल होने व जीवन में उपलब्धियां पाने के लिए अपनी योग्यता निखारनी होगी। योग्यता में सुधार से होने वाले लाभों की कल्पना करें। उन्हें अपने मस्तिष्क में सबसे ऊपर स्थान दें। अपनी योग्यता व क्षमता में सुध ार के लिए, वर्तमान अवस्था के प्रति असंतुष्ट होना होगा।

वे लोग जो सफल हुए, उन्होंने अपने-आपको समझा दिया था कि उन्हें ऊंचा उठना है और इस ऊंचाई तक पहुंचने के लिए भरसक प्रयत्न करना है। वे अपनी वर्तमान परिस्थितियों से संतुष्ट नहीं रहे। असंतुष्टि ही

उन्हें कुछ और पाने के लिए प्रेरित करती है और इस तरह वे दूसरों से आगे निकल जाते हैं।

अपनी कमजोरी पहचानें

सुधार का सबसे अच्छा तरीका यही है कि आप वहीं से शुरू करें, जहां आप अपने को अधूरा समझते हैं। यह आप पर ही निर्भर करता है कि आप किस तरह अपनी कमजोरी पहचान कर उसे सुधार सकते हैं। अपनी कमजोरियों को पहचानने में संकोच न करें। उनमें सुधार लाते ही आपको अंतर पता चल जाएगा। जिन क्षेत्रों में आप अपने को बेहतर पाते हैं, वहां और भी ऊंचाई तक पहुंचने की कोशिश करें। जिस भी क्षेत्र में आप निपुण हों, वहां अपनी पूरी सीमा तक श्रेष्ठ प्रदर्शन करें।

यह केवल आपको तय करना है कि आप किस क्षेत्र में महारत हासिल करना चाहते हैं। जब आप अपनी कमजोरियों पर काबू पाकर, किसी एक क्षेत्र में महारत पा लेंगे तो आगे बढ़ने से कोई नहीं रोक पाएगा। यही तरीका आपके लक्ष्यों तक पहुंचने के लिए उपयुक्त है।

आत्म-सुधार के लिए प्रतिदिन थोड़ा समय निकालें। जब आप लंबे समय तक बदलाव लाने की कोशिश नहीं करते तो प्रगति थम-सी जाती है। अतः इस बारे में सावधान हो जाएं।

लगातार सुधार की यह प्रक्रिया, एक दिन में दस मिनट, अंदाजन सप्ताह में एक घंटा, मास में दो घंटे तथा वर्ष में एक दिन बनता है। इसका नियमित अभ्यास अवश्य करें। अपने श्रेष्ठ प्रतिस्पर्धियों का निरीक्षण करें ताकि उनकी योग्यता व निपुणता से कुछ सीखा जा सकें अगर संभव हो तो उनसे मिलें, उनके साथ कुछ समय बिताएं व कुछ सीखने की कोशिश करें। यह प्रक्रिया एक खेल की तरह है। जब आप बेहतर खेल-प्रदर्शन के लिए अपने से अच्छे खिलाड़ी के साथ अभ्यास करते हैं। पहले अपने भीतर छिपी योग्यता को पहचानें फिर उस क्षेत्र में बेहतर प्रदर्शन करने वालों की तलाश करें और पता लगाएं कि वे उस मुकाम तक कैसे पहुंचे। इस क्षेत्र में आप प्रेरक ऑडियो-वीडियो टेप की मदद भी ले सकते हैं। यह टेप बाजार में मिलते हैं पर आप चाहे तो इन्हें घर पर भी तैयार कर सकते हैं। कहते हैं 'सहज पके सो मीठा होय'। चाल चाहे धीमी हो बस राह में कहीं न रुकें। आप भी कछुए

की तरह अपनी मंजिल तक पहुंच जाएंगे। अपनी कुछ विशेषताएं दूसरों के साथ बांटें। उनके साथ घुल-मिलकर रहें। इस तरह आप मित्रमंडली में लोकप्रिय होंगे और ऊंचे स्तर के व्यक्तियों के संपर्क में भी आएंगे।

संतुष्टि व प्रसन्नता भरे माहौल में आप दूसरों की सहायता करने में भी गर्व महसूस करेंगे। प्रशंसा व उत्साहवर्द्धन द्वारा दूसरों को आगे बढ़ने में सहायता देना भी बहुत बड़ा काम है। चाहे बदले में कुछ न मिले, आप अपने कर्तव्य से पीछे न हटें। इस तरह आपके मन में अपने लिए भी श्रेष्ठ भावनाएं पैदा होंगी। काम को सही तरीके से सही दिशा में करें। अपने कार्य का व्यावसायिक रूप सीखें। तेज गति से काम करने के प्रयत्न में गुणवत्ता से समझौता न करें। आरंभ चाहे धीमा हो, धीरे-धीरे गति बढ़ाते हुए लक्ष्य तक पहुंचें। सौभाग्य से जीवन कोई 100 मीटर की रेस नहीं है, यह तो 'मैराथन दौड़' है, यहां अंतिम लक्ष्य तक पहुंचना गति से कहीं अधिक महत्त्वपूर्ण होता है। जीवन वैसा ही बनता है, जैसा आप उसे बनाते हैं और यहां प्रसन्नता बहुत महत्त्व रखती है। बिना किसी पछतावे के पूरे मन से एक ही दिशा में चलें, प्रसन्नता आपका साथ देगी। अगर कभी बड़ा कदम उठाने का अवसर मिले तो हिचकिचाएं नहीं। आप किसी भी बड़े गहरे खड्ड को दो छलांगों में पार नहीं कर सकते।

तनावमुक्त जीवन जीएं

प्रायः लोगों के जूते व कपड़े पूरे घर में इधर-उधर फैले रहते हैं। ऐसी अव्यवस्था व बिखराव से बचें। आपके घर में दो-तीन जूते रखने के रैक हों, जहां जूते रखे जा सकें। एक खाने में रोजमर्रा के और दूसरी पंक्ति में बढ़िया जूते रखें। तीसरी पंक्ति में घर पहनने वाले स्लीपर आदि रख सकते हैं। हमारे पूरे घर में चारों ओर ऐसे कागज ही कागज छाए रहते हैं, जिनके लिए रद्दी की टोकरी ही सबसे अच्छा स्थान होती है। अगर आपने किसी फाइल को सालों से खोलकर नहीं देखा तो आने वाले समय में शायद जरूरत न पड़े और वे कागज काम के न रहें। अपनी फाइल केबिन से सबसे मोटी फाइल निकालें और फालतू कागज निकाल लें।

प्रतिवर्ष एक नया केलेंडर लें और उस पर मुख्य तिथियां, जैसे जन्मदिन व विवाह की वर्षगांठ आदि पर निशान लगा दें। अगर पहले से कोई भेंट तय हो तो उस तारीख पर भी गोला डाल दें। हाइलाइटर या मार्कर से यह निशान

लगाएं ताकि वे दूर से चमकें। जन्मदिन व वर्षगांठ तथा व्यावसायिक भेंटों वाली तारीखों पर अलग-अलग रंग से निशान लगाएं ताकि पहचानने में आसानी रहे।

अगर आप नियमित रूप से व्यवस्था करते रहें तो काम और भी आसान हो जाता है। ऐसे पांच लोगों की सूची बनाएं, जिनसे आप मिलना चाहते हैं, उनके नंबर नोट करें और बातचीत का समय निकालें। पत्रिकाओं से काटी गई संदर्भ कतरनें एक फाइल में रखें। प्रति माह एक पुस्तक अवश्य पढ़े, परिवार के किसी सदस्य या मित्र के साथ उस पर चर्चा अवश्य करें। आपको हर बार किताब खरीदने की जरूरत नहीं है। किसी स्थानीय पुस्तकालय के सदस्य बनकर भी आप किताबें ला सकते हैं।

कई लोगों के घर या दफ्तर में काम हमेशा बिखरा रहता है क्योंकि वे चीजें टिकाने के लिए उचित समय की प्रतीक्षा करते हैं तथा बेकार पड़ी चीजों को बाहर नहीं फेंकते। वस्तुओं को अस्थायी तौर पर डाइनिंग टेबल या मेज पर टिका दिया जाता है। आप कह सकते हैं कि जहां ऑफिस की मेज पर एक समाचारपत्र रखते हैं वहां तीन रखने में कोई हर्ज नहीं है पर कई बार यह छोटी-सी बुरी आदत भी बिखराव का कारण बन जाती है। जब तक आपको अपनी गलती का एहसास होगा, आपकी मेज पर समाचारपत्रों का ढेर लग जाएगा और वह कबाड़खाना बन जाएगी।

हम लोग अक्सर अपनी जैकेट, जुराबें व तौलिया आदि सामान सोफों व कुर्सियों पर यहां-वहां पटक देते हैं। हमें लगता है कि एक ही वस्तु तो है, इसे यहां रखने से कोई फर्क नहीं पड़ता। पर जरा सोचिए, अगर परिवार के सभी सदस्य यही सोचकर अपना सामान यहां-वहां रखने लगें...?

तब आपके पूरे घर की व्यवस्था भंग होते देर नहीं लगेगी। बच्चों को भी लगेगा कि जो आदत मम्मी-पापा के लिए अच्छी है, वह हमारे लिए बुरी केसे हो सकती है? इसलिए अगली बार अपनी डाक खाने की मेज पर छोड़ने से पहले इस बारे में विचार अवश्य करें।

काम का बोझ दुगना न हो, इसके लिए आपको नियमित रूप से काम करना होगा, जैसे मैले कपड़ों को सप्ताह में एक बार धोने की बजाय प्रतिदिन थोड़े-थोड़े करके धोना कहीं आसान होगा।

फालतू सामान घर से निकालने व वस्तुओं को सही स्थान पर रखने की आदत, घर के लिए बहुत फायदेमंद होती है क्योंकि घर हमेशा साफ-सुथरा

व सुव्यवस्थित लगता है। हर बड़ी समस्या अपने मूलरूप में छोटी ही होती है। हम ही विलंब द्वारा उसे बड़ा बना देते हैं। अव्यवस्था से तनाव पैदा होता है। आप निम्न उपाय आजमा कर इस तनाव से बच सकते हैं–

डायरी रखने की आदत बनाएं

वस्तुओं, घटनाओं, समय, स्थान व व्यक्तियों की सूची बनाकर आप काफी हद तक तनाव से छुटकारा पा सकते हैं। कम-से-कम पंद्रह दिन में एक बार अवश्य करें ताकि आने वाले दिनों का स्पष्ट खाका दिमाग में खिंच जाए। आपको यह देखकर हैरानी होगी कि इस डायरी की मदद से आप बहुत से ऐसे काम भी कर लेंगे, जिन्हें आप लंबे समय से टालते आ रहे थे। इसे हम 'स्ट्रैस डायरी' का नाम भी दे सकते हैं जिसके द्वारा आप तनाव के स्तर को घटा पाएंगे। उन बातों व घटनाओं की उपेक्षा भी की जा सकती है जो तनाव का कारण बनती हैं। कुछ समय तक 'स्ट्रैस डायरी' पर काम करने के बाद आप पूरे हालात का विश्लेषण कर, तनाव पर काबू पा सकते हैं। इससे आपको इन बिंदुओं तक पहुंचने में सहायता मिलेगी जो आपको परेशानी में डाल देते हैं।

डायरी को अपना अच्छा साथी व वफादार दोस्त मानते हुए, अपने विचार इस तरह लिखें, मानो आप उससे चर्चा कर रहे हों। कई बार इसी विचार-विमर्श के बीच कई समस्याओं का हल निकल आता है। इसके बाद भी जब कभी आप उन विचारों को पढ़ेंगे तो आपको संतुष्टि का एहसास होगा। आपकी डायरी तनावजनित क्षणों से निपटने के लिए परामर्श भी देगी।

कामकाजी दिन के बीच भी समय निकालें

यहां मैं केवल यही कहना चाहता हूं कि हमें अपनी दैनिक चर्या के बीच ऐसे अनपेक्षित कामों के लिए भी समय निकालना चाहिए जो अचानक हमारे सामने आ जाते हैं। हर रोज सुबह निर्धारित समय से तीस मिनट पहले उठकर आप बिना किसी भाग-दौड़ के तैयार हो सकते हैं। अगर सुबह की कुछ तैयारी रात को ही कर ली जाए तो ज्यादा बेहतर होगा।

सुबह या शाम को अपने लिए कम-से-कम आधा घंटा अवश्य निकालें। इस समय में आप अपनी इच्छा से कुछ भी करें या केवल आराम करें। जब

व्यस्तता ज्यादा हो तो यह समय और भी महत्त्वपूर्ण हो जाता है। अगर आप धूम्रपान व मदिरा के आदी हैं तो इनसे बचें। आगे चलकर यही आपके तनाव की वजह बन सकते हैं। अपनी उत्तेजना व तनाव को शांत करने के यह साधन स्वास्थ्य को नुकसान पहुंचा सकते हैं

सफलता और कड़ी मेहनत

संसार में कई तरह के लोग होते हैं। कुछ लोग कड़ी मेहनत के बल पर कुछ भी कर डालते हैं। कुछ लोग दर्शकों की तरह बैठ कर घटनाओं को घटते देखते रहते हैं। कुछ लोग इन घटनाओं का विश्लेषण कर यह जानने का प्रयत्न करते हैं कि ऐसी घटना क्यों व केसे घटी? अब यह आप पर निर्भर करता है कि आप केसे व्यक्ति बनना चाहते हैं? केवल चाहने भर से ही सफलता नहीं मिलती और न ही कोई इसे हमारी झोली में डाल सकता है। जब कुछ भी अपने हाथ में न रहे तो उस समय सफलता के लिए किए जाने वाले प्रयासों से कुंठा पैदा होती है। उस समय कोई मेहनत काम नहीं आती। जीवन के किसी भी क्षेत्र में मिलने वाली सफलता के लिए भारी कीमत चुकानी पड़ती है। अगर आप सचमुच असाधारण बनना चाहते हैं तो आपको वे काम करने होंगे जिन्हें प्रायः साधारण व्यक्ति नहीं करते।

हमारे जीवन की सभी घटनाओं के पीछे कोई-न-कोई कारण अवश्य होता है। अगर आप इनका निरीक्षण करें तो कारण खुद-ब-खुद समझ आ जाएगा। कई बार जब स्थिति अपने नियंत्रण से बाहर हो जाए तो हम कहते हैं कि 'अब भगवान ही इसका निर्णय करेंगे'। सब कुछ ईश्वर पर छोड़ देने का अर्थ यह नहीं होता कि आप सब कामकाज छोड़कर केवल प्रार्थना में जुट जाएं। आप ही अपने जीवन में होने वाली प्रत्येक घटना के उत्तरदायी हैं। सफलता पाने के लिए आपको यह जिम्मेवारी उठानी ही होगी। आप जो भी परिणाम चाहते हों, उसी के अनुसार मेहनत करनी होगी।

वैसे किसी भी क्षेत्र में सफलता-प्राप्ति के लिए आपमें सदाचार, संकल्प-शक्ति, आशा, सजगता, सकारात्मकता, प्रेम व वचनबद्धता आदि आधारभूत गुण होने चाहिए। सभी व्यक्तियों को सफलता के लिए एक-सा प्रशिक्षण नहीं दिया जा सकता क्योंकि सभी का स्वभाव अपने-आपमें अलग होता है। किसी भी व्यक्ति या अपने-आपको ऊपर उठाने के लिए

व्यक्तिगत विशेषताओं पर ध्यान देना होगा।

किसी भी व्यक्ति के श्रेष्ठ गुणों को उभारना हो तो पहले उसका व्यक्तिगत विश्लेषण करें। अपने-आपको जानने के लिए भी यही विधि अपनाएं। आपका व्यवहार, आदतें, स्वभाव, पसंद, दैनिकचर्या व योग्यता क्या है? जीवन में जो कुछ भी करना चाहें, उसके प्रति गंभीर हो जाएं। अपनी योग्यता की परख और बढ़ोत्तरी के लिए नए-नए प्रयोग करें। इनसे प्राप्त शक्ति को आप अपने लक्ष्यों की ओर उन्मुख कर सकते हैं। सफल होने के लिए अपना कोई रोल मॉडल चुनें, जो आपके ही क्षेत्र से संबंध रखता हो। अगर उस व्यक्ति तक आपकी पहुंच न हो तो उसके बारे में लिखे गए लेख व साक्षात्कार पढ़ें। इस तरह आप बहुत-सी बातें सीख जाएंगे और मंजिल आसान हो जाएगी।

दूसरों की भूलों से सबक लेने से समय की बचत होगी क्योंकि वे इस मुकाम पर भूल एवं सुधार की प्रक्रिया अपनाकर पहुंचे हैं। अगर आप उनकी नकल करना चाहते हैं तो जरा बुद्धि से भी काम लें। आप उनकी सफलता तकनीकों में इच्छानुसार फेरबदल व समायोजन द्वारा अपनी नई नीतियां तैयार कर सकते हैं। किसी भी नीति में लगातार सुधार की गुंजाइश रहती है मनुष्य सदा अपनी जानी-पहचानी क्षमता में कहीं अधिक क्षमतावान होता है हम सब असीम शक्ति व प्रतिभा के भंडार हैं। संभवतः इसलिए वो सब कर पाए, जो कभी असंभव जान पड़ता था। अपनी योग्यताओं व क्षमता पर लगा प्रश्नचिह्न ही हमें हमारी सफलता व प्रगति से दूर ले जाता है। अगर हम सोचते हैं कि हम यह काम कर नहीं सकते तो उसे कभी नहीं कर पाएंगे, इस मानसिकता की बजाय हमें सदा यही सोचना चाहिए कि "कोई-न-कोई रास्ता निकाल लेंगे" या "मैं इसे अवश्य पूरा करूंगा और सफलता पाऊंगा"। यह रवैया असंभव को भी संभव कर देता है। हमें अपने सपनों में पूरी आस्था व विश्वास होना चाहिए ताकि हम मार्ग में आने वाली हर बाधा को हटाकर अपने लक्ष्य तक पहुंच सकें।

सफल व्यक्ति के गुप्त हथियार

किसी भी सफल व्यक्ति का सबसे महत्त्वपूर्ण अस्त्र है 'विश्वास'। इस विश्वास को बनाए रखने का यही तरीका है कि आप अपने वादे के पक्के

बनें। अगर किसी को कोई वचन दें तो उसे हर कीमत पर निभाएं। बड़े अफसोस के साथ कहना पड़ता है कि अधिकांश व्यक्ति अपने दिए गए वचनों का पालन नहीं करते। उन्हें इस बात का एहसास ही नहीं होता कि वादा तोड़ने पर वे अविश्वसनीय व्यक्तियों की श्रेणी में आ जाएंगे। लोग प्रायः ऐसे लोगों के साथ व्यावसायिक संबंध नहीं रखना चाहते जो भरोसे के लायक न हों। यहां तक कि एक साधारण व्यक्ति भी ऐसे लोगों से कोई वास्ता नहीं रखना चाहता। विचार करने योग्य प्रश्न है कि लोग अक्सर न चाहते हुए भी वादा-खिलाफी क्यों करते हैं? एक कारण यह भी हो सकता है कि वे मुंहजुबानी वादे करते हैं और वे सभी बातें याद न रहने के कारण वे अपना वादा नहीं निभा पाते। अगर दिन भर में की गई ऐसी बातों का कोई सिलसिलेवार ब्यौरा बनाकर रखा जाए तो शायद ऐसी नौबत ही न आए।

दिमाग में हजारों बातें चक्कर काटती रहती हैं। जब तक हम खास बातों को याद रखने का कोई तरीका नहीं खोजेंगे, तब तक हमसे यह भूल होती ही रहेगी। यही अपने समय व गतिविधियों के नियोजन तथा किए जाने वाले कामों को याद रखने का सबसे अच्छा तरीका है। समाज में एक विश्वसनीय व्यक्ति का आदर-मान पाने के लिए आपको अपने समय व निवेश को काबू में रखना होगा।

ऐसा इसलिए भी जरूरी है ताकि आने वाले समय में आप इतने सक्षम हों कि कोई आपको अपने इशारों पर न नचा सकें आप अपनी जिंदगी के फैसले खुद करें। दुर्भाग्यवश लोग इन बातों की परवाह ही नहीं करते। वे अपने ऊपर फालतू समय, ऊर्जा व व्यय निवेश ही नहीं करना चाहते। सबसे अलग राह बनाने की अपेक्षा वे भीड़ का हिस्सा बनकर चलना चाहते हैं।

आप अपने-आपसे इतना अवश्य पूछें कि क्या आप अपने वार्षिक लक्ष्य तक पहुंचे? क्या आप वित्त, निजी संबंधों, केरियर, स्वास्थ्य व फिटनेस आदि क्षेत्रों में सकारात्मक बदलाव लाने में सफल रहे? क्या आप इस वर्ष, पिछले वर्ष की तुलना में कुछ तरक्की कर सके? अपने-आपसे यह भी पूछें कि क्या आप प्रसन्न हैं? आप जीवन की धारा के साथ यूं ही बहते जा रहे हैं या इसकी उपलब्धियों के प्रति उत्साहित हैं, इसी प्रश्न में बाकी सभी उत्तर छिपे हैं। अगर आप किसी का अनुयायी बनने की बजाय नेता बनना चाहते हैं तो इसी क्षण से जुट जाएं। अगर आप नहीं जानते कि जाना कहां है तो शायद आप कहीं

नहीं पहुंच सकते। समय यूं ही न गंवाएं। एक सुखी व वैभवशाली भविष्य की ओर चल दें। अगर आपने कर्म ही नहीं किया तो अच्छे व नेक विचार भी व्यर्थ हो जाएंगे।

कर्म ही प्रधान है। कर्मठ व्यक्ति ही जीवन में उल्लेखनीय सफलता पाता है। चाहे एक कदम ही क्यों न हो, आगे तो बढ़ें। निश्चय ही इससे आपकी कार्य-क्षमता में निखार आएगा और समाज में प्रतिष्ठा बढ़ेगी। प्रसन्नतादायक स्वस्थ कार्यक्षेत्र होने से जीवन में व्यवस्था आएगी और उत्पादकता में वृद्धि होगी। अगर आपने इन बताई गयी बातों पर अमल किया तो वास्तव में उन सभी गुणों के स्वामी बन जाएंगे जो किसी भी व्यवसाय के विकास व उन्नति के लिए आवश्यक है।

कपड़े और आपका व्यक्तित्त्व

कपड़े हमारे व्यक्तित्त्व का अहम् हिस्सा हैं। यह हमारी छवि में सुधार लाते हैं इसलिए हमें अच्छे व साफ-सुथरे वस्त्र ही पहनने चाहिए।

शेक्सपीयर ने भी कहा था कि 'जीवन में मनुष्य के वस्त्र व उन्हें पहनने का तरीका बहुत मायने रखता है।' हम जीवन में अपनी भूमिकाएं अपने-आप नहीं चुनते। हमें केवल उन्हें बखूबी निभाना पड़ता है। जीवन में अलग-अलग अवसरों पर अलग-अलग वस्त्र धारण किए जाते हैं। औपचारिक दावतों में लोग औपचारिक वस्त्र पहनते हैं। कहीं भी जाने से पहले कपड़े पहनते समय आपको देख लेना चाहिए कि आप किस तरह के समारोह में जा रहे हैं। वहां केसे लोग होंगे और उन पर आपके पहने गए कपड़ों का क्या प्रभाव पड़ सकता है। कई बार समारोह की गंभीरता को देखते हुए भी सुविधाजनक वस्त्रों का त्याग करना पड़ता है। मेजबान या समारोह की प्रकृति के अनुसार आपको गर्मी के दिनों में भी सूट पहनना पड़ सकता है परंतु आजकल डिजाइनरों की कृपा से ऐसे कपड़े बनने लगे हैं जिनमें फैशन, मौके की नजाकत और सुविध ा इन सभी का ध्यान रखा जाता है। आप अपने कपड़ों में न सिर्फ अच्छे बल्कि प्रभावशाली लगें, इस तथ्य को नजरअंदाज नहीं करना चाहिए।

साफ-सुथरे बढ़िया कपड़ों से आत्मविश्वास झलकता है। इस तरह आप भीड़ में भी सबसे अलग दिखाई देते हैं पर कपड़ों का कोई भी नया फैशन आपकी शारीरिक भाव-भंगिमाओं को नहीं सुधार सकता। आप क्या पहनते हैं,

इससे ज्यादा महत्त्वपूर्ण यह होता है कि आप कैसे पहनते हैं?

सन् 1976 में मैंने बंगलौर में एक डॉक्टर मित्र को रात के भोजन पर बुलाया। वह अपने बेटे के साथ आया, जिसने रंग उड़ी, फटी जींस पहन रखी थी। मैं अपने घर के ड्राईंगरूम में एक फटेहाल व्यक्ति को देख मन-ही-मन रुष्ट हो गया परंतु बाद में मेरी पत्नी ने बताया कि उस तरह की जींस उन दिनों फैशन में थी। मैं अपनी अधूरी जानकारी के कारण युवा वर्ग में ओल्ड फैशन के नाम से जाना गया। मेरा यह मानना है कि व्यक्ति को हमेशा सलीकेदार वस्त्रों में रहना चाहिए। हमें याद रखना चाहिए कि व्यवसाय या कार्य-क्षेत्र में हमारी भेंट सीमित व्यक्तियों से होती है। कपड़ों से ही पहला प्रभाव पड़ता है। सदा सुंदर व अच्छा दिखने की कोशिश करें। वैसे अच्छे कपड़ों की परिभाषा स्थान-स्थान पर बदलती रहती है। उत्तर भारत में धोती-कुर्ता पहनने वाला व्यक्ति देहाती कहलाता है और दक्षिण भारत में धोती-कुर्ता पारंपरिक वेश-भूषा है। यहां तक कि भूतपूर्व प्रधानमंत्री नरसिम्हा राव व देवीगौड़ा दिल्ली में भी यही पोशाक पहनते रहे हैं।

जून, 1963 में, मैं मैसूर में असिस्टेंट सुपरिंटेंडेंट के प्रशिक्षण के लिए गया हुआ था। वहां से अपने गांव जलालाबाद (पंजाब) आने के लिए मैं गाड़ी से बंगलौर पहुंचा। गाड़ी देर से पहुंची। मद्रास तक जाने वाली गाड़ी पकड़ने के लिए मैं बहुत हड़बड़ाहट में प्लेटफार्म पहुंचा। वहां आसपास कोई कुली नहीं था। तभी मैंने धोती-कुर्ता वाले व्यक्ति को कंपार्टमेंट में चढ़ते देखा। मैंने उसे कुली समझकर कहा-"मेरा सामान दूसरे प्लेटफार्म पर खड़ी मद्रास मेल तक पहुंचा दो।"

वह व्यक्ति हैरानी से बोला-

"श्रीमान! मैं एक प्रथम श्रेणी का यात्री हूं।" उसकी शिष्टता देख मैं दंग रह गया। अगर उसकी जगह मैं होता तो ऐसी बात सुनकर अवश्य ही अशिष्ट तरीके से पेश आता। उस घटना से मैंने सबक लिया कि किसी भी व्यक्ति के व्यक्तित्त्व को उसके शरीर पर पहने गए कपड़ों से नहीं आंकना चाहिए।

चाहे आपका आचरण हो या वस्त्र, अपनी पहचान अलग बनाएं। केवल दूसरों को प्रसन्न करने के चक्कर में ऊट-पटांग कपड़े न पहनें। कपड़े ऐसे हों जिनसे आपके व्यक्तित्त्व में चार चांद लग जाएं। केवल सुंदर पंखों से ही पक्षी सुंदर व मजबूत नहीं दिखते। उनके भीतर की शक्ति ही उन्हें ऊंचाइयों तक ले

जाती है। अपने कपड़ों का चयन बुद्धिमत्तापूर्वक करें। यह सच ही है कि किसी मूर्ख का सोने की कढ़ाई वाला कोट भी, मूर्ख का कोट ही कहलाता है।

अच्छे कपड़े चरित्र की कमियां नहीं ढक सकते। इस बात को सच मानकर चलें कि 'जो व्यवहार आप दूसरों से अपने लिए चाहते हैं, वही आपको उनके साथ करना होगा'। यह एक प्राकृतिक नियम है कि मनुष्य जो बोता है, वही काटता है। अगर दूसरों के साथ अन्याय करेंगे तो आपके साथ न्याय हो ही नहीं सकता।

आपको केवल यही ध्यान नहीं रखना कि पड़ोसी आपसे दगा न करे। आपको यह भी देखना होगा कि आप उससे दगा न करें।

मानवीय संबंधों में प्रेम का पुट दें ताकि सच्ची खुशी मिल सकें कोई भी ऐसा काम न करें, जिसे आप करना नहीं चाहते। जो भी कर रहे हों उसे पूरे मन से चाहते हुए करें। दीर्घकालीन उद्देश्य ध्यान में रखते हुए सदा अच्छी व ऊंची बातें सोचें। बड़ी उपलब्धियों की कीमत पर अल्पकालीन लाभों से संतुष्ट न हों। याद रखें कि आपके अच्छे काम का फल आने वाले भविष्य पर अवश्य पड़ता है।

किसी भी तरह का, कोई भी व्यवसाय या काम, पूरी लगन से किया जाए तो वह ऊंचाइयों तक ले जाता है। अपना मनपसंद काम करने से शरीर भी स्वस्थ रहता है। मेहनत कीजिए और सुख की नींद लीजिए। कोई भी ऊबाऊ व नीरस काम करने से ही तनाव उत्पन्न होता है इसलिए काम को मन लगा कर खुशी से कीजिए। यही रवैया आपको सफलता, समृद्धि व प्रसन्नता की ओर ले जाएगा। निष्ठा, परिश्रम व त्याग के बिना सफलता की कल्पना भी नहीं की जा सकती। ए.पी. गोथे के अनुसार–

"बिना खतरा उठाए लाभ पाना, अनुभवी बनना और काम किए बिना उसका फल पाना उतना ही असंभव है, जितना जन्म लिए बिना जीवन जीना..."

सुव्यवस्था के कुछ उपाय

यहां कुछ उपाय प्रस्तुत हैं, जिन्हें अपनाकर आप भी बेहतर व्यवस्था कर सकते हैं।

लक्ष्य निर्धारित करें–कोई भी काम शुरू करने से पहले उसका लक्ष्य तय कर

लें। अगर आप यही नहीं जानते कि जाना कहां है तो वहां पहुंचेंगे केसे? छोटे-छोटे लक्ष्य तय करें और उन्हें पूरा करने पर अपने-आपको पुरस्कार दें।

मेज सुव्यवस्थित रखें–सुव्यवस्थित मेज आपके ध्यान को यहां-वहां भटकने नहीं देता। मेज पर केवल वही सामान रखें जो आपको उस समय काम करते हुए चाहिए।

केवल याददाश्त के भरोसे न रहें–कई बार न चाहते हुए भी जरूरी बातें दिमाग से निकल जाती हैं। अगर आप किसी खास भेंट के समय, निश्चित तिथि या जरूरी काम को भूलना नहीं चाहते तो उसे कहीं लिख लें।

एक जैसे काम एक साथ करें–काम करते हुए बार-बार बीच में रुकने या बाधा देने से समय व्यर्थ जाता है और ध्यान भी बंटता है इसलिए एक जैसे काम एक ही समय में करें, जैसे बार-बार फोन सुनने की बजाय सभी कॉल एक ही बार में आंसरिंग मशीन पर ले लें।

फाइलें साफ-सुथरी रखें–अगर आपने समय-समय पर फाइलों से पुराने बेकार दस्तावेज व लिखित सामग्री नहीं निकाली तो बहुत शीघ्र फाइलें, फोल्डर, अलमारी व दराज आदि खरीदने की नौबत आ सकती है।

एक ही केलेंडर इस्तेमाल करें–लोग एक से ज्यादा प्लानिंग केलेंडर रखकर बहुत बड़ी गलती करते हैं। निजी, पारिवारिक और व्यावसायिक तिथियां एक ही केलेंडर पर लिखें जिससे भ्रम होने की गुंजाइश नहीं रहेगी। याद रखें–'दो घड़ियां पहनने वाला कभी सही समय नहीं जान पाता'।

टेलीफोन पर कम-से-कम बातें करें–डॉक्टर प्लंबर या कोई ग्राहक, किसी से भी बात करनी हो, कम-से-कम बातें करें। जरूरी बातें कागज पर लिखी रहें ताकि फोन मिलते ही काम की बात थोड़े शब्दों में की जा सकें

परियोजनाओं की फाइलें बनाएं–जरूरत के समय कागज तलाशने की सिरदर्दी से बचने के लिए उन्हें फाइलों में लगाएं। किसी भी एक काम से जुड़े सभी दस्तावेज एक ही फाइल में होने चाहिए।

समय-सीमा तय करें–फोन पर बात करते समय कहें, "मेरे पास केवल पांच मिनट का समय है" या "इस समस्या के केवल दो ही हल हैं या तो...।"

अपने लिए समय निकालें–प्रतिदिन अपने-आपसे रूबरू होने के लिए थोड़ा समय अवश्य निकालें ताकि आप इस दौरान अपना मनपसंद संतुष्टिदायक कार्य कर सकें।

काम बांटना सीखें–आपको इस बात का एहसास होना चाहिए कि कोई भी व्यक्ति अकेला सब कुछ नहीं कर सकता इसलिए घर व दफ्तर में काम बांटने में संकोच न करें। बढ़िया काम के लिए अच्छे व प्रशिक्षित व्यक्तियों को ही काम सौंपें।

फाइलों को केबिन में न ठूंसें–दराजों में फाइलें इतनी ज्यादा न हों कि कागज निकालना ही भारी पड़ जाए। अक्सर ऐसी छोटी-छोटी परेशानियां ही काम का मूड बिगाड़ देती हैं।

झूठी डेडलाइन बनाएं–अगर कोई काम मास के अंत में देना हो तो उसकी समय सीमा चार दिन पहले की बनाएं। तब आप काम को अंतिम रूप देते समय होने वाली हड़बड़ाहट से बच जाएंगे क्योंकि आपके पास पर्याप्त समय होगा।

टाइमर व अलार्म घड़ी का प्रयोग करें–घरेलू व व्यावसायिक, सभी तरह के कामों के लिए समय निश्चित करें फिर अलार्म घड़ी के इस्तेमाल से समय की जांच करते रहें।

स्थान का सदुपयोग करें–संपर्क पुस्तकों के लिए अलग से पंक्तियां लगाएं। जहां भी स्थान हो वहां ढंग से फाइलें जमा दें ताकि कम-से-कम स्थान में सारा सामान आ जाए।

खाली समय का सदुपयोग करें–किसी की प्रतीक्षा करते समय आप कुछ पढ़ सकते हैं। काम करते समय या गाड़ी चलाते समय प्रेरणादायक टेप सुनना भी एक अच्छा साधन हो सकता है।

बच्चों को सही समय पर स्कूल भेजें–सुबह के भरोसे सारे काम न छोड़ें। रात को ही बच्चों के पहनने वाले कपड़े व बैग आदि तैयार रखें। आपको पता हो कि वे सुबह नाश्ते में क्या लेंगे और लंच में क्या ले जाएंगे। इस तरह सुबह-सुबह घर में महाभारत नहीं होगा।

अपने लिए भी समय-सीमा तय करें–अगर आपको सप्ताह के अंत में या रात को देर तक काम करना पड़े तो अपने लिए भी समय सीमा तय करें। काम चाहे दो घंटे करें अथवा चार घंटे, समय-सीमा समाप्त होते ही काम रोक दें और अपने सप्ताहांत का पूरा आनंद लें।

लेविल लगाएं–हर वस्तु की अपनी पहचान हो इसलिए उस पर लेविल लगाएं। आपको पता होना चाहिए कि शूरैक में फेंकी गई चाबियां किस ताले की हैं।

काम के लिए श्रेष्ठ समय चुनें—अपने उत्पादक समय को उत्पादक कामों में ही लगाएं। चाहे वह सुबह हो अथवा दोपहर। जिस समय आप स्वयं को सबसे बेहतर व चुस्त पाते हैं, उसी समय सबसे मुश्किल काम निबटाएं।

किए जाने वाले कामों की सूची—ऐसी सूची से आपके समय की बचत होगी और दिमाग पर जोर दिए बिना आप जान जाएंगे कि किस समय कौन-सा काम करना है।

डेडलाईन तैयार करें—डेडलाइन आपको सही समय पर काम खत्म करने के लिए दबाव डालती है। किसी भी काम को करने का सही समय व तारीख तय करें। कृपया ऐसी बातें न कहें—'निकट भविष्य में कभी' या 'जब मौका मिलेगा तो करूंगा'।

ग्रीटिंग कार्ड आर्गेनाइजर—खास लोगों के जन्म-दिन व विवाह आदि की तारीख याद रखने में यह बहुत काम आता है। आप हर महीने की खास तारीखें जानकर पहले ही ग्रीटिंग कार्ड खरीद सकते हैं।

बागवानी की भी तैयारी पहले से हो—किस मौसम में क्या उगता है, यह आपको पहले से पता होना चाहिए। पौधों व सब्जियों की देखभाल के लिए इन पर मिलने वाली पुस्तकें पढ़ें। एक कागज पर अपने बगीचे का नक्शा खींचें ताकि आने वाले बसंत में आप उसे साकार कर सकें।

एक-सा सामान एक साथ रखें—यह काम एक व्यवस्थित कार्य-क्षेत्र के लिए जरूरी हो जाता है, जैसे सभी देय बिल एक फाइल में हों, सारा कलात्मक सामान एक डिब्बे में हो, सभी फोटोग्राफ अलग डिब्बे में हों ताकि आप जरूरत पड़ते ही काम का सामान निकाल सकें।

भोजन सुनियोजित हो—खरीदे जाने वाले सामान की सूची बनाने से पहले अपने भोजन को सुनियोजित करें। इस तरह समय की बचत होगी क्योंकि आपको पता होगा कि आपको क्या चाहिए। आपका भोजन—

—पूरी तरह संतुलित व पोषक हो।

—विविधता से भरपूर हो।

—आपके बजट में हो।

—आपके ऊर्जा स्तर के अनुरूप हो।

सामान जगह पर रखें—सामान सही जगह पर रखने की आदत डालें। प्रतिदिन लगभग पंद्रह मिनट इस तरह सामान जमाने की आदत आपके

लिए बहुत फायदेमंद हो सकती है।

पुरानी पठनीय सामग्री निकाल दें—पुराने समाचारपत्र व पत्रिकाएं अपने रैक में से निकाल दें ताकि नई पत्र-पत्रिकाओं का स्थान खाली हो जाए। ऐसी सामग्री संभाल लें जो आपको अच्छी लगती हो क्योंकि कई बार पत्रिकाओं में भी स्तरीय सामग्री मिल जाती है।

पुस्तकालय साफ-सुथरा रखें—ऐसी पुस्तकें अपने पुस्तकालय की अलमारियों में न रखें जिन्हें देखे हुए भी आपको सालों बीत गए हैं। ऐसी पुस्तकें दान में दी जा सकती हैं।

मित्रों की सूची बनाएं—घर में सफेदी करवानी है तो जल्दी काम खत्म करवाने के लिए दोस्तों की मदद लें। वे भी पिज्जा, सैंडविच और मिठाई की पार्टी से खुश हो जाएंगे।

रसीदें एक साथ रखें—अपने पर्स में ऐसी सभी रसीदें एक साथ रखें जो आपके काम आने वाली हैं। दफ्तर पहुंचते ही उन्हें उनकी फाइलों में पहुंचा दें।

बेकार कंप्यूटर संबंधित सामग्री फेंक दें—सोफ्टवेयर डिस्क, सी.डी., कंप्यूटर मैन्युल्स आदि बेकार सामग्री फेंक दें।

दूसरों को सहयोग दें—दूसरों के साथ मिलकर काम करें। सुव्यवस्थित संगठन के लिए परिवार हो या स्टॉफ, मिलकर काम करने की आदत डालें।

स्टेशनरी का सामान पर्याप्त हो—आपके काम करने की मेज पर पेन, पेंसिल, पेपर क्लिप, छोटी कैंची व स्टैपलर आदि स्टेशनरी अवश्य होनी चाहिए ताकि एक-एक चीज के लिए बार-बार उठना न पड़े।

एक प्रभावी कार्य-क्षेत्र तैयार करें—आपके काम करने की जगह आरामदायक, खुशनुमा व पूरे साजोसामान से लैस होनी चाहिए। जरूरत का हर सामान हाथ के आसपास रहने से समय की भी बचत होती है।

दराज में चुंबक लगाएं—आपकी दवाइयों की दराज में एक बड़ा सा चुंबक लगा हो ताकि छोटे क्लिप, कैंची व दूसरा सामान वहां चिपका रहे और आपको किसी तरह की परेशानी न हो।

थोड़ा आराम भी करें—कम-से-कम सात घंटे की गहरी नींद लें। भरपूर नींद और आराम आपको काम के लिए ऊर्जा देता है।

घर बदलते समय—सामान पैक करने के बाद डिब्बों पर उनके सामान के

अनुसार रंग का निशान लगा दें जैसे पीला निशान रसोई का और नीले निशान वाला डिब्बा ड्राईंग रूम के सामान का है। इस तरह सामान सैट करने में आसानी हो जाएगी।

जाने वाली डाक की तैयारी–अगर आप किसी ऐसे व्यवसाय में हैं जहां ग्राहकों को समय-समय पर सूचना-पत्र, मांग-पत्र व अन्य लिखित प्रपत्र भेजने पड़ते हैं तो उनकी तैयारी पहले से कर लें ताकि भेजने के समय दिक्कत न हो।

संदर्भ-सूची बनाएं–हर काम को याद रखने के लिए संदर्भ-सूची, बहुत उपयोगी हो सकती है। निम्न कार्यों के लिए संदर्भ-सूची अवश्य बनाएं–

–निजी लक्ष्य व स्वप्न।
–जन्मदिन।
–मनपसंद रेस्त्रां के फोन नंबर।
–मनपसंद वेबसाइट।
–वे पुस्तकें जो आप पढ़ना चाहते हैं।
–यात्रा के समय काम आने वाली वस्तुएं।
–मित्रों व परिवार के लिए संभावित उपहार।
–कंप्यूटर फाइलें।
–अपनी मनपसंद सूची।
–और जो भी आप चाहें।

प्रपत्र तैयार रखें–जैसे आप अपनी फैक्स मशीन के पास टाइप करके फैक्स ट्रांसमिटल फार्म रख सकते हैं। इससे आपको सुविधा होगी।

मार्ग दिशाएं लिख लें–कहीं भी जाते समय उसकी दिशाएं याद रखने के लिए एक नमूना बना लें और डायरी में लिख लें ताकि फिर उस ओर जाने पर किसी से पता पूछने की नौबत न आए।

अपने घर का पता समझाएं–पूर्व, पश्चिम, उत्तर, दक्षिण की ओर से अपने घर का निश्चित स्थानों से पता समझाते हुए कुछ कागज तैयार कर लें। जब भी कोई इस बाबत पूछे तो उसे यह कागज भेज दें या फोन पर समझा दें।

दूरी का अनुमान लगाएं–किसी जगह जाते समय उसकी दूरी व अपनी गाड़ी की गति के अनुसार सही दूरी का अनुमान लगाने से बाकी कामों के

सही समय का अंदाजा हो जाएगा।

जंक मेल से बचें–डायरेक्ट मार्केटिंग वेबसाइट एसोसिएशन की मदद से अपने-आपको जंक मेल से दूर रखें।

कामों का मिलान करें–कुछ काम जो एक साथ हो सकें, वे आपका समय और ऊर्जा दोनों बचाते हैं; जैसे कुत्ते को सैर कराते समय व्यायाम किया जा सकता है। समुद्री तट पर किसी मनपसंद संगीत का आनंद लिया जा सकता है।

हर दिन का अंत अच्छा हो–आसान माने जाने वाले कामों को दिन के अंत में करें ताकि आप सकारात्मक रवैया अपनाते हुए उन्हें खत्म कर सकें।

लगातार सुधार चाहिए–चारों ओर अच्छी व्यवस्था व संगठन के लिए आपको लगातार सुधार करना होगा।

सीखने की तेज तकनीकें अपनाएं

किसी भी मनुष्य के दिमाग में 280 क्विंटलियन मेमोरी बिट्स सुरक्षित रह सकते हैं। प्रत्येक व्यक्ति में श्री सी.वी. रमन व आइंस्टाइन जैसा बुद्धिमान बनने की क्षमता पाई जाती है परंतु हम अपनी पूरी बुद्धिमत्ता का थोड़ा ही अंश प्रयोग करते हैं। एक स्वस्थ वातावरण हमारे इस स्तर में आश्चर्यजनक वृद्धि कर सकता है। यहां इसी विषय में कुछ टिप्स दिए जा रहे हैं–

विचारशील विषयों से संबंधित पुस्तकें पढ़ें

यह आत्मकथाएं, श्रेष्ठ जीवन-पद्धति, पत्र व पत्रिकाएं आदि हो सकती हैं। प्रतिदिन कम-से-कम पंद्रह मिनट ऐसी पुस्तक अवश्य पढ़ें। आपके पास हमेशा कोई-न-कोई पठनीय सामग्री हो ताकि आप कुछ फालतू मिनटों का भी सदुपयोग कर सकें। मेरी कार में सदा ऐसी पुस्तकें रहती हैं जो मेरा एक क्षण भी बेकार नहीं जाने देतीं।

एक बढ़िया डिक्शनरी (शब्दकोश) अपने पास रखें और पांच नए शब्द प्रतिदिन सीखें। इस तरह आप एक साल में 1800 नए शब्द और उनके अर्थ सीख जाएंगे। दस साल तक इस नियमित अभ्यास से आपकी जानकारी 18000 शब्दों तक पहुंच जाएगी जो अभी भी किसी साधारण मनुष्य के बस के बाहर की बात है।

अक्सर लोगों को उम्र बीतने के बाद ही पता चलता है कि उन्होंने क्या खो दिया। वे तभी जान पाते हैं कि जो पीछे छूट गया, उस तक पहुंचना या उसे वापिस पाना कितना मुश्किल है।

टी.वी. देखने का समय घटाएं

हम लोगों को अक्सर टी.वी. देखने की आदत होती है। युवा पीढ़ी तो जन्म से ही टी.वी. के साथ बढ़ी होती है, परंतु यदि आप गंभीरतापूर्वक अपनी सोच का दायरा बढ़ाना चाहते हैं, कुछ अच्छा व नया सीखना चाहते हैं तो आपको टी.वी. देखने के घंटे घटाने होंगे। टी.वी. गाइड की मदद से अपने मनपसंद कार्यक्रमों की सूची बना लें ताकि आपको फालतू कार्यक्रम न देखने पड़ें। ऐसे ऊटपटांग कार्यक्रम आपके दिमाग के लिए उसी तरह नुकसानदायक हो सकते हैं जैसे आपके शरीर के लिए आलू के चिप्स। किसी भी क्षेत्र विशेष में अपनी जानकारी बढ़ाइए और वही कार्यक्रम देखिए जो आपके काम के हों। अपने परिवार व मित्रों को भी इस बारे में समझा दें ताकि आपको उनका सहयोग मिल सकें

रचनात्मक बनें

हम सबके भीतर रचनात्मकता छिपी है। बच्चों पर एक नजर डालें। वे नाचते-गाते हैं, तैराकी करते हैं, और सुंदर तस्वीरें भी बनाते हैं। आपको भी मानना होगा कि 'सीखना' एक लंबी प्रक्रिया है जो आजीवन चलती रहती है। आपकी आयु चाहे कुछ भी हो, सदा कुछ नया सीखने की संभावना बनी रहती है। इस जीवन रूपी यात्रा में एक यात्री बनने की बजाय सक्रिय साथी बनें। अगर आप किसी का मार्गदर्शन ले रहे हैं तो उनकी नीतियों को अपनी परिस्थितियों के अनुसार ढालने के बाद ही अपनाएं। याद रखें कि हर काम की जिम्मेवारी आपकी अपनी है। आपको अपने ही बल पर अपनी लड़ाई लड़नी है।

जब भी कोई आपसे अनजाने विषय पर बात करे और आपको कुछ समझ न आ रहा हो तो चुप रहने की बजाय उस बारे में पूछें—सबसे बड़ा मूर्खतापूर्ण प्रश्न वही होगा, जिसे आप पूछ नहीं पाएंगे।

कल्पना करें–किसी भी समस्या को हल करने के लिए उसकी कल्पना करें, चाहे आप कल्पना करने में निपुण न हों परंतु फिर भी यह तरीका कारगर हो सकता है। संक्षिप्त रूप में अपनी समस्या लिखें। किसी भी समस्या को हल करने से पहले उसे समझना बहुत जरूरी होता है। बेकन ने कहा है–"लेखन से मनुष्य की प्रतिभा निखरती है," शोध से पता चला है कि सभी श्रेष्ठ व बुद्धिमान व्यक्ति लेखन में विश्वास रखते थे। इतिहास के सुनहरे पृष्ठों पर आज भी न्यूटन, थॉमस जैफर्सन और जॉन सैबस्टियन का नाम चमक रहा है। उन्होंने सदा अपने विचारों व भावनाओं को डायरी, कविता व पत्रों के माध्यम से मित्रों व रिश्तेदारों तक पहुंचाया। शोधकर्ताओं का मानना है कि अपने-अपने क्षेत्र के सभी विशेषज्ञों में कमोवेश यही आदत पाई जाती है।

बातों को लिखकर उन पर विचार करने से मानसिक शक्ति में वृद्धि होती है। इससे तर्कशक्ति भी बढ़ती है, जो जीवन में बहुत महत्त्व रखती है। भाषा की तरह तर्क भी अच्छे संप्रेषण का आधार हैं। अगर आप यही नहीं जानते कि आप क्या हल करने जा रहे हैं तो निश्चित रूप से कोई परिणाम हाथ नहीं आएगा। आप सभी पहलुओं पर अपनी विचारधारा को स्पष्ट करने के लिए रंगीन पेनों की मदद ले सकते हैं।

अगर आप चाहें तो समस्या को लाल स्याही से लिखें। इसे हल करने के उपाय पीली स्याही से, तथा श्रेष्ठ उपाय हरी स्याही से लिखें। फिर अपनी आंखें मूंद कर आराम से बैठ जाएं। कुछ ही समय में आपके पास परेशानी का कोई-न-कोई हल आ जाएगा।

कल्पना करें कि आप धीरे-धीरे भीतर उतर रहे हैं। इससे आपके मन को शांति मिलेगी। कल्पना करें कि आप एक अंधेरी सुरंग के उस पार बने दरवाजे से बाहर निकल रहे हैं। इसी तरह इस कल्पना में कुछ समय खोए रहें। कल्पना करें कि वहीं एक दरवाजा है जिसके पीछे आपकी परेशानी का हल छिपा है। याद रखें कि आप जो भी सोचते या देखते हैं, वह बहुत पहले आपके भीतर घट चुका होता है। इस बिंदु पर बिना किसी तर्क के अपनी मानसिकता को स्वीकार कर लें। अपने-आपको सुरंग और दरवाजे से वापिस आता देखें। इस प्रक्रिया के अंत में अपने अनुभव को सविस्तार लिखने की कोशिश करें।

आपने जो भी देखा या महसूस किया हो, उसका अपनी समस्या के साथ विश्लेषण करें। इसी प्रक्रिया में आपके पास कोई-न-कोई हल या विकल्प आ

जाएगा। अपने बिस्तर के पास पेन व पैड रखें ताकि आप सुबह उठते ही डिक्टाफोन पर अपनी आवाज रिकॉर्ड कर सकते हैं। निश्चय ही यह प्रक्रिया आपके काम आएगी।

जितना पारिश्रमिक मिले, उससे ज्यादा काम करें

आपको उस समय का पता होना चाहिए जब आपकी ऊर्जा अपने ऊंचे स्तर पर होती है। महत्त्वपूर्ण कामों व खास डाक का उत्तर देने के लिए आप सुबह का समय चुन सकते हैं। इस समय टेलीफोन से दूर रहें। यह आपके काम की एकाग्रता भंग करता है। जब आपकी गतिविधियां न के बराबर हों, उस समय फोन करें। भेंटकर्ताओं से समय निश्चित करने के बाद दिन में बाकी कामों के लिए उत्पादक समय निकाल सकते हैं। अपनी ऊर्जा व ध्यान को विकेंद्रित न होने दें। छोटे-छोटे काम पहले निबटाएं। कोई भी काम पूरा करने पर अपने-आपको शाबाशी देना न भूलें। जो भी काम हाथ में लें, उसे पूरा करें। काम खत्म करने की संतुष्टि व उपलब्धि, कठिन काम करने का उत्साह व प्रेरणा देती है।

सफलता के प्रति आग्रही होने के नाते आपको अपनी शारीरिक भाव-भंगिमा (पॉरचर) पर भी ध्यान देना होगा। आपके पूरे शरीर से ऊर्जा झलकनी चाहिए। सिर ऊंचा तथा पेट भीतर की ओर हो। ऊर्जाहीन व मंद आकृति वाले व्यक्ति के रूप में हम दूसरों को प्रभावित नहीं कर सकते। सदा जीवंत दिखाई दें क्योंकि लोग हमारी छवि से ही व्यवहार का अनुमान लगाते हैं।

एक सफल व्यक्ति अपनी डाइट पर पूरा ध्यान देता है। वह सुबह-सुबह भरपेट भोजन करके अपने-आपको आलसी बनाना पसंद नहीं करता। वह भोजन को एक यादगार आनंददायक प्रक्रिया बनाना चाहता है। वह ऐसा भोजन लेता है जिससे काम करने की भरपूर ऊर्जा प्राप्त हो।

मैंने महसूस किया है कि भरपेट भारी नाश्ता करने के बाद में निढाल होकर निस्तेज हो जाता हूं इसलिए मैं इस तरह के भोजन से बचता हूं। कई बार पहला भोजन हजम न होने की स्थिति में मैं दूसरे समय का भोजन नहीं करता।

सफल व्यक्ति स्वास्थ्य से जुड़ी सभी अच्छी आदतों का पालन करते हैं। यदि वे दोपहर का भोजन नहीं करते तो लंच का निमंत्रण स्वीकार ही नहीं करते।

अगर आप भी मदिरापान नहीं करते तो ऐसी दावतों में न जाएं और जाना ही पड़े तो किसी की जिद पर मदिरापान न करें। एक सफल व्यक्ति अपनी ऊर्जा के स्तर को भरपूर रखने की कोशिश करता है। अगर उसे अपनी दिनचर्या में कोई बाधा दिखाई देती है तो वह उसे हटाने की पूरी कोशिश करता है; जैसे मैं रात के खाने पर बाहर जाना पसंद नहीं करता इसलिए केवल दोपहर के ही निमंत्रण स्वीकार करता हूं और लोगों को दोपहर के भोजन पर ही बुलाता हूं। देर रात तक चलने वाली दावतें अगले दिन का भी सत्यानाश कर देती हैं।

एक सफल व्यक्ति पूरी तरह जिम्मेवार होता है। वह सभी स्थितियों में सोच-समझकर संतुलित व्यवहार करता है। वह अक्सर अपने-आपसे पूछता है-"सबसे बुरा मेरे साथ क्या हो सकता है?" और वह सदा उस बुरे से बचाव के हल करता है। वह किसी भी परेशानी को अपने तरीके से हल करता है। वह किसी भी परेशानी के सभी पहलुओं को परखने से नहीं हिचकता। किसी भी काम को खत्म करने के लिए समय-सीमा तय करता है। उसे एहसास होता है कि डेडलाईन के बिना काम कभी समय पर समाप्त नहीं होगा तथा ऊर्जा नष्ट होगी।

मैकीवली ने 16वीं सदी में लिखा था-"कहना ही होगा कि मनुष्य सामान्य रूप से कायर, स्वार्थी, निराशावादी, चालाक व झूठे होते हैं। जब आपको सफलता मिल जाती है तो वे आपके लिए अपना खून तक बहाने को तैयार हो जाते हैं और अपनी पत्नी, बच्चे, परिवार और संपत्ति तक सामने रख देते हैं पर जरूरत पड़ने पर आपके खिलाफ हो जाते हैं...

अक्सर लोग स्वार्थ में पड़कर कोई भी लाभ उठाने से नहीं चूकते। वे प्रेम को भी ठोकर मार देते हैं परंतु यहां भय आपका बचाव करता है क्योंकि भय के साथ ही सजा भी जुड़ी रहती है, जिससे वे डर जाते हैं...।"

मैकविलियन की कुछ विशेषताएं जीवन में सफलता पाने के लिए जरूरी हैं। आपको समझना होगा कि कोई काम करने के लिए केवल निर्देश देना ही काफी नहीं होता। एक सफल व्यक्ति जो भी काम करवाना चाहता है, उसका समय-समय पर निरीक्षण भी करता है। वह अपनी सफलता के लिए शर्मसार नहीं होता क्योंकि उसने ऐसा कोई काम नहीं किया जिसे दुनिया से छिपाना पड़े। वह सदा अपने मूल्यों के लिए विश्वस्त रहता है।

5.

आप भी महान हैं

अपना मान करना सीखें

जीवन में सब कुछ पाने के लिए आप स्वयं ही सबसे मूल्यवान संपत्ति व साधन हैं। आपको हमेशा अपने बारे में ऊंची सोच रखनी चाहिए। यहां निम्न सुझाव काम आ सकते हैं–

वजन पर ध्यान दें–अपने वजन पर ध्यान दें। वैसे पुरुषों के लिए प्रति इंच एक किलो तथा महिलाओं के लिए 0.80 कि.ग्रा. वजन आदर्श माना जाता है। शरीर का भार ज्यादा होने के कारण आपको हमेशा ऐसा लगेगा कि आपने आलू का बोरा पीठ पर लाद रखा है। अतिरिक्त भार हमें थकाने के साथ-साथ हमारे दिल, फेफड़ों व मांसपेशियों पर भी दबाव डालता है। इसके कारण हमें जरूरत से ज्यादा ऊर्जा खर्च करनी पड़ती है। मोटापे के शिकार लोग अक्सर इसी वजह से हीनभावना से ग्रस्त हो जाते हैं। वहीं दूसरी ओर शरीर में वजन का सही अनुपात शीघ्र ही ऊर्जा का स्तर बढ़ा देता है। आपके आत्मविश्वास में वृद्धि होती है और आप स्वस्थ व प्रसन्न दिखाई देते हैं। वजन घटाने से आपको अपनी उपलब्धि पर गर्व होगा और आदर्श वजन तक आते-आते आपकी कार्य-क्षमता बढ़ेगी, साथ ही आप छरहरे व स्मार्ट दिखाई देंगे।

आपको सदा संतुलित पोषक आहार लेना चाहिए क्योंकि यह पूरे दिन आपके ऊर्जा स्तर को प्रभावित करता है। बेहतर होगा कि आप समय-समय पर अपने आहार की जांच करते रहें तथा ऐसा भोजन कम मात्रा में खाएं, जो आपके स्वास्थ्य के अनुकूल न हो।

आप अपने आहार में फल व जूस की मात्रा बढ़ाकर ज्यादा स्वस्थ, जीवंत व तरोताजा महसूस कर सकते हैं। आपको अपने शरीर को एक मंदिर मानना चाहिए। सही व संतुलित मात्रा में फलों, सब्जियों, अनाज व पोषक तत्त्वों का भोजन आपको एक स्वस्थ जीवन शैली देता है। अगर आप एक बार

इस तरह का भोजन करने की आदत डाल लें तो जंक फूड के सेवन व लत से बच सकते हैं।

भगवदगीता में लिखा है कि मनुष्य को सात्त्विक प्रकृति पाने के लिए ताजे, रसदार फल खाने चाहिए। जहां तक हो सके डिब्बाबंद भोजन की बजाय ताजा पका भोजन खाएं। अपना आदर्श वजन पाने के बाद उसे आजीवन बनाए रखने का प्रयत्न करें। अच्छे भोजन के साथ-साथ व्यायाम करने की आदत भी बनाएं। इससे पाचन-तंत्र में सुधार होगा और मानसिक, शारीरिक व भावनात्मक स्तर पर निखार आएगा। ऊर्जा का स्तर बढ़ने से आपकी योग्यता व क्षमता भी प्रभावित होगी। व्यायाम से शरीर की लोच, शक्ति व सहनशीलता बढ़ेगी। व्यायाम का कोई भी रूप कारगर हो सकता है चाहे वह चहलकदमी हो, योग हो, दौड़ हो अथवा कोई खेल-कूद।

व्यायाम ऐसा हो जिससे प्रतिदिन शरीर की मांसपेशियों में हल्का खिंचाव आ सकें इन्हें नियमित रूप से करना चाहिए। जिस दिन मैं कसरत नहीं करता, मुझे कुछ खाली-खाली-सा लगता है। व्यायाम हमारे स्वस्थ जीवन की सबसे पहली शर्त है। कुछ लोगों के अनुसार सप्ताह में कम-से-कम तीन दिन लगभग 30 मिनट तक व्यायाम करना चाहिए। कुछ लोग सप्ताह में पांच दिन व्यायाम की सलाह देते हैं।

मेरा मानना है कि जिस तरह हम प्रतिदिन खाना खाते हैं और सोते हैं, उसी तरह फिटनेस बनाए रखने के लिए हर रोज व्यायाम अवश्य करना चाहिए। जब कभी मुझे सुबह की गाड़ी अथवा प्लेन पकड़ना होता है, तभी मेरा यह अभ्यास छूटता है वरना मैं इसका बहुत ध्यान रखता हूं। उस दिन की कमी मैं शाम के व्यायाम से पूरी कर लेता हूं।

आप किसी भी एरोबिक व्यायाम से अपनी फिटनेस बरकरार रख सकते हैं। यह दौड़, तैराकी, कूद, साईकलिंग या स्कीईंग आदि कुछ भी हो सकता है। खास बात यह है कि स्वास्थ्य व ऊर्जा का स्तर में सुधार आना चाहिए। पचास-साठ वर्ष की आयु में भी स्वस्थ दिखने वाले व्यक्ति वही होते हैं जो बीस-तीस वर्ष की आयु से ही सकारात्मक स्वास्थ्य से जुड़ी आदतों को अपना चुके हैं। अस्सी वर्ष की लंबी आयु तक भी स्वस्थ व प्रसन्न दिखने वाले व्यक्तियों ने अपने जीवन के शुरुआती दौर में ही इन आदतों को अपना लिया था। वे उन लोगों में से हैं जिन्होंने आजीवन अनुशासन का पालन किया। याद

रखें कि किसी भी दिशा में छोटे से छोटा प्रयत्न भी मायने रखता है। कोई भी इस संसार में सदा जीवित रहने वाला नहीं है परंतु हमें जितना भी जीवन मिला है उसे बेहतर तरीके से क्यों न जिएं।

ऊंची सोच का जादू

अक्सर लोग अपने साथ बड़ी घटनाएं घटने की कल्पना करते हैं जो उनके लिए सफलता, प्रसन्नता व जीवन की तमाम सुख-सुविधाएं जुटा देंगी। वे जीवन में एक बढ़िया केरियर, अच्छी आय व भोग-विलास चाहते हैं। परंतु अधिकतर लोगों के लिए यह एक इच्छा बनकर ही रह जाती है। अक्सर लोगों को कहते सुना जाता है–"काश मैंने अलग तरीके से काम किया होता...।"

ऐसी इच्छा, बड़ी सोच व बड़े काम के बिना अधूरी ही रह जाती है। बड़ी व ऊंची सोच से ही सफलता की संभावना पैदा होती है। आपके जीवन में बड़ी वस्तुओं व घटनाओं का प्रवेश होता है। दिमाग में हर वस्तु की एक स्पष्ट तस्वीर उभरने लगती है। बेहतर संभावनाएं स्वयं ही सामने आ जाती हैं।

छोटी सोच या नजरिए वाले व्यक्ति ऊंची संभावनाओं की बात सोच ही नहीं पाते जबकि ऊंची मानसिकता वाले व्यक्ति छोटी और महत्त्वहीन बातों पर ऊर्जा व्यय करने की बजाय ऐसे लोगों से संपर्क साधते हैं जो उनके लिए सफलता के द्वार खोल सकते हैं। यह कुछ उसी तरह है। जैसे पैसे को पैसा खींचता है। अगर आप बड़ा खतरा मोल लेने को तैयार हों तो लोग आपकी ओर खिंचते चले आते हैं। छोटे व सीमित सपने देखने वाले कभी ऊंचाइयों तक नहीं पहुंचते।

जब हम ऊंचे-ऊंचे काम करने लगते हैं तो हमारा जीवन भी उन्हीं के अनुसार ढलने लगता है। ऊंची सोच व घटनाएं जुड़वां भाइयों की तरह हमारे जीवन का एक अंग बन जाती हैं। धन-प्राप्ति के अनेक मार्ग खुल जाते हैं इसलिए ऊंचा सोचें, अच्छा काम करें, आप भी धनी हो सकते हैं। ऊंची सोच वाले लोग ही समाज व मानव जाति को अपनी सेवाएं देते हैं। इसके लिए उन्हें अपने-आपमें बदलाव लाना पड़ता है। ऊंची व अच्छी सोच ही हर सफलता का मूल है।

आज से ही 'ऊंची सोच व ऊंचे काम' के मूलमंत्र को अपनाएं ताकि आपका जीवन भी महान घटनाओं का साक्षी बन सकें

बेहतर अनुभव के लिए बेहतर सोच

यह एक ऐसे व्यक्ति की कहानी है जो अपनी ही असफलता और निराशा में चूर था। एक बार यात्रा के दौरान एक सेल्समैन की कार का टायर पंक्चर हो गया। उस गहरी अंधेरी रात में दूर-दूर तक सड़क पर कोई नहीं था। उसे पता चला कि उसके पास टायर बदलने के लिए जैक भी नहीं था। तभी उसे पास के फार्महाउस में रोशनी दिखाई दी। उसने सोचा कि वह वहां से जैक उधार मांग सकता है। इसी स्थिति में उसने मन-ही-मन काल्पनिक बातचीत करनी शुरू कर दी।

उसने अपने-आपसे कहा कि हो सकता है खटखटाने पर भी कोई बाहर न आए या जैक देने से ही मना कर दे। उसके मन में इसी तरह के उल्टे-सीधे ख्याल आने लगे। जब तक वह उस घर के दरवाजे तक पहुंचा वह इस नकारात्मक कल्पना से चिड़चिड़ा हो गया था। ज्यों ही किसान ने दरवाजा खोला और पूछा–"मैं आपकी क्या मदद कर सकता हूं।"

सेल्समैन ने उसे एक घूंसा मारा और चिल्ला कर बोला–"अपना जैक अपने पास ही रखो, मुझे नहीं चाहिए...।" यह घटना बताती है कि किस तरह नकारात्मक मानसिकता मनुष्य के लिए जी का जंजाल बन सकती है।

लोग अक्सर शिकायत करते हैं कि कोई भी काम उनकी योजना के अनुसार नहीं हो पाता। ऐसी सोच आपके जीवन पर गहरा प्रभाव डालती है। जाने-अनजाने हमारे विचार हमारे जीवन पर असर डालते रहते हैं। यह हमारे उत्साह को मंद करते हैं तथा आत्मविश्वास को गहरी चोट पहुंचाते हैं। अतः बेहतर महसूस करने के लिए स्वस्थ सोच अपनाएं। अपने भीतर चल रहे विचारों को सकारात्मक, आशावादी और रचनात्मक रूप दें। अगर आप ध्यान दें तो पता चलेगा कि प्रति घंटा 30 से 50 नकारात्मक विचार दिमाग में आकर आपकी मानसिक शांति व एकाग्रता भंग कर देते हैं। इस काल्पनिक भय से उबरने में हमें अपनी काफी ऊर्जा खर्च करनी पड़ती है।

आपके दिमाग में जो कुछ भी चल रहा हो उसे मुख से बोलें या कागज पर लिख लें। थोड़े ही अभ्यास से आपको सकारात्मक विचारों की आदत पड़ जाएगी। सड़क पर चलते समय या गाड़ी चलाते समय आप अपने उन्हीं विचारों को रिकॉर्ड करके सुन सकते हैं। इस तरह आप अपने जीवन में एक आश्चर्यजनक बदलाव पाएंगे।

विनाशात्मक शब्दों को भूलकर अपने बारे में अच्छी कल्पना करें तथा हीन भावना से बचें। कभी भी अपने काम को नीचा या छोटा न समझें। उत्साहहीन शब्दों के प्रयोग से आप अपना ही नुकसान कर बैठते हैं। थोड़ा-सा ध्यान देने पर आप समझ जाएंगे कि आपके अपने शब्द ही बैरी हैं। ज्यों ही इनका प्रवाह शुरू हो, इन्हें वहीं रोक दें, आपको अपने जीवन में सकारात्मक प्रभाव स्पष्ट रूप से दिखाई देगा। यह कोई मुश्किल काम नहीं है। आप बड़ी आसानी से अपने-आपको आज्ञा दे सकते हैं–रुको! आपका यह स्वर सुनते ही दिमाग में चल रहे नकारात्मक विचारों का प्रवाह थम जाएगा।

संभावित असफलताओं पर विचार करने की बजाय दिन में घटी छोटी छोटी अच्छी बातें याद करें। याद करें कि किस तरह आप खुल कर हंसे और रात को मीठी नींद ली। आने वाले समय के लिए भी सकारात्मक बातें ही सोचें। बाइबिल में भी लिखा है–

"जो भी आदर देने योग्य है...प्रिय है...गरिमामयी है...उन्हीं बातों के बारे में सोचें।"

जब भी आपका उत्साह मंद होने लगे तो कुछ नया और अच्छा सोचने की कोशिश करें ताकि खराब मूड आप पर हावी न हो जाए। एक युवा व्यक्ति कितना ही थका क्यों न हो, अपनी मंगेतर से रात के भोजन की दावत पाकर सारी थकान भूल जाता है। दृश्य में आने वाला बदलाव ताजगी का संदेशा लाता है।

बिना वजह यहां-वहां टहल कर भी आप परेशानियों से अपना दिमाग हटा सकते हैं। मैं सप्ताह में एक बार बस मौज-मस्ती के लिए विंडो शॉपिंग जरूर करता हूं। इस शॉपिंग में खरीददारी जरूरी नहीं है। आप भी यह तरीका आजमाएं, फर्क पता चल जाएगा। तनावग्रस्त मानसिकता से निकलकर सक्रिय कार्य-क्षेत्र में आने का अभ्यास करें। उदाहरण के तौर पर मुझे ट्रैफिक जाम में फंसने से नफरत है। घने ट्रैफिक के बीच जब मेरा ड्राइवर वाहनों के बीच जगह बनाने की कोशिश करता है तो मैं अपना पूरा ध्यान कोई पुस्तक पढ़ने में लगा देता हूं। इस तरह मैं उस समय होने वाली उत्तेजना से भी बच जाता हूं और समय का सदुपयोग कर लेता हूं।

अगर आपको लगता है कि आपकोई काम कर सकते हैं तो निश्चय ही आप उसे करने की कोशिश करेंगे। आशावादी भावनाएं आपके लगातार प्रयत्न

करने की प्रेरणा देंगी। ऐसा कभी न सोचें कि कोशिश करने से कोई फायदा नहीं होगा। उस समय उन उपलब्धियों को दोहराएं जिन्हें आपने अपने बलबूते पर पाया। अपने-आपको यकीन दिलाएं कि वे आप ही थे जिसने वह सब कुछ पाया। आप पाएंगे कि इस सोच ने आपके जीवन पर एक जादुई प्रभाव डाला है। सदा यही विश्वास रखें कि आप अपने लक्ष्य तक पहुंच सकते हैं। कवि जॉन मिल्टन के शब्दों में–"दिमाग ही...स्वर्ग को नर्क और नर्क को स्वर्ग बना सकता है।" अगर आप अच्छा व सकारात्मक चिंतन करेंगे तो परिणाम भी अच्छे व सकारात्मक ही होंगे।

नॉरमन विन्सेंट ने कहा है, "अपने ऊपर भरोसा रखो! अपनी योग्यताओं पर भरोसा रखो! अपनी शक्तियों में पूरा विश्वास रखे बिना आप सफलता या प्रसन्नता नहीं पा सकते।" हम वही बन जाते हैं जो हम सदा अपने बारे में सोचते हैं। सुबह-सुबह आप कुछ मिनटों में जो सोचते हैं, उसका असर पूरे दिन पर दिखाई देता है इसलिए दिन की अच्छी शुरुआत होना बहुत जरूरी है।

दिन की शुरुआत अच्छी हो

प्रतिदिन सुबह 20 मिनट अपने साथ बिताने के लिए निकालें। शांत भाव से बैठकर सोचें कि आप अपने लक्ष्य तक पहुंचने के लिए आज क्या-क्या करने वाले हैं। सुबह जल्दी उठने की कोशिश करें। सभी सफल पुरुष व महिलाएं भी इसी प्रक्रिया में विश्वास रखते हैं। दिन का पहला घंटा पूरे दिन का मिजाज निश्चित करता है। इस पहले घंटे में होने वाले कामों का असर पूरे दिन पर पड़ता है। अगर आवश्यक लगे तो दोपहर को भी आप अपने लक्ष्यों के विषय में थोड़ा चिंतन कर सकते हैं। यह सुनहरा घंटा आपके जीवन में बहुत महत्त्व रखता है। इसके सही इस्तेमाल से आप उत्पादक परिणाम पा सकते हैं। इस दौरान काम करने के बेहतर तरीकों पर विचार करें। जांच करें कि कहीं आप गलत तरीका तो इस्तेमाल नहीं कर रहे। अतीत में हुई भूलों से मिले पाठों को भी मन-ही-मन दोहरा लें ताकि दोबारा गलती की गुंजाइश न रहे।

प्रतिदिन अपने लक्ष्य की कल्पना करें

प्रतिदिन अपनी कल्पना में लक्ष्य को वास्तविक होते हुए देखें। आंखें बंद करें, होठों पर मुस्कान लाएं और सोचें कि आपने अपना लक्ष्य पा लिया है। प्रतिदिन

अपने लक्ष्य को 'वर्तमान काल' में लिखें; जैसे–

–मैं इस ओहदे पर आ गया हूं।
–मैं इतना धन कमाने लगा हूं।
–मेरा वजन घट कर--इतने पौंड हो गया है।

यह सफलता पाने का एक अचूक तरीका है। अपने भीतर पक्का आत्मविश्वास पैदा करें और सोच लें कि आपको कोई भी लक्ष्य तक पहुंचने से नहीं रोक सकता। सब कुछ आपकी विचार–शक्ति पर निर्भर करता है। अगर आपका अपनी सफलता में पूरा विश्वास व आस्था है तो यह आपकी होकर रहेगी। सफलता की यही कल्पना हमें सकारात्मक रवैया देती है। सफलता की राह में ऐसी छोटी–छोटी बातें भी महत्त्व रखती हैं। छोटी–छोटी साधारण सफलताओं से मिलकर ही असाधारण सफलता की भूमिका तैयार होती है।

आपके लिए सबसे बड़ा काम यही है कि आप एकाग्र होकर अपने लक्ष्य के बारे में सोचें। ऐसा होने पर आकर्षण के नियमानुसार वे सब लोग, घटनाएं, अवसर व परिस्थितियां भी आपकी ओर आकर्षित होंगी, जो आपकी सफलता प्राप्ति में सहायक हो सकती हैं।

अपनी इस विचारधारा को स्पष्ट रखें। आर्थिक रूप से स्वतंत्र होने की कोशिश करें। क्योंकि वित्तीय सफलता जीवन में बहुत मायने रखती है। हमेशा कुछ नया सीखें और सुधार करने से पीछे न हटें। आपके प्रयत्न ऐसे हों जो उत्पादकता को दुगना कर दें। यह तभी संभव हो सकता है जब आप पक्के तौर पर तय कर लें कि आप जिंदगी से क्या चाहते हैं? एक बार अगर आपने अपनी सोच व अपने पर सफलता पा ली तो आप विचारों व अवसरों का केंद्र-बिंदु बन जाएंगे और धनी हो जाएंगे।

यह तरीका बहुत लोगों ने आजमाया है। अगर आप भी इसे, इसी क्षण से अपना लें तो यह आपके लिए भी कारगर हो सकता है। अपने सपनों व उद्देश्यों को पूरा होता मानकर, उनके बारे में बात करें। प्रतिदिन सुबह अपने पूरे दिन की योजना बनाने की आदत डालें। सुबह–सुबह अपना लक्ष्य याद करें। इससे पूरे दिन की योजना बनाने में सहायता मिलती है।

अपने काम करने के तरीकों में लगातार सुधार की गुंजाइश रहे अस्थायी

रूप से सामने आने वाली रुकावटों से घबराकर अपनी सकारात्मक सोच का दामन न छोड़ें।

दृढ़ आग्रही बनें

अक्सर लोग शिकायत करते हैं कि वे कोई भी तकनीक, दर्शन या तरीका अपना कर भी वो सब प्राप्त नहीं कर पाते, जो वे जीवन से पाना चाहते हैं। यहां मैं बताना चाहूंगा कि कुछ आसान-सी बातें ध्यान में रखकर वे इस परेशानी का हल पा सकते हैं। इन तरीकों से आपके जीवन में नाटकीय सुधार आ सकता है।

सफलता सदा अपने भीतर से आती है। अगर आप निराशा व कुंठा से घिरे हैं और परेशान हैं तो अब जीवन में कुछ नया करने का उचित समय आ गया है। आपको स्वयं ही पता लगाना होगा कि संबंधों में छिपी स्नेह की धारा व प्रसन्नता आपके पास क्यों नहीं है। गुस्सा, कुंठा, थकान व तनाव से घिरे जीवन में हम काम तो बहुत करते हैं पर सही समय पर नहीं कर पाते।

जब हम अपने दुखों का मूल कारण जान जाते हैं तो उन्हें सुधारने में अधिक समय नहीं लगता। जो लोग अक्सर अवसरों की तलाश में मारे-मारे फिरते हैं परंतु फिर भी हाथ कुछ नहीं आता, उन्हें निम्न बातों पर ध्यान देना चाहिए–

स्वास्थ्य व ऊर्जा का स्तर

मेरे एक मित्र ने मुझे बताया कि पिछले बीस वर्ष से बढ़िया आहार, व्यायाम, चिकित्सा व पोषण के बावजूद वह अपने भीतर थकान महसूस करता है। वह दफ्तर से घर पहुंचते ही सीधा बिस्तर पर लेट जाता है। उसे कब्ज, गले व पाचन-तंत्र की परेशानी रहती है। परंतु अब उसके पास शाम के समय ऊर्जा का भरपूर भंडार रहता है। उसका रहस्य अब आप भी जानें–

आपके शरीर में क्या घट रहा है, आप क्या सोचते हैं, महसूस करते हैं व सीखते हैं, यह सब बहुत महत्त्व रखता है। आपके भीतर चलने वाली गतिविधियां, बाह्य चलने वाली गतिविधियों से ज्यादा महत्त्वपूर्ण हैं। अपने-आपसे ही पूछें कि आप जीवन से क्या चाहते हैं? अधिक धन, अच्छी नौकरी, नया

घर, नई कार और अच्छे संबंध, आत्मविश्वास, प्रसन्नता व प्रेम आदि उत्तर मिल सकते हैं। बेहतर नौकरी, संबंधों, धन व स्वास्थ्य के लिए आपको जीवन में थोड़ा बदलाव लाना होगा। इसका आपके भीतरी मनोभावों से भी गहरा संबंध है। दिमाग ही हमारे जीवन का कर्ता-धर्ता है। यही निश्चित करता है कि हमारा जीवन सही ढर्रे पर चल रहा है या नहीं। यह हमारे शरीर का अविभाजित अंग है। यह अप्रत्यक्ष रूप से हमारे उद्देश्यों की पूर्ति के लिए दिन के चौबीस घंटे और सप्ताह के सातों दिन लगातार काम करता है।

हमारा दिमाग उन सभी परियोजनाओं के लिए सहायता संकेत भेजता रहता है जिन पर हम काम करते हैं। यह उन लोगों की मानसिकता पर भी पूरा ध्यान देता है जो आपके लिए बेहतर अवसर पैदा कर सकते हैं। यह हमारे व्यक्तित्त्व के अवचेतन भाग को भी संदेश देता रहता है। दिमाग ही लक्ष्य प्राप्त करने में सबसे बड़ा सहायक हो सकता है। इसकी मदद से आप वैसा ही जीवन जी सकते हैं, जैसा आप जीना चाहते हैं। चाय की पत्तियां और गर्म पानी अपने-आपमें अलग हैं पर इनके मेल से कितनी बढ़िया चाय तैयार होती है। ठीक इसी तरह अगर आप भी अपने बाहरी प्रयासों का दिमाग से और इसकी दिशा का भीतरी संसार से मेल कर दें तो आश्चर्यजनक परिणाम पा सकते हैं।

आधुनिक युग में हमारे पास मोबाइल फोन, फैक्स, इंटरनेट, टी.वी. व सैटेलाइट आदि साधन हैं जिनके माध्यम से हम कहीं भी अपने विचारों व प्रतिक्रियाओं का संप्रेषण कर सकते हैं। इनके अभाव में हमें संप्रेषण के अन्य साधन तलाशने होंगे। जिस समय यह पृथ्वी बनी, यहां एक अदृश्य संप्रेषण जाल फैला हुआ था जो सभी जीवित प्राणियों को अवचेतन स्तर पर जोड़ता था। उदाहरण के तौर पर कोई बुरी घटना घटने से पहले पूरे परिवार को उसकी आशंका पहले ही केसे हो जाती है। कई बार हमारे साथ भी ऐसा होता है। हम जो सोचते हैं, वही घट जाता है या फोन उठाए बिना जान जाते हैं कि फोन किसका होगा।

इन अनुभवों से पता चलता है कि हम भी जाने अनजाने इसी अप्रत्यक्ष जाल का एक हिस्सा है। अक्सर संदेशों के आदान-प्रदान की इस प्रक्रिया पर हमारा कोई नियंत्रण नहीं होता। अवचेतन स्तर पर ही संदेश आते-जाते रहते हैं। लोग हमारे संदेश पर प्रतिक्रिया व्यक्त करते हैं और हम उन पर प्रतिक्रिया व्यक्त करते हैं।

इस वास्तविक संसार की तरह ही हम अवचेतन स्तर पर उनसे चर्चा करते हैं और बातचीत करते हैं। यहां आपको यह भी पता होना चाहिए कि अवचेतन मस्तिष्क में चल रहा यह संप्रेषण हमारे जीवन के हर पहलू को प्रभावित करता है। अपने परिणामों को सकारात्मक रूप देने के लिए आपको अवचेतन की इस संप्रेषण प्रक्रिया को सकारात्मक रूप देने के लिए आपको अवचेतन की इस संप्रेषण प्रक्रिया को सकारात्मक बनाना होगा चाहे आप चेतन स्तर पर जो भी करें, जीवन में कुछ भी चाहें, आपके अवचेतन मस्तिष्क तक सकारात्मक व उत्साहजनक विचार ही पहुंचने चाहिए।

यहां आपको यह जान लेना चाहिए कि अगर दिमाग हस्तक्षेप न करे तो अवचेतन संप्रेषण जिस व्यक्ति तक पहुंचता है, वह उसे उसी रूप में स्वीकार कर लेता है। अब आपको ही अपनी सफलता के लिए कमर कसनी होगी। सफलता के विचार को सच्चे हृदय से अपनाएं, यह आपको मिलकर रहेगी।

सफलता की तीव्र अभिलाषा

लोग अपने ही दिमाग में पल रहे शक के कारण अपना मनचाहा काम प्राप्त नहीं कर पाते। हम अक्सर किसी भी काम को शुरू करने से पहले सोचने लगते हैं–'पता नहीं काम होगा अथवा नहीं' मस्तिष्क इस दुविधा को गंभीरता से ले लेता है और हमारी इच्छा पूरी नहीं होने देता।

कई बार हमें यही स्पष्ट नहीं होता कि हम चाहते क्या हैं? सबसे पहले तो आप यह जानें कि आपको जीवन से क्या चाहिए–नौकरी, मित्र, परिवार व सहकर्मी। आपके विचार में ज्यादा खुशी केसे मिलेगी–धन से या काम से मिलने वाली संतुष्टि से?

इसी दौरान आपको पता लगेगा कि जीवन में आप जो चाहते हैं, वह आपको मिलने लगा है। शक या दुविधा के बिना जब हम अपने बारे में पूरी तरह स्पष्ट हो जाते हैं तो सब कुछ स्वयं ही आकार लेने लगता है। ऐसे असंभव आदर्शों को अपनाने की इच्छा न रखें जिन्हें आप चाहकर भी अपना नहीं सकते। आपकी यही नकारात्मकता उसी समय अवचेतन ग्रहण कर लेगा और आपके काम का न होना पूरी तरह तय हो जाएगा।

अपने-आपसे संवाद करें ताकि उन सब नकारात्मक हालातों को जीवन से बाहर निकाला जा सके, जिन्हें आप अपने लिए नहीं चाहते।

कभी भी अपने बारे में ऐसे वाक्य न कहें–

–मैं तो मूर्ख हूं।

–मुझे जीवन में कुछ नहीं मिल सकता।

ऐसे संदेश आपके जीवन पर बुरा प्रभाव डालते हैं। एक ही गलती को बार-बार दोहराना भी बहुत बड़ी गलती होती है। जैसे–एक ही बोझिल काम को बार-बार करना, निजी व व्यावसायिक संबंधों में बुरा व्यवहार सहन करना, एक जैसे हालात में बार-बार नुकसान उठाना। ऐसा तभी होता है जब आपको लगता है कि कुछ भी बेहतर हो ही नहीं सकता। आप अपने नकारात्मक अवचेतन संदेशों को ग्रहण करते रहते हैं। आपके जीवन में जो भी घटता है, वह आपके अवचेतन मस्तिष्क में चल रहे विचारों का ही फल होता है। आप अपने-आपको सकारात्मक विचारों से भरपूर रखें ताकि वही उन लोगों तक पहुंचे जो आपके सहायक हो सकते हैं।

दिमाग को उचित तरह के संदेश प्रसारित करके आप कुंठा व भ्रम का नाश कर सकते हैं। इस तकनीक को अपना कर आप किसी भी मुद्दे पर चिंता करने की बजाय उससे अगले काम के बारे में सोचने लगेंगे। इस तरह आपकी प्राप्ति की भी सीमा नहीं रहेगी।

इस तरह आपके जीवन में प्रसन्नता व संतुष्टि का स्तर ऊंचा उठेगा और भय व तनाव की मात्रा घट जाएगी। आप अपने अतीत को भुलाकर एक नए जीवन में प्रवेश करेंगे। तब आप स्वयं ही अंतर कर पाएंगे कि आप क्या पाने की सोचते हैं, वास्तव में क्या चाहते हैं।

अपने घर व जीवन को व्यवस्थित करें

एक ही कमरे को अपनी पूरी संतुष्टि मिलने तक व्यवस्थित करें। रहने या काम करने का स्थान साफ-सुथरा हो तो इससे कार्य-क्षमता भी प्रभावित होती है। इस तकनीक में सबसे पहले घर के उस बदसूरत कोने को लें जिसकी आप लगातार उपेक्षा करते आ रहे थे। इस हिस्से की बहुत अच्छी तरह साफ-सफाई करके सारा कबाड़ निकाल दें। घर के जरूरी कागज या बैंक आदि के जरूरी दस्तावेजों को संभालना भी जरूरी है। मैं इन्हें रखने के लिए पारदर्शी फोल्डर इस्तेमाल करता हूं ताकि पेपर खोजने में आसानी रहे। जिन कागजों की जरूरत बार-बार पड़ती हो, उन्हें आसपास ही रखें। काम को बेहतर तरीके से करने

के लिए हर वस्तु सही जगह पर रखें। इस तरह जरूरत का सामान आसानी से हाथ आ जाएगा।

परिवार/मित्र व साथियों को याद रखें

हमारे देश में दीपावली, नववर्ष, क्रिसमस या राखी आदि त्योहारों पर उपहार देने की परंपरा रही है। हमारा परिवार/मित्र व सहयोगी सदा हमें अपना सहयोग देते हैं। बेहतर होगा कि आप ऐसे खास लोगों की सूची बना लें जिन्हें आप आभार जताने के लिए उपहार देना चाहते हैं। इस सूची में आप बेहिचक अपने समाचारपत्र देने वाले या नल ठीक करने वाले मिस्त्री को भी शामिल कर सकते हैं।

अपने उपहार या शुभकामना संदेश के माध्यम से उन लोगों के लिए कुछ खास करें। इससे आपकी सराहना होगी। बेहतर होगा कि आप जीवन के इन खास लोगों के जन्मदिन, विवाह की वर्षगांठ तथा अन्य खास घटनाएं किसी एक केलेंडर पर अंकित करके रख लें ताकि आप पहले ही जान जाएं कि किस समारोह में आपकी हाजिरी जरूरी होगी।

अच्छे स्वास्थ्य से जुड़ी आदतों को बीच में ही न छोड़ें। चहलकदमी, दौड़, स्कीईंग, बास्केट-बॉल या तैराकी आदि का अभ्यास आपकी फिटनेस बनाए रखेगा। पढ़ने की आदत अपनाएं। यह आपको एक नई अनजान दुनिया की सैर पर ले जाएगी। महान लोगों की जीवनियां व आत्मकथाएं आपको प्रेरणा देंगी। अपने मित्रों से स्थायी संपर्क बनाए रखने के लिए समय-समय पर उनका ई-मेल पता, फोन नंबर व घर का पता मिलाते रहें।

एक सूची ऐसे लोगों की बनाएं जिन्होंने आपकी सहायता की हो, उन्हें साल में एक बार तोहफा भेजें या शुभकामना संदेश दें। मैं स्वयं वर्ष में एक बार ऐसे लोगों के लिए दावत रखता हूं जिन्होंने किसी-न-किसी रूप में मेरी सहायता की हो।

अपने लिए समय निकालें

लोग प्रायः कहते हैं–''मेरे पास अपने लिए समय ही नहीं है।'' वे अपने परिवार व स्वास्थ्य को प्राथमिकता मानने के बावजूद उसके लिए समय नहीं

निकाल पाते। उनके जीवन की व्यस्तताएं कभी खत्म ही नहीं होतीं। इस तरह वे स्वयं को जीवन की सभी अच्छाइयों से दूर कर देते हैं।

आपको अपने लिए व परिवार के लिए पूरा समय देना चाहिए। अगर कोई आपके उस समय में बाधा दे तो उसे हंस कर स्पष्ट रूप से समझा दें कि वह समय आपके परिवार के लिए है। यह वास्तविकता है कि आप दूसरों के कुछ कामों को न किए बिना अपने व परिवार के लिए समय निकाल ही नहीं सकते। इस तरह के निजी समय के लिए आपको दूसरों को निराश करना ही पड़ेगा। ऐसे लोग आपके समय को अपना समझते हैं। अगर आप अपना जीवन अपनी शर्तों पर जीना चाहते हैं तो इसमें अपराध-बोध केसा? आपको अपने इस व्यवहार के लिए शर्मिंदा होने की कोई जरूरत नहीं है। आप दूसरों की इच्छाओं के गुलाम नहीं हैं। आपको अपना समय, मानसिक शांति व वचन निभाने के लिए सीमा तय करनी ही होगी।

कोई भी खास करते समय आप टेलीफोन की घंटी का स्वर बंद कर सकते हैं। दिन में केवल एक या दो बार अपनी वॉइस-मेल या ई-मेल जांच सकते हैं। आप लोगों को बता सकते हैं कि आप उनके फोन का उत्तर 24 घंटे में देने की बजाय 4 से 7 दिन का समय ले सकते हैं।

हर किसी को प्रसन्न रखना आपके बस में नहीं है इसलिए ऐसी कोई कोशिश न करें। हर काम को पूर्णता की हद तक करना भी कठिन होता है। केवल 'गुड गर्ल' या 'गुड ब्वाय' कहलाने के लालच में अपने जीवन की खुशियां दांव पर न लगाएं। जब हम जीवन में कुछ नया जोड़ते हैं तो यह जरूरी हो जाता है कि जो पुराना और व्यर्थ हो, उसे निकाल फेंकें। ऐसे लोगों से निबटने का साहस बटोरें, जो आपकी ऊर्जा का क्षय करते हैं या आपके जीवन में कड़वाहट घोलते हैं। किसी भी काम को यूं ही करने से पहले अपनी प्राथमिकता तय करें और अविलंब उस काम को करें।

कड़ी मेहनत करें

निम्न उपायों से आप अपनी व्यावसायिक कार्यक्षमता में सुधार ला सकते हैं–

(1) अपनी मेज पर आने वाले कागज के टुकड़े का एक ही बार इस्तेमाल करें। उसका शीघ्र ही उत्तर दे दें, फाइल में लगाएं, दूसरे को भेजें या फिर रद्दी की टोकरी के हवाले कर दें। अगर

संभालना चाहें तो उसी समय फोल्डर में डालें।

(2) तीन सप्ताह पुरानी पत्रिकाएं व पत्र कबाड़ी वाले को बेच दें या फेंक दें। अगर आपका फोन 'वाइस-मेल' पर है तो सुनते समय बेकार कॉल बीच में से निकाल दें ताकि आपको दोबारा वे सब संदेश न सुनने पड़ें। अगर आपके पास ई-मेल आती है तो उसे पढ़ें और जवाब दें। काम की हो तो प्रिंटआउट निकालकर फाइल में लगाएं और उसे 'इनबॉक्स' से हटा दें। अपने मेज की दराज में शू पॉलिश, सुई-धागा और ग्रीटिंग कार्ड जैसी कुछ काम की चीजें रखी जा सकती हैं। हो सकता है जरूरी मीटिंग पर जाने से पहले अचानक आपको याद आ जाए कि उस दिन तो किसी का जन्मदिन या विवाह की वर्षगांठ है।

जब कुछ काम न आए

जब भी हम सपनों को पूरा करने की दिशा में प्रयत्न करते हैं तो नई से नई परेशानियां हमें घेर लेती हैं। जब उनसे बच निकलने का कोई उपाय न सूझे तो निम्न सुझावों पर अमल करें-

सकारात्मक सोच व विश्वास बनाए रखें–सफलता की राह इतनी सीधी व आसान नहीं होती। इस पर अनेक चुनौतियों व परेशानियों का सामना करना पड़ता है परंतु थोड़ी-सी कोशिश से आप इन पर विजय पा सकते हैं। सकारात्मक चिंतन आपको लक्ष्य तक पहुंचने के लिए प्रेरित करता है।

जो काम न आए, उसे बदल दें–हम सब जानते हैं कि अगर हम जान जाएं कि क्या गलत है तो हम उसे आसानी से हटा सकते हैं परंतु चाहते हुए भी स्थितियों का विश्लेषण नहीं कर पाते। जब कोई समस्या बड़ी हो जाए तो अपने लक्ष्य, उसके मार्ग, प्राथमिकताओं व कार्य-शैली में आने वाले बदलाव का निरीक्षण करें। जांच करें कि कहीं आप बहुत सारे काम एक साथ करने के प्रयास में ऊर्जा का अपव्यय तो नहीं कर रहे? क्या आपको किसी विशेषज्ञ की राय की जरूरत पड़ेगी?

कई बार ऐसा होता है कि समस्या का हल दूसरों के पास मिलता है। ऐसे में उनकी सहायता लेने में संकोच नहीं करना चाहिए। हमें मान लेना चाहिए कि इस दुनिया में हमसे बुद्धिमान और निपुण व्यक्ति हैं जो हमें सहायता दे

सकते हैं। वैसे भी हर कोई व्यक्ति किसी-न-किसी क्षेत्र में निपुण होता है। उनकी सेवाएं लेकर आगे बढ़ने में कोई हर्ज नहीं है। कुछ न करने की बजाय कुछ भी करना कहीं बेहतर होता है।

चाहे आपको इस बात का अंदाजा न हो कि आपको क्या करना चाहिए, उसके बावजूद कुछ-न-कुछ करते रहें क्योंकि कई बार आपका मन भी सच्चे मार्ग दर्शक की तरह राह दिखाता है। अगर आपको लगे कि आप गलत दिशा में जा रहे हैं तो अपनी योजना बदलने में देर न लगाएं। समय-समय पर अपनी प्रगति का विश्लेषण करते रहें। अक्सर लोग बड़ी परेशानी को हल करने की बजाय टालने की कोशिश करते हैं। यह किसी भी समस्या को हल करने का सबसे गलत तरीका है। ऐसी दशा में आपको कड़ी मेहनत व लगन का प्रदर्शन करते हुए समस्या का हल तलाशना चाहिए।

संसार में हर आदमी अपने किए जाने वाले कामों के बदले सफलता व प्रसन्नता चाहता है। सफलता (Success) शब्द लैटिन भाषा के शब्द से निकला है, जिसका अर्थ है (to follow) पीछा करना। यह भविष्य की ओर संकेत करता है। अगर आप तय नहीं कर पाते कि आपकी मंजिल कौन-सी है और आपको कहां जाना है तो शायद आप वहां न पहुंच सकें। यह उसी अनाड़ी तैराक की तरह होगा जो छोटे से तरणताल में तैरता रहता है। किसी भी तरह का लक्ष्य होना जरूरी है ताकि आप उस स्थान तक पहुंच सकें जहां सफलता मिलने की संभावना है। आप किसी ऐसे व्यक्ति को अपनी बात नहीं समझा सकते, जो आप पर भरोसा ही नहीं रखता। आप किसी ऐसे व्यक्ति की मदद नहीं कर सकते जो आपकी सहायता लेना ही नहीं चाहता।

सफलता प्राप्त करने के लिए कोई बंधा-बंधाया फार्मूला नहीं दिया जा सकता। वैसे प्राचीन समय से ही सफलता पाने के लिए निम्न परामर्श दिए जाते रहे हैं। अगर आप भी उन्हें अपनाएं तो हो सकता है आपके लिए सफलता रूपी किले के बंद द्वार खुल जाएं।

सपने देखने से न डरें, विश्वास रखें कि आप हर कीमत पर उन्हें पूरा कर सकते हैं। निराशावादी भावनाओं को अपने ऊपर हावी न होने दें। ऐसे सपने देखें जिन्हें आप जिंदगी की हकीकत में बदल सकें। अपने भीतर के जोश व उत्साह को ठंडा न पड़ने दें। अपनी महत्त्वाकांक्षा को ऊंची उड़ान भरने दें, ऊंची सोच रखें। याद रहे कि हर अच्छी बात मनुष्य के दिल व दिमाग

में ही पैदा होती है। हर बड़ी उपलब्धि का मूल किसी-न-किसी व्यक्ति के दिमाग में ही होता है। ऊंचा सोचें और कड़ी मेहनत करें। सफल व्यक्तियों की गिनती में आने वाले लोग कभी मेहनत से नहीं घबराते। जब सारी दुनिया मग्न भाव से टी.वी. देखती है या होटलों में दावत उड़ाती है तो वे अपने लक्ष्य की ओर तेजी से बढ़ रहे होते हैं।

छोटी हो या बड़ी, हर उपलब्धि आपकी सफलता में योगदान देती है छोटे-छोटे काम, लंबे समय के दौरान बड़ा असर पैदा कर देते हैं। अगर आप प्रतिदिन अपने सपने को साकार करने की कोशिश करें तो इसे पूरा होने से कोई नहीं रोक सकता। कड़ी मेहनत का कोई विकल्प नहीं होता। याद रखें, लियो टॉलस्टॉय का प्रसिद्ध उपन्यास 'वार एंड पीस' पृष्ठ-दर-पृष्ठ हाथों से ही लिखा गया था। अपने-आपको समय-समय पर प्रोत्साहन देते रहें। सपने अवश्य देखें पर वे व्यावहारिक होने चाहिए, जैसे कोई हृदय रोगी ओलंपिक दौड़ में जीतना चाहे या गठिया का मरीज मैराथन दौड़ में जीतना चाहे तो उनका यह सपना पूरा नहीं हो सकता। यद्यपि एक पढ़ा-लिखा गुणी व्यक्ति करोड़पति बनना चाहे तो यह सपना आसानी से पूरा हो सकता है।

हर सपने के पीछे एक तयशुदा योजना होनी चाहिए। कोई भी सपना अचानक पूरा नहीं होता। इसके लिए आपको प्रतिदिन नियमित रूप से परिश्रम करना होगा। किसी बड़े काम को पूरा करने के लिए उसकी योजना को छोटे-छोटे हिस्सों में बांट लें। दूसरों की मदद करें, इसी प्रक्रिया में आपकी निपुणता में निखार व सुधार होगा। यह एक तरीके से अपने-आपको सुधारने की विधि है।

दूसरे लोगों से व्यक्तित्त्व विकास जैसे मुद्दों पर बातचीत करना भी फायदेमंद हो सकता है। इसी दौरान उसे अपनी योग्यताओं व क्षमताओं का परिचय मिलता है। हर व्यक्ति में सफलता का अथाह भंडार छिपा है परंतु दुर्भाग्यवश वे आलसी, आत्मकेंद्रित, स्वार्थी व निराशावादी व्यक्तियों की संगति में पड़ जाते हैं।

यद्यपि आप मनचाही सफलता पा सकते हैं परंतु इसके लिए आपको अपने-आपको अच्छी तरह अभिव्यक्त करना सीखना होगा व अपनी रचनात्मकता को बढ़ावा देना होगा ताकि आप वास्तविक परिस्थितियों के साथ पूरा तालमेल बिठा सकें। आपको एक सच्चे जिज्ञासु की तरह सफलता से जुड़ी उन सभी

बातों को जान लेना चाहिए जो किसी-न-किसी रूप में सहायक हो सकती हैं। 'मैटिज' ने सफलता की परिभाषा निम्न रूप में दी है-

—दिशा का ज्ञान

—गहरी समझ

—साहस

—दान

—प्रतिष्ठा

—आत्मविश्वास

—आत्मस्वीकृति

सदा अपने दिमाग को आत्मविश्वास से भरपूर रखें। नकारात्मक विचारों को पास भी न फटकने दें, यह आपकी सारी मेहनत पर पानी फेर सकते हैं। अपनी पठनीय सामग्री का चुनाव सावधानी से करें और सकारात्मक विचारों को ही स्थान दें। यही बौद्धिकता की पहली शर्त है। पता लगाएं कि उन लोगों ने वह सब केसे पाया, जिसे आज आप पाना चाहते हैं। यह जानने के बाद उनका अनुसरण करें।

अगर हम लगातार एक ही बात अपने-आपसे कहते रहें तो हम उस पर विश्वास करने लगते हैं। जितना भी हम अपने-आपसे कहेंगे, उतना ही विश्वास दृढ़ होता जाएगा। अपने सपनों को दूसरों के साथ बांटेंगे तो उन्हें पाने के लिए प्रयासों में और भी तेजी आ जाएगी इसलिए अपने सपनों को उन मित्रों व प्रियजन के साथ बांटें जो आपकी योग्यता में विश्वास रखते हैं और आपका उपहास नहीं करते।

सफलता से जुड़ी आदतें

निम्नलिखित आदतें हम सभी को अपनानी चाहिए। सफल होना चाहते हैं तो मेहनत करना सीखें। अपने रोजमर्रा के कामों की प्राथमिकता तय करें। आप क्या चाहते हैं और आपके पास क्या होना चाहिए, इन दोनों के बीच अंतर करना सीखिए। काम करने के लिए कोई एक निश्चित तरीका अपनाएं। अपने पास एक नोट-बुक या डायरी रखें। हर काम को करने का समय इस प्रकार तय करें कि आप काम के बोझ तले दब न जाएं।

अपने वादे निभाएं—वादा चाहे अपने-आपसे हो या किसी दूसरे से, उसे

अवश्य पूरा करें। जो भी काम पूरा करना हो, उसे पूरा करके ही चैन की सांस लें। अपने-आपको पूरा समर्थन देते हुए आत्मविश्वास बनाए रखें।

चिंतन करें—हर समस्या या परेशानी का हल अवश्य होता है। बेहतर प्रदर्शन के लिए स्वस्थ चिंतन की आदत डालें। बाधाएं आपको लक्ष्य तक पहुंचने से नहीं रोक सकतीं। अगर एक तरीका काम नहीं आया तो दूसरा तरीका काम आ सकता है। धैर्य रखें व रचनात्मक बनें। पहली ही बाधा से घबराकर न बैठ जाएं।

श्रेष्ठता की चुनौती स्वीकारें—हम सभी काम को सहज तरीके से करना चाहते हैं पर कर नहीं पाते। आप वो सब करें, जिसकी इजाजत दिल, दिमाग व आत्मा देती हो। हालात केसे भी हों, प्रसन्न रहने की कोशिश करें वरना आपकी अप्रसन्नता लक्ष्य से भटका देगी। अपने-आपको नई चुनौतियां दें और दायरा बढ़ाएं। लक्ष्य अपने आप ही सामने आ जाएगा।

केंद्रित रहें—सदा अपने-आपको अपने उद्देश्य याद दिलाते रहें। अपनी समय-सीमा की कद्र करें। अपने घर, दफ्तर, टेबल, रसोईघर या जहां भी आप नियमित रूप से देख सकें, लक्ष्य को याद दिलाने वाले वाक्य लिखें। जब भी लगे कि अब कौन-सा महत्त्वपूर्ण काम करने का समय है तो उस समय उन लिखे कार्यों को अवश्य पढ़ें।

व्यावहारिक बनें—सत्य पर अपनी आस्था बनाए रखें। आपकी सफलता आप पर ही निर्भर करती है। इसके घटित होने का इंतजार न करें। आरंभ से अंत तक इस सफलता की पूरी जिम्मेवारी आपकी ही है। अगर कोई परेशानी आती है तो दूसरों को दोष न दें। आपको भूलना नहीं चाहिए कि आपकी सफलता हर तरह से आप से ही संबंध रखती है।

पूरा प्रयास करें—कठोर मेहनत से न घबराएं। लक्ष्य तक पहुंचने के लिए त्याग तो करना ही पड़ता है। परंतु इतना काम भी न करें कि आप निढाल पड़ जाएं यह आपके व आपके लक्ष्य दोनों के लिए नुकसानदायक होगा। अपनी सीमाओं का ध्यान रखें। भूल होने पर आगे बढ़ने के उत्साह में कमी न आए। लगातार प्रयासों से अपनी बुद्धि का संतुलन बनाए रखें।

आनंददायक बनाएं—अपने जीवन की इस यात्रा को आनंददायक बनाएं। जो भी काम करें, पूरी लगन व प्यार से करें। लक्ष्य तक पहुंचने की इस यात्रा में अनेक छोटे-छोटे कदम भरने होंगे इसलिए इसे एक मजेदार खेल में बदल लें।

प्रेरणादायक माहौल में आगे बढ़ते चलें, जीवन का पूरा मजा लें पर लक्ष्य से न भटकें।

सदा सीखते रहें—हमें जान लेना चाहिए कि हमारी सफलता भी सीखने की प्रक्रिया से जुड़ी है। हमारा मिशन यही हो कि हम काम के हर पहलू को समझ लें ताकि उद्देश्य प्राप्त करने में कोई कठिनाई न आए। सबसे बड़ी बात यह है कि आप अपनी भूलों से भयभीत न हों। अपनी भूल स्वीकारने में केसी शर्म? अपनी भूल से सबक लें और निर्भय होकर आगे बढ़ें।

सहायता लेने में संकोच केसा—आपको याद रखना चाहिए कि एक ही व्यक्ति सब कुछ नहीं संभाल सकता। जब भी मदद की जरूरत पड़े, बेहिचक दूसरों की सहायता लें। किसी भी काम को नए सिरे से शुरू करने की बजाय उससे जुड़े लोगों की मदद लेने से समय व ऊर्जा दोनों की बचत होगी।

विश्लेषण करें—जब कोई पद्धति या तरीका कारगर न लगे तो काम को किसी दूसरे तरीके से आरंभ करें। कुछ-कुछ समय बाद अपने काम की प्रगति का जायजा लेते रहें। कहीं ऐसा तो नहीं कि आप लक्ष्य तक पहुंचने की बजाय यहां-वहां भटककर अपनी ऊर्जा व समय नष्ट कर रहे हों इसलिए इस बारे में सावधान रहें। अपनी गलतियों से सबक लेकर, काम में जुट जाएं।

अपने ऊपर भरोसा रखें—अपने ऊपर भरोसा रखें। अगर आप अपनी सफलता में यकीन रखते हैं, तभी वह आपको मिल सकती है। अपने कल्पनालोक में सदा लक्ष्य तक पहुंचने की कल्पना करें। पूरे आत्मविश्वास के साथ मानकर चलें कि आपकी मेहनत एक दिन मंजिल तक जरूर ले जाएगी।

6.

रचनात्मकता के लिए

सेहत से जुड़े लक्ष्य तय करें

अगर हम अभी सेहत व फिटनेस के लिए समय नहीं निकालेंगे तो हमें आगे चलकर बीमारी के इलाज और सेहत में सुधार के लिए समय गंवाना होगा। सेहत एक ऐसी पहलू है, जिसकी प्रायः उपेक्षा की जाती है। जब तक यह हाथ से निकल नहीं जाती, लोग इसकी परवाह नहीं करते। सेहत बिगड़ने पर वे कुछ और साल जीने के लिए कोई भी रकम खर्च करने को तैयार हो जाते हैं। समस्या यह आती है कि हम अच्छा स्वास्थ्य खरीद नहीं पाते क्योंकि यह बाजार में नहीं बिकता। हमें अपने जीवन में सेहत से जुड़े लक्ष्य तय करने की आदत डालनी होगी। इस लक्ष्य को पाने के लिए सेहत-योजना बनानी होगी ताकि हम जान सकें कि किस महीने, किस सप्ताह और किस दिन हमें क्या करना है। सेहत के इन लक्ष्यों का आपकी रोजमर्रा की दिनचर्या में स्थान होना चाहिए ताकि इनका नियमित रूप से पालन हो सकें

कुछ भी पाने के लिए ऊर्जा चाहिए

अधिकतर सफल लोगों में ऊर्जा का उच्च स्तर पाया जाता है। ऊर्जा एक ऐसा ईंधन है जिसके बिना उपलब्धि मिलना कठिन है। ऊर्जा व उपलब्धि के स्तरों में एक सीधा संबंध है। कोई भी ऊर्जा व उत्साह विहीन व्यक्ति जीवन में कुछ नहीं पा सकता। वहीं दूसरी ओर उर्जान्वित, सकारात्मक व आगे बढ़ने के इच्छुक व्यक्ति खुशियां-ही-खुशियां पाते हैं और दौड़ में सबसे आगे रहते हैं। मनुष्य का शरीर भी किसी मशीन की तरह ही है। इसके काम करने व ऊर्जा प्राप्त करने के तरीके में अंतर है। यह कई तरह की बैटरियों से ऊर्जा प्राप्त करता है। रात को हम छः से आठ घंटे की नींद लेकर अपनी शरीर की बैटरी को ऊर्जा प्रदान करते हैं। इस शारीरिक ऊर्जा के अलावा हमें मानसिक व भावनात्मक ऊर्जा की आवश्यकता भी पड़ती है। यह ऊर्जाएं प्रकृति में अलग

होने पर भी एक-दूसरे पर निर्भर करती हैं।

उच्च श्रेणी के प्रदर्शन के लिए तीनों तरह की ऊर्जा होना आवश्यक है। शारीरिक ऊर्जा प्राकृतिक रूप से जीवन के प्रत्येक कार्य का मूल आधार है। आजीविका कमाने के लिए भी हमें इसकी जरूरत पड़ती है। इसकी तुलना में मानसिक व भावनात्मक ऊर्जा का परिश्रम करने वालों से ज्यादा लेन-देन नहीं होता। मेहनत करने के लिए शारीरिक ऊर्जा ही चाहिए परंतु मनुष्य के संपूर्ण विकास के लिए तीनों प्रकार की ऊर्जा काम करती है।

उत्साह का स्त्रोत

भावनात्मक ऊर्जा से प्राप्त जोश व उत्साह मनुष्य को आगे बढ़ने की प्रेरणा देता है। इस ऊर्जा के अभाव में आप प्रेम, प्रसन्नता व आनंद की भावनाओं का अनुभव नहीं कर सकते। भावनात्मक ऊर्जा ही हमारे जीवन को आनंददायक बनाती है। वास्तव में आप जो भी कहते या करते हैं, वह आपकी सकारात्मक या नकारात्मक भावना से ही प्रभावित होता है।

मानसिक या बौद्धिक ऊर्जा निपुणता व मौलिकता की ऊर्जा है। किसी समस्या के समाधान व निर्णय निर्धारण में इसकी आवश्यकता पड़ती है। रिपोर्ट लिखने, प्रस्ताव रखने व विचार-विमर्श करने, दिन व सप्ताह के अनुसार समय का नियोजन करने व नई बातें सीखने के लिए भी मानसिक ऊर्जा चाहिए। यह जीवन की गुणवत्ता में सुधार लाती है। यह हमें आत्मविश्वास कायम रखने, जीवन के प्रत्येक क्षेत्र में लक्ष्य तय करने, तथा सफलता पाने के लिए मानसिक शक्तियों के संचय में सहायता देती है। अपनी ऊर्जा को बचाना सीखें। अक्सर लोग अपने जीवन में कुछ बेहतर नहीं बन पाते क्योंकि वे गलत प्राथमिकताओं पर अपनी शारीरिक व भावनात्मक ऊर्जा व्यय कर देते हैं। तब उनके पास बौद्धिक क्रियाओं के लिए बहुत कम ऊर्जा बचती है। वे नकारात्मक भावनाओं पर ही सारी भावनात्मक ऊर्जा लगा देते हैं। नकारात्मक भावनाएं आग की तरह सारी ऊर्जा को जलाकर राख कर देती हैं, जिससे सकारात्मक व रचनात्मक सोच के लिए ऊर्जा ही नहीं बचती।

केवल पांच मिनट का बेकाबू क्रोध मानसिक व भावनात्मक ऊर्जा नष्ट करने के साथ, अगले दो घंटों के लिए हमारी रूटीन भी बिगाड़ देता है। यह आपका मूड बिगाड़कर उद्देश्य से भटका देता है। हमें लगातार यही प्रयास

करना चाहिए कि हम शांत भाव से जीवन के खास मुद्दों पर पूरी मानसिक व भावनात्मक ऊर्जा का प्रयोग करते हुए काम करते रहें।

बिगड़े हुए हालात पर काबू पाने के लिए हमें उन बातों पर ध्यान देना होगा जो हमें शारीरिक, मानसिक व भावनात्मक स्तर पर थका देती हैं। इस निरीक्षण के बाद उनमें सुधार लाना होगा। सारी ऊर्जा हमें उस ईंधन से प्राप्त होती है जो पोषक आहार से मिलता है, यह हमारी शारीरिक ऊर्जा का ऊंचा स्तर बनाए रखता है। शारीरिक ऊर्जा ही सारी शक्ति का केंद्र है। कठिन निराशा के समय में भी शांत व आशावादी भावनाएं रखकर भावनात्मक ऊर्जा को नष्ट होने से बचाया जा सकता है।

आपके पास जितनी अधिक ऊर्जा होगी, प्रसन्नता व उत्पादकता उतनी ही बढ़ेगी। इस तरह आप जीवन के हर क्षेत्र में अपने लक्ष्य चुन पाएंगे और अपनी निजी विशेषताएं पहचान पाएंगे। आपको अपनी मौलिकता व विचार-क्षमता में निखार महसूस होगा। आप बिना किसी भय के अपनी मंजिल तक जा पहुंचेंगे जिसका सीधा-सा अर्थ होगा पद तथा आय में आशातीत सफलता।

दिन की योजना

एक दिन में आप जितना काम कर सकते हैं, उससे 45 प्रतिशत अधिक योजना बनाएं। आपको पार्किंसन के नियम का लाभ मिलेगा। इसके अनुसार "कोई भी परियोजना अपने लिए तय किए गए समय में अपना फैलाव कर लेती है।" अगर आपको पूरे दिन में एक ही काम करना हो तो उसे करने में पूरा दिन लग जाएगा। अगर एक दिन में दो काम करने हों तो वे दोनों हो जाएंगे। अगर आपको एक दिन में बारह काम करने हों तो, चाहे बारह न सही, नौ काम तो हो ही जाएंगे। बहुत सारा काम हमें केंद्रित रखता है। वास्तव में अधिक काम हमें समय का प्रबंधन सिखाता है। हम काम को ज्यादा रुकावटों के बिना बेहतर तरीके से कर पाते हैं। कहावत भी तो है कि "अगर आपकोई काम करवाना चाहते हैं तो इसे किसी व्यस्त व्यक्ति को सौंप दें।"

प्रदर्शन में सुधार

एक कहावत है कि "एक व्यक्ति उस गाड़ी से तेज नहीं दौड़ सकता, जिसमें वह सवार है।" काम की दशाओं व प्रदर्शन में सुधार लाते समय इस बात को

हमेशा याद रखें। चाहे योजना कितनी भी बढ़िया क्यों न हो, आपका काम कितना ही अच्छा क्यों न हो, अगर यह टीम वर्क है तो सबके प्रयत्नों से ही अंतिम सफलता प्राप्त होगी। प्रदर्शन के मॉडल, डिजाइन व प्रक्रिया से उसके ढांचे की जानकारी मिलती है। किसी भी संस्था का संस्कार ही किए जाने वाले काम की योग्यता का आकलन करता है। किसी भी काम का निरीक्षण करने वाले व्यक्तियों का होना बहुत जरूरी है ताकि संस्था के लक्ष्यों, मूल्यों व मिशन की समय-समय पर पड़ताल होती रहे। अगर इस दिशा में कोई कमी जान पड़े, तो काम करने के नए तरीके व सिद्धांत अपना कर सुधार किया जा सकता है। किसी स्थान का माहौल भी उसकी उपलब्धियों पर अपना प्रभाव डालता है।

किसी समय हमारे देश में समाजवादी सिद्धांतों व राष्ट्रीयकरण का जोर था। आजकल आजादी व निजीकरण आदि बातों पर बल दिया जा रहा है। अब यह बात स्पष्ट हो गई है कि एक ही दिशा में चलने से प्रतिस्पर्धा प्रभावित हो सकती है। जल्द ही पता चल गया कि बाजार इस तरह नहीं चल सकते। जब हालात बिगड़ जाएं तो उन सब बातों पर सख्ती करना जरूरी हो जाता है जो हालात बिगाड़ने के लिए जिम्मेवार हों, चाहे वे संस्थान सरकारी हों अथवा गैर सरकारी।

अब प्रश्न यह उठता है कि इस सबसे तंत्र में क्या व कितना सुधार हुआ और आज हम कहां हैं?

सभी वस्तुओं को सही नजरिए से देखने के लिए कुछ सुझाव दिए जा रहे हैं।

सरकारी व गैर सरकारी संस्थानों में उचित प्रदर्शन पर बल दिया जाना चाहिए। बेहतर होगा कि केरियर को टुकड़ों में बांट दिया जाए। हर हिस्से के लिए हम कुछ विशेषताएं निर्धारित कर दें, यह थोड़ा कठिन अवश्य है परंतु जीवन के हर क्षेत्र में, हर आयु में हमें यह जानना ही चाहिए कि हम किस तरह के व्यक्ति बनना चाहते हैं।

फिर हमें देखना होगा कि उक्त स्तर तक पहुंचने के लिए हम क्या करें। लक्ष्य तक पहुंचने के लिए, उसका पता होना सबसे पहले जरूरी होता है। इसी तरह संस्था में दूसरे व्यक्तियों के केरियर में भी सुधार लाया जा सकता है।

यद्यपि किसी छोटे संस्थान की तुलना में बड़ी संस्था को अपने उद्देश्य व संसाधनों की भी बेहतर जानकारी होनी चाहिए। हमारे अपने केरियर में और

जो हमारे लिए काम करते हैं उनके केरियर में क्या विशेषताएं रहीं, यह जानना किसी संस्था के लिए थोड़ा कठिन हो सकता है। वैसे किसी भी व्यवसाय या नौकरी में आधारभूत व्यावसायिक विशेषताएं और योग्यताएं तो एक-सी ही होती हैं। निजी विशेषताओं में सुधार की लगातार गुंजाइश रहती है ताकि व्यावसायिक लक्ष्यों तक पहुंचने में आसानी रहे।

प्रत्येक व्यक्ति को स्पष्ट रूप से पता होना चाहिए कि उसमें क्या व कितनी योग्यता है तथा वह अपनी संस्था को कितना योगदान दे सकता है। उसे इस बात का ध्यान रखना चाहिए कि उसके हुनर का पूरा इस्तेमाल हो और उसकी कोई भी खासियत छिपी न रहे। यह उसके व संस्था, दोनों के हितों के लिए जरूरी होता है।

ऐसे ही अनेक कारणों की वजह से सरकारें फेल हो जाती है क्योंकि उनका अस्तित्त्व उनके साये में पलने वाले लाखों-करोड़ों छोटे-बड़े संस्थाओं से होता है इसलिए लोग अक्सर कहते हैं कि सरकारी काम किसी का नहीं होता। सरकार किसी भी तरह के लाभ तय करने में कोई मुस्तैदी नहीं दिखाती।

किसी भी व्यक्ति के प्रदर्शन में सुधार के लिए भी कोई गुंजाइश नहीं होती। मेरा अनुभव तो यही कहता है कि जिन लोगों की कहीं जरूरत नहीं होती प्रशिक्षण के लिए भेजे जाते हैं।

कुछ लोग जरूरत से ज्यादा प्रशिक्षण लेकर संस्था के लिए सिरदर्द बन जाते हैं।

प्रदर्शन सुधार के लिए परामर्श, फीडबैक, प्रशिक्षण और नियोजन का होना बहुत जरूरी होता है। प्रदर्शन में सुधार की तकनीक सभी स्थानों पर सभी संस्थानों में कारगर होती है। पर सरकार के लिए इसमें कांफिडेंशियल रिपोर्ट व परफोरमेंस एपरेजल आदि भी होते हैं।

प्रत्येक व्यक्ति किसी-न-किसी उपयोगी उद्देश्य के लिए संस्था से जुड़ता है। संस्था-सुधार का कोई भी तरीका अपना सकती है परंतु यह सैद्धांतिक रूप से स्पष्ट होना चाहिए। जब तक कोई व्यक्ति इसके सभी नियमों को स्पष्ट रूप से जान नहीं पाएगा, वह कुछ नहीं कर सकता।

प्रबंधन को इस विषय में खास तौर पर ध्यान देना चाहिए। हर काम के छोटे से छोटे पहलू पर उसकी नजर होनी चाहिए। एक व्यक्ति का प्रदर्शन उसकी पूरी टीम को प्रभावित करता है। अगर कोई काम ऐसा है जिसे अकेला

व्यक्ति नहीं कर सकता तो सामूहिक कार्य-क्षमता में सुधार का प्रयास करना चाहिए।

लक्ष्यों की प्राप्ति के लिए समय-समय पर प्रदर्शन में सुधार लाने वाली नई तकनीकों को अपनाने के बाद उनकी जांच अवश्य करनी चाहिए ताकि उनकी क्षमता का अनुमान हो सकें यह कठिन अवश्य है किंतु असंभव नहीं है। कोई भी व्यक्ति अपने प्रदर्शन में मनचाहा सुधार कर सकता है।

जीवन में सफलता पाने के लिए हमें अपने सिद्धांतों को बदले बिना, समय के साथ बदलना चाहिए। प्रति सप्ताह हर व्यक्ति अपने काम या व्यवसाय को पूरे पांच-छह दिन का समय देता है। व्यवसाय या काम में सफलता के लिए समय व ऊर्जा लगाता है। यहां यह पूछना आवश्यक हो जाता है कि ऐसा क्यों है? आपके पास अपने किए जाने वाले काम का ठोस कारण होना चाहिए। किसी भी व्यवसाय का उद्देश्य ही उसे करने का कारण होता है। इस उद्देश्य को व्यवसाय के लक्ष्यों व नीतियों के साथ मिलाकर भ्रमित न करें। उद्देश्य दीर्घकालीन होता है जिसे कभी पूरी तरह प्राप्त नहीं किया जा सकता। आपको उसके लिए हमेशा काम करना होगा। अपने उद्देश्य का ज्ञान होना भी छोटी बात नहीं है। सर्वेक्षणों से पता चलता है कि वही व्यवसाय फलते-फूलते हैं जिनके साथ कोई निश्चित उद्देश्य हो। सभी विशाल संस्थाओं का कोई-न-कोई उद्देश्य अवश्य होता है।

व्यवसाय में तरक्की के अलावा देश व समाज को कोई योगदान देना भी उनके उद्देश्य का एक अंग होता है। समाज को नई व उन्नत तकनीकें देकर, मानवता की सेवा करके और प्रेरणादायक काम करके वे अपना उद्देश्य पूरा करते हैं।

किसी भी संगठन को चलाने के लिए कोई-न-कोई प्रेरक शक्ति अवश्य होती है। किसी भी संगठन को जानने के लिए इसका उद्देश्य जानें। यहां आप याद रखें कि आप स्वयं कोई उद्देश्य बनाने नहीं जा रहे। प्रत्येक संस्था के पास पहले से ही उद्देश्य होता है। अपनी संस्था का उद्देश्य जानने के लिए निम्न प्रश्न पूछें-

(1) संस्था का अस्तित्त्व क्यों है?

(2) लोग इसकी सेवाओं व उत्पादों के प्रति केसे आकर्षित हो सकते हैं? क्या इससे लोगों के जीवन-स्तर में सुधार आएगा? क्या वे

अपने जीवन के खास क्षणों में आपकी संस्था के उत्पादों को याद करेंगे?

अपनी संस्था का उद्देश्य जानने के बाद आप उन लोगों को अपना योगदान दे पाएंगे जो संस्था की सेवाएं ले रहे हैं। इस तरह आप ग्राहकों के नजरिए से अपनी सेवाओं में सुधार कर सकते हैं। इस तरह आपके लिए कई नए अवसर भी सामने आ सकते हैं। किसी भी संस्था के अस्तित्त्व का कारण जान लेने के बाद हमें उसके लिए काम करने का लक्ष्य मिल जाता है इसलिए अपनी संस्था के उद्देश्य की जानकारी होना जरूरी है। अगर संस्था के सभी सदस्य इसका उद्देश्य जानते हैं तो वे अधिक प्रेरित व केंद्रित भाव से अपना योगदान दे पाएंगे।

कई बार हमें दूसरों द्वारा दिए गए उपहार परेशानी में डाल देते हैं क्योंकि किसी द्वारा दिए गए उपहार को न बोलना अशिष्ट माना जाता है। हम धन्यवाद देकर उपहार स्वीकार कर लेते हैं परंतु बाद में समझ आता है कि वह हमारे किसी काम का नहीं था। आप अपने परिचितों से इस बारे में निवेदन कर सकते हैं कि आपको किसी भी उत्सव पर उपहार आदि न दिए जाएं क्योंकि आपके पास उन्हें रखने के लिए पर्याप्त स्थान नहीं है। अक्सर हमारे घरों में जरूरत से ज्यादा सामान होता है परंतु कुछ लोगों की मजबूरी होती है कि वे कहीं छुट्टियां बिता कर लौटें तो हमारे लिए कुछ-न-कुछ तोहफा अवश्य लाएं। वे इसे सामाजिक मेल-जोल बढ़ाने का तरीका मानते हैं।

आप बातों-बातों में ऐसे लोगों को जता सकते हैं कि आप किस तरह के उपहार लेना पसंद करते हैं। उपहार के रूप में किसी चिड़ियाघर, फिल्म या थियेटर के टिकट दिए जा सकते हैं। किसी रेस्त्रां के गिफ्ट बाउचर या स्पा आदि की सुविधाएं भी अच्छा विकल्प है।

खाने योग्य पदार्थ, जैसे फलों का टोकरा, शराब की बोतल, केक, बिस्किट व पेस्ट्री आदि भी दिए जा सकते हैं क्योंकि इन्हें खाकर खत्म किया जा सकता है। आपको भी अपने मित्रों व परिवार को ऐसे ही उपहार देने चाहिए जो कबाड़ न बन जाएं। बेहतर होगा कि इस बारे में उनकी राय पूछ लें। मैं बच्चों के जन्मदिन पर उनसे पूछ लेता हूं कि वे क्या उपहार लेना चाहते हैं? अक्सर मैं उन्हें पैसे दे देता हूं ताकि वे मनचाही वस्तु खरीद लें।

इस तरह आप घर की अव्यवस्था को काफी हद तक संभाल सकते हैं।

कलाकार विलियम मोरिस के अनुसार, "आपके घर में कुछ न होने का अर्थ होगा कि आप उपयोगी होने व सुंदर दिखने में विश्वास नहीं रखते।" पूरा वर्ष अच्छी आदतें अपना कर आप एक ऐसे घर में रह सकते हैं जिसमें कम-से-कम बिखराव हो। बेहतर होगा कि आप बच्चों की सहायता से उपहार रखने के लिए अलग कमरा या स्थान बनाएं। उन्हें सिखाएं कि घर की अव्यवस्था उनके लिए भी परेशानी का कारण बन सकती है।

व्यवस्था तथा सार-संभाल

सफलता पाने के लिए संगठन व व्यवस्था का होना जरूरी है, चाहे वह आपके घर की हो अथवा दफ्तर की। इसके लिए आपको लगातार कोशिश करनी होगी। सब कुछ व्यवस्थित करने पर आप अपने भीतर उत्साह व उमंग पाएंगे। एक सुव्यवस्थित जीवन जीने का अपना ही आनंद है। इससे आपके आत्मविश्वास व ऊर्जा में वृद्धि होती है। यह हम पर ही निर्भर करता है कि हम किस तरह घर व कार्य-क्षेत्र के रख रखाव से अच्छे दिन की शुरुआत करें। अगर आपने यह कार्य नियमित रूप से नहीं किया तो यह आप पर हावी हो सकता है। आपको इस प्रक्रिया को सरल व आनंददायक बनाना होगा।

इस काम के लिए पहले से ही योजना बना लें। उन क्षेत्रों की सूची बनाएं, जहां आप साफ-सफाई चाहते हैं। यह करने के बाद कल्पना करें कि आप अपना घर बेचने जा रहे हैं और विक्रेता के लिए इसे साफ-सुथरा बनाना है। घर की साफ-सफेदी करवाएं और रसोईघर की अलमारियां भी साफ करें। अपने सूची को प्राथमिकता के आधार पर बनाएं। यह व्यावहारिक होनी चाहिए। ऐसा न हो कि आप एक ही दिन में पूरे घर का काम करने में जुट जाएं इसलिए तय कर लें कि कौन-से हिस्सों की सफाई पहले करना चाहेंगे। जरा दिमाग लगाएं कि घर के किस हिस्से को देखकर आप चिड़चिड़ा उठते हैं और फिर पक्का करें कि पहले क्या करना होगा।

हर हिस्से की सफाई के लिए समय-सीमा तय करें। सफाई और व्यवस्था की शुरुआत के लिए इन बातों को ध्यान में रखना आवश्यक है। यह सूची आपको याद दिलाती रहेगी कि कौन-कौन से काम करने वाले हैं। समय-सीमा तय होने से आपका काम व्यावसायिक रूप से जल्दी ही सामने आ जाएगा। सफाई करते समय मौसम का भी ध्यान रखें। गर्मी के मौसम में सर्दी के कपड़े

तथा सर्दी के मौसम में गर्मी के कपड़े समेटने पड़ेंगे।

सारे हिस्से को छोटे-छोटे टुकड़ों में बांट लें। इस तरह आपके दिमाग में काम का खाका खिंच जाएगा और आप जल्दी निबटने वाले काम पहले पूरे कर पाएंगे, जैसे आप बेडरूम की सफाई करते समय वहां किताबों की अलमारी, प्रसाधन-कक्ष व अलमारी आदि की अलग-अलग समय पर सफाई कर सकते हैं।

इस काम में अपने परिवार की मदद लें। वे भी सारा सामान व्यवस्थित रूप में रखना सीख लेंगे। उन्हें काम में लगाने के लिए हर कमरे का कोई छोटा-मोटा काम सौंप दें, जैसे कोई म्यूजिक सिस्टम साफ करे तो दूसरा व्यक्ति अलमारी संभाल ले। सबको अपने-अपने कपड़े छांटने व संभालने को कहें। अनफिट और फटे हुए कपड़ों से पीछा छुड़ा लें। ऐसे कपड़े बेच दें या किसी को दान में दे दें। इस तरह आपके पास बहुत-सी जगह खाली हो जाएगी। काम करते समय संगीत लगा लें, काम का मजा दुगना हो जाएगा और थकान भी नहीं होगी। आप आपस में मुकाबला भी कर सकते हैं कि किसने घर से ज्यादा कबाड़ निकाला? फिर इनाम की व्यवस्था भी होनी चाहिए। पूरे घर की व्यवस्था व साफ-सफाई के बाद एक दावत आयोजित करें और परिवार के साथ उसका आनंद लें। कालीन व बड़े पायदानों की सफाई के लिए आप व्यावसायिक मदद ले सकते हैं। उन्हें काम शुरू करते ही सफाई के लिए भेज दें ताकि वे यहां-वहां बिखर कर गंदगी न बढ़ाएं।

ऐसी सफाइयों के लिए समय नियमित रूप से निकालें, जैसे छोटे-मोटे काम प्रति सप्ताह और बड़ी साफ-सफाइयां प्रति माह की जा सकती हैं। सब कुछ एक साथ करने की सोचेंगे तो थकान के सिवा कुछ हाथ नहीं आएगा। काम शुरू करते ही अपने काम आने वाली वस्तुएं आसपास ही रखें, जैसे सफाई करते समय आपको सीढ़ी, खाली डिब्बों, झाड़ू व झाड़न की जरूरत पड़ सकती है। कोई भी काम बीच में अधूरा छोड़कर दूसरा शुरू न करें। अगर फैलाव संभालने में परेशानी हो तो थोड़ा ब्रेक ले लें और नए सिरे से काम शुरू करें। ज्यादा परेशानी महसूस होने पर किसी की मदद भी ले सकते हैं।

सामान को सही जगह रखना ही काफी नहीं है। यह भी देखें कि क्या वह सामान काम का है। उनसे अपना मोह हटाकर जानने की कोशिश करें कि क्या वो कभी काम आएंगे? फिर उन्हें अलग-अलग डिब्बों में डाल दें, जिन्हें

आपने दान में देना है या बेचना है। बाद में इन डिब्बों को अपने-अपने ठिकाने पर पहुंचा दें।

एक बार एक हिस्से की साफ-सफाई के बाद उसे वैसे ही व्यवस्थित रखने की कोशिश करें। जिन वस्तुओं का काम हो चुका हो, उन्हें फेंक दें। प्रतिदिन घर की साफ-सफाई की आदत डालें ताकि ज्यादा सामान न बिखरने पाए। एक बार घर व ऑफिस की सफाई करने के बाद आप स्वयं को तरोताजा और ऊर्जायुक्त पाएंगे।

जीवन में सादगी लाएं

दिन में कम-से-कम पंद्रह मिनट आत्म-परीक्षण के लिए समय निकालें। सुबह-सुबह यह काम आसानी से हो सकता है क्योंकि उस समय पूरा घर शांत होता है। अपने जीवन की उस बड़ी तस्वीर की कल्पना करें, जिसे आप पाना चाहते हैं। इसके बाद पांच ऐसी वस्तुओं की सूची बनाएं जो आपको आनंद देती हैं और पांच ऐसी वस्तुएं लिखें जिनसे आपकी ऊर्जा का क्षय होता हो। अपने भीतर ज्यादा-से-ज्यादा उत्साह व प्रेरणा पैदा करें। ऐसी सभी कार्रवाइयों पर रोक लगा दें जो आपको कमजोर बनाती हैं। अगर एकदम ऐसा करना संभव न हो तो धीरे-धीरे इस काम को करें। जो भी अच्छा लगे, वही करें। नापसंद कामों पर अपनी ऊर्जा नष्ट न करें।

अगर आप वास्तव में सुख-चैन से जीना चाहते हैं तो जीवन में किसी भी तरह के कर्जे से मुक्ति पाएं। अगर आप कर्जदार हैं तथा बचत व निवेश नहीं कर पाते तो आपको मजबूरन ऐसे काम भी करने होंगे, जिन्हें आप जीवन में करना नहीं चाहते। ज्यादा क्रेडिट कार्ड रखने का शौक न पालें। आपात-काल के लिए एक क्रेडिट कार्ड रखें और प्रतिमाह अपने बिलों का भुगतान करें। एक स्वतंत्र व बाधारहित जीवन जीने के लिए अनुशासन बहुत जरूरी है। हम सब केवल प्रभु के ऋणी हैं, किसी और का ऋणी न ही बनें तो अच्छा होगा।

आपका घर एक प्रभावी, साफ-सुथरा और व्यवस्थित स्थान होना चाहिए। आप किसी एक कमरे या दराज में सफाई की शुरुआत करके उन वस्तुओं से छुटकारा पा सकते हैं जो किसी की नहीं हैं पर फिर भी जगह घेरे पड़ी हैं। जब भी कुछ खरीदने लगे तो अपने-आपसे पूछें कि क्या वास्तव में इसकी जरूरत है। कहीं इसकी साफ-सफाई में फालतू समय तो नहीं लगेगा?

कहीं इसके लिए कोई फालतू भुगतान तो नहीं करना पड़ेगा? अगर आप कोई वस्तु बिना जरूरत के खरीद लाते हैं तो इसका अर्थ होगा घर में फालतू सामान का जमावड़ा।

बिजनेस वीक मैगजीन में एक बार लिखा था, "कोई भी जरूरी काम करने या खरीददारी करने निकलें तो अपना वाहन कुछ दूरी पर पार्क करने के बाद पैदल चलें। फिटनेस क्लास में जाएं ताकि आपका शारीरिक व्यायाम का समय बढ़ सकें पका हुआ भोजन खरीदने की बजाय ताजा भोजन खरीदें। यह सस्ता व सेहत के लिए फायदेमंद होता है। भोजन को प्राकृतिक रूप में खाएं जिसके फलस्वरूप आप सेहत व उमंग का उपहार पाएंगे।"

आपको बचत व निवेश की आदत भी सीखनी होगी। धन से सच्ची खुशी तो नहीं मिलती पर यह आपके लिए सुविधाएं जुटाता है। अगर आप नहीं जानते कि आपको कितना निवेश करना है तो किसी वित्त विशेषज्ञ की सलाह लें ताकि आपका धन आपके खिलाफ न जाकर आपके लिए काम करे। बचत आपके वर्तमान और भविष्य दोनों के लिए काम आती है। जीवन के साधारण सुखों का आनंद लेना सीखें। पढ़ें, इनडोर गेम खेलें, सूर्यास्त का दृश्य देखें, गर्म पानी से बढ़िया स्नान करें। थकान भरे दिन के बाद पंद्रह मिनट गर्म पानी का स्नान आपको तरोताजाकर देता है। दिन में कम-से-कम एकबार पूरे परिवार के साथ भोजन करें। पंद्रह दिन में एक बार किसी मित्र को खाने की दावत दें। अपने ही डाईनिंग टेबिल पर आप कैंडल लाइट डिनर का आनंद भी ले सकते हैं। समय के बेहतर सुदपयोग के लिए इसे बचाएं। जब कभी आप किसी निमंत्रण के लिए 'न' कहना चाहें तो कभी 'हां' न कहें। कोई भी निमंत्रण मिलने पर उसी समय कहें-

"मैं जरा अपनी डायरी चैक कर लूं। इस बारे में मैं आपको कल बताऊंगा।" तब आपको निमंत्रण का उत्तर देने के लिए भरपूर समय मिल जाएगा।

लोग इतने नीच क्यों हैं?

किसी व्यक्ति को उसके सामने अस्वीकृत करना और पीठ पीछे उसकी खिल्ली उड़ाना दोनों अलग-अलग बातें हैं। अगर आप किसी को उसकी गलती बताना चाहते हैं तो शिष्टतापूर्वक उसे ही इस बारे में समझाएं। फालतू

की गपशप न करें। परिपक्व बनें और रिश्तों में ईमानदारी लाएं जैसे अगर आपके किसी मित्र में हर किसी का मजाक उड़ाने की बुरी आदत है तो इससे चिढ़ने या बहस करने की बजाय, उसे शांत भाव से समझा दें कि आप यह पसंद नहीं करते। अगर वह आपका सच्चा मित्र है तो आप आसानी से उसे समझा सकते हैं कि उसका व्यवहार दोस्ताना संबंधों को नुकसान पहुंचा सकता है। अगर आप अपने प्रति ईमानदार हैं तो स्वयं ही जान सकते हैं कि दूसरों के प्रति नकारात्मक भावनाओं में आपकी अपनी असुरक्षा और भय का भाव ही झलकता है। आपकी दूसरों के साथ संबंधों की गुणवत्ता इस बात पर भी निर्भर करती है कि आप अपने बारे में क्या सोचते हैं। नकारात्मक व्यवहार से चारों ओर भावनात्मक जहर फैल सकता है।

किसी दूसरे के व्यवहार से मन-ही-मन रुष्ट होकर कुछ नहीं होता। दूसरे व्यक्ति को अपनी नाराजगी जताए बिना आप कोई बदलाव नहीं ला सकते। आपको पूरी बहादुरी से उस नकारात्मकता का सामना करना होगा जो आपके जीवन को प्रभावित कर रही है।

बुरे लोगों से निबटते समय आप उनकी उपेक्षा करें या उन्हें एहसास दिला दें कि आप उनके बारे में क्या सोचते हैं। यह सब इस बात पर निर्भर करता है कि उक्त व्यक्ति आपके जीवन में कितना महत्त्व रखता है या आपके साथ उसके केसे संबंध हैं। दूसरे शब्दों में ऐसे लोगों से निबटते समय आपका उद्देश्य यही होना चाहिए कि आप किस तरह उन्हें माफी देकर समय गंवाएं बिना अपने लक्ष्य की ओर बढ़ेंगे। पीड़ाजनक व्यवहार से उबरकर आपको अपना भरपूर जीवन जीने की कोशिश करनी चाहिए।

अगर आपके पास कहने के लिए कुछ अच्छा नहीं है तो चुप रहना ही बेहतर होगा। हम अक्सर दूसरों को चोट पहुंचाने के लिए उनकी कमजोरियों का बखान करने लगते हैं। यदि आप भी किसी को जान-बूझकर चोट पहुंचाने जा रहे हैं तो कम-से-कम तीन बार सोचिए।

आप किसी का दिल दुखा सकते हैं, यह सोचकर किसी को पीड़ा पहुंचाना कोई अच्छी बात नहीं है। इससे आपकी गिनती छोटी मानसिकता वाले नीच लोगों में हो सकती है।

चाहे आप किसी को कितना भी नापसंद क्यों न करते हों, आपके व्यवहार व रवैए से अशिष्टता नहीं झलकनी चाहिए। याद रखें कि जब हम

दूसरों को चोट पहुंचाने की कोशिश करते हैं तो उस समय सबसे ज्यादा पीड़ा हमें ही होती है।

जब आप किसी को नुकसान पहुंचाते हैं, चाहे वह शत्रु ही क्यों न हो, तो आपके आत्मविश्वास व छवि को धक्का पहुंचता है और आपकी ऊर्जा नष्ट होती है।

क्या बुरी बातें केवल दूसरों के साथ घटेंगी?

किसी व्यक्ति को पसंद न करना और दूसरों पर नापसंदगी जाहिर करना दोनों अलग बाते हैं। आप ऐसी स्थिति में क्या कर सकते हैं? आप आलोचना के शिकार व्यक्ति का पक्ष लें। अगर वह आपका मित्र है तथा अपनी दलील देने के लिए मौजूद नहीं है तो आलोचक को स्पष्ट कर दें कि आप अपने मित्र की बुराई नहीं सुनना चाहते। दूसरों के व्यवहार को लेकर घंटों क्रोधित न रहें। इस तरह की नकारात्मकता पर समय व्यर्थ न करें। यह आपके जीवन की खुशियां छीन सकती है। किन्हीं भी संबंधों को अपने ऊपर इतना हावी न होने दें कि वे आपके जीवन का सुख-चैन छीन लें। हम अपने आसपास के माहौल से कई तरह के सबक ले सकते हैं। अगर आप स्वयं को असंतुष्ट संबंधों में घिरा पा रहे हैं तो अब बदलाव का समय आ गया है। आपको अपने-आपसे पूछना चाहिए कि आप असंतुष्ट संबंधों के लिए क्या कर सकते हैं? क्योंकि आप ही को अपने जीवन का नेतृत्व करना है। यह बदलाव आपके ही भीतर से आएगा।

नकारात्मकता में घिर जाना बहुत आसान होता है परंतु इससे निकलना मुश्किल होता है परंतु यह हमीं पर निर्भर करता है कि हम किस तरह अपनी कमजोरियों से ऊपर उठकर बेहतर इंसान बन सकते हैं।

हर समस्या में उसका हल छिपा है

कहीं भी जाने के लिए पहला कदम उठाने से पहले यह जानना जरूरी है कि आप कहां जाना चाहते हैं। अपनी मंजिल तय करें। अपनी योग्यताओं, क्षमताओं, साहस, धैर्य व परिश्रम करने की ताकत के आधार पर अपना उद्देश्य चुनें। लक्ष्य पाने के लिए यह सभी विशेषताएं अनिवार्य हैं। कल्पना करें कि

आप आने वाले दस सालों में अपने-आपको कहां देखना चाहते हैं?

आपको अपना नजरिया ऊंचा रखना चाहिए। महत्त्वाकांक्षा ऐसी हो कि आपकी योग्यता काम आ सकें अपनी संपत्तियों की एक सूची बनाएं और अपना विश्लेषण करें। अपनी पारिवारिक पृष्ठभूमि से प्राप्त विशेषताओं को भी अनदेखा न करें। व्यक्ति का चरित्र व उसके अनुभव, भूल से अवश्य प्रभावित होते हैं। अपनी असाधारण योग्यता को पहचानकर उसका पूरा लाभ उठाएं। ठीक इसी तरह लक्ष्य प्राप्ति में सहायता देने वाले साधनों जैसे, शिक्षा, अनुभव निपुणता, स्वास्थ्य, धन, मित्र व आयु आदि स्रोतों की गंभीरता से जांच करें।

हर किसी में कोई-न-कोई योग्यता होती है जो उसे लक्ष्य तक पहुंचने में मदद करती है। केवल निजी क्षमता ही महत्त्वाकांक्षा की पूर्ति में सहायक बनती है। अपने लक्ष्य, उद्देश्य व महत्त्वाकांक्षा का निर्णय पूरी हिम्मत से करें। आपकी भीतरी शक्ति आपकी मदद करेगी। दूसरों की मदद करें और मानवता के कल्याण से पीछे न हटें।

आपकी बातचीत का तरीका ऐसा हो, जिससे आत्मविश्वास झलकें हमारी बातचीत से ही हमारे नजरिए का पता चलता है। अपने बातचीत करने के ढंग पर काबू पाकर हम अपने नजरिए को प्रभावित कर सकते हैं। बातचीत से ही मानसिक दशा का अनुमान होता है। आप अपनी बातचीत के माध्यम से ही स्पष्ट करते हैं कि अब आप क्या कर रहे हैं और निकट भविष्य में क्या करने वाले हैं। आप आज जो भी कहेंगे, वह आपके भीतर छिपे इंसान का रूप तैयार करने में मदद देगा। अगर आप आत्मविश्वासी बनना चाहते हैं तो पूरे विश्वास के साथ बोलना सीखें। किसी को पसंद करने के लिए इस तरह बोलें मानो आप उसे पहले से चाहते हैं। विजेताओं की तरह सफलतापूर्वक बोलने का अभ्यास करें।

सजगतापूर्वक फैसला करें कि लक्ष्य तक पहुंचने के लिए आपको विशेष रूप से क्या चाहिए। इस काम को प्रतिदिन नियमित रूप से करें। आप जहां जाना चाहते हैं, उस बिंदु पर एकाग्र हों। मनुष्य चाहे धनी हो या निर्धन, उसे दिन में 24 घंटे ही मिलते हैं। इन घंटों को सोच-समझकर इस्तेमाल करें। सफल होने के लिए आपको एक-एक क्षण का सदुपयोग करना सीखना होगा, चाहे वह किसी मीटिंग या यात्रा के दौरान ही क्यों न मिले।

स्पष्ट लक्ष्य व उद्देश्य की जानकारी ही आपका आत्मविश्वास बढ़ा

सकती है। अपनी मंजिल तक पहुंचने में आपके दिन, महीने और कई साल तक लग सकते हैं। धैर्य आपका सबसे बड़ा मित्र है। प्राय: आपको उन अल्पकालीन लाभों से संतुष्ट होना होगा, जो अंतत: आपको अंतिम लक्ष्य तक ले जाएंगे। आत्मविश्वासी व्यक्ति किसी से नहीं डरता। वह तय की गई समय सीमा के दौरान अपने लक्ष्य तक पहुंचने की पूरी कोशिश करता है तथा किसी भी तरह की रुकावट सहन नहीं करता।

अगर किसी का भी मत आपके विचारों से मेल नहीं खाता तो उसे अपने ऊपर हावी न होने दें। अपने दिमाग में सफलता का खाका तैयार रखें। सफलता पाने की तीव्र इच्छा व सकारात्मक चिंतन आपको लक्ष्य तक ले जाएंगे।

आत्म परामर्श की तकनीक को प्रभावी बनाने के लिए आपको मनचाही बातों से अपना ध्यान हटाना होगा। केवल उन्हीं बातों पर विचार करें व ध्यान केंद्रित करें, जिन्हें आप अपने जीवन में चाहते हैं।

''अपना मस्तिष्क उन बातों पर लगाएं जो प्रिय हों, अप्रिय बातों से अपना ध्यान हटा लें।''

7.

घरेलू जीवन और काम को व्यवस्थित करें

पत्नी का मन जीतने के कुछ टिप्स

प्रत्येक व्यक्ति अपने जीवन में प्रसन्नता चाहता है। एक खुशनुमा जिंदगी बिताने के लिए बहुत जरूरी है कि अपने जीवनसाथी को खुश रखा जाए। नीचे लिखी कुछ बातों पर अमल करें, यह आपकी मददगार हो सकती हैं–

(1) काम से घर लौटते ही सबसे पहले उसे एक बार आलिंगन अवश्य करें।

(2) उससे उसकी दिनचर्या के बारे में पूछें।

(3) उसे प्यारे से फूलों या तोहफे का सरप्राइज अवश्य दें।

(4) अगर पत्नी प्रायः खाना पकाती है और कभी किसी कारण से पका न पाए तो रसोई में स्वयं चले जाएं। अगर आप अनाड़ी हैं तो उसे बाहर खाने पर ले जाएं या फिर घर पर ही होटल से ही मंगवा लें। उससे अपनी गर्लफ्रेंड की तरह ही पेश आएं, जैसे कि आप संबंधों की शुरुआत में करते हैं।

(5) अगर आपको काम करते-करते देर हो जाए तो उसे फोन पर सूचना दें और देर हो जाने का कारण भी बताएं।

(6) अगर शहर से कहीं बाहर जाएं तो उसे गंतव्य स्थान का फोन नंबर दें और अपने सही-सलामत पहुंचने की सूचना दें। अगर आप अपने पास एक मोबाइल फोन रख सकते हैं तो उसे आपसे संपर्क बनाने में आसानी होगी।

(7) अगर घर में वह आपसे बात करना चाहे तो समाचारपत्र व पत्रिका एक ओर रख दें। टी.वी. बंद कर, उसकी ओर पूरा ध्यान दें।

(8) बाथरूम के फर्श को साफ-सुथरा रखें और नहाने के बाद सुखा दें। दिन में उसे कम-से-कम चार बार आलिंगन अवश्य करें।

मनोवैज्ञानिक समर्थन के लिए आवश्यक मानते हैं।

(9) सैक्स संबंधों में भावुकता को अनदेखा न करें। अपने अंतरंग क्षणों में या जब वह आपसे अपनी भावनाएं बांटे तो अपने फोन में व्यस्त न रहें।

(10) अगर वह किसी बात पर उदास हो तो उसका मन बहलाएं। उसका प्रिय व्यंजन या मिठाई घर लाएं।

(11) कोशिश करें कि आपका बिस्तर एक ही हो तथा सोने का समय भी अलग न हो।

(12) अगर समय न हो तो भी कम-से-कम पंद्रह दिन में एक बार उसे उसकी मनपसंद फिल्म, नाटक, संगीत सभा या कवि सम्मेलन आदि में अवश्य ले जाएं।

(13) अपने पर्स में उसकी एक तस्वीर रखें और उसे समय-समय पर बदलती रहें आपका यह रवैया उसे अच्छा लगेगा।

(14) अपने दफ्तर से उसे फोन करके उसका हाल पूछें। कोई काम न भी हो तो भी 'आई लव यू' तो कह ही सकते हैं।

दूसरों पर अच्छा प्रभाव कैसे डालें?

हमारे जीवन का कोई भी पल साधारण नहीं होता। हर पल असाधारण होता है। इस बात को हमेशा याद रखें और ईमानदारी बरतें। हर काम को अच्छी तरह से करने का पूरा प्रयास करें। अपने सपनों व महत्त्वाकांक्षाओं को उत्साहित करें। इनसे ही आपकी उपलब्धियां जुड़ी हैं। हर आदमी सही स्थान व समय पर हो, ऐसा जादू होना मुश्किल होता है। यह सब भाग्य से या अचानक नहीं घटता। आप अपने प्रयत्नों से ही सफल हो सकते हैं। आपको अपनी प्राकृतिक क्षमता व शक्ति से उन चीजों से दूर रहना सीखना होगा जो आपको नुकसान पहुंचाती हैं और पछतावे से भर देती हैं।

इसलिए अगली बार जब भी आप अपने या दूसरों के लिए कुछ करने जा रहे हों तो दूसरों पर अच्छा प्रभाव डालने के लिए अपने व्यवहार व आचरण पर एक नजर डालें।

दिल्ली में मैंने एक दिन हवाई अड्डे जाने के लिए टैक्सी ली, उसके ड्राईवर ने मुझे सफलता के जो नियम सुझाए, वे आपके लिए निम्नलिखित हैं-

(1) अपने सभी बिलों का भुगतान समय पर करें।

(2) चाहे कोई न देख रहा हो, फिर भी नियमों का पालन करें।

(3) ये कभी न भूलें कि ईश्वर आपका मददगार है। विश्वास रखें कि जो भी होता है, बेहतरी के लिए होता है। भगवान इस संसार में सब कुछ अपने अधीन रखते हैं।

(4) आलसी, दुष्ट व अपराधी किस्म के लोगों से दूर रहें।

(5) अपने काम करने की जगह को भी घर की तरह आरामदायक बनाएं।

(6) अपने मालिक व मिलने-जुलने वालों से स्नेह रखें व उन्हें आदर दें।

(7) हर कीमत पर अपने वचन का पालन करें।

(8) अपने काम से मतलब रखें और दूसरों के मामलों में टांग न अड़ाएं।

आपको अपना लक्ष्य तय करना चाहिए और अपने सपने पूरे करने के लिए मेहनत करनी चाहिए। बेहतरी की उम्मीद में इंतजार न करते रहें। हर अवसर का पूरा लाभ उठाएं और आपके पास जो हो, उसी में संतुष्ट रहें। आने वाले बेहतर कल के लिए पूरे जोश से आगे बढ़ें। धनी बनने के लिए त्याग, अनुशासन व कड़ी मेहनत करनी होगी। प्रसन्नता पाने के लिए भी कुछ बातों पर अमल करना होगा। सबसे पहले तो अपने ही साधनों में जीना सीखें और आखिरी नियम यह है कि अपने व्यवसाय का चुनाव सोच-समझकर करें।

हम अपने संपर्क में आने वाले हर व्यक्ति पर प्रभाव डालते हैं हमारे टीचर, माता-पिता व सहकर्मी हमारा वो रूप गढ़ने में हमारी मदद करते हैं जिसे हम दूसरों के सामने प्रस्तुत करते हैं।

इसी तरह दूसरे लोग, जिनसे हम मिलते हैं, वे भी किसी-न-किसी रूप में अपने परिचितों से प्रभावित होते हैं। इस तरह यह अंतहीन चक्र चलता ही रहता है।

इसलिए संसार में कोई भी काम छोटा नहीं है। कोई भी छोटा सा काम आपको व दूसरों का जीवन बदल सकता है।

आप अपने विचारों व कार्य-शैली से दूसरों पर अच्छा प्रभाव डाल सकते हैं। अगर आप अपनी जगह सही हैं तो इसे कोई नहीं रोक सकता। यह आप पर ही निर्भर करता है कि आप दूसरों पर सकारात्मक प्रभाव

डालेंगे अथवा नकारात्मक। अपनी पूरी दिनचर्या के दौरान अपने काम व बातचीत करने के तरीके पर भी ध्यान दें। हो सकता है, आप इस तरह दूसरों को बेहतर रूप में प्रभावित कर पाएं।

दूसरों को भी मान दें

अपनी योजनाओं को लचीला बनाएं ताकि उनमें फेरबदल हो सकें योजनाएं महत्त्वपूर्ण हैं परंतु जिंदगी का रोमांच इनसे बढ़कर है। अपना भरोसा व जोश बनाए रखें। चाहे आप होने वाली घटना का अनुमान न भी लगा पाएं तो भी उसमें पूरा विश्वास रखें, वह निश्चय ही रोमांचक और सफलतादायक होगी। प्रतिदिन कुछ नया करने की कोशिश करें। इस तरह आप नकारात्मक हालात में भी आत्मबल कायम रख पाएंगे और दूसरों के साथ संबंध बेहतर होंगे।

चाहे आपको थोड़ा समय क्यों न देना पड़े, दूसरे लोगों को भी योजनाओं में आगे आने दें। तुलनात्मक, आलोचक, प्रतिस्पर्धी व शोषक बनने की बजाय निर्भय व ईमानदार इंसान बनें। दूसरों की आलोचना व नकारात्मकता पर कोई प्रतिक्रिया न करें। ऐसी बातों को भूलकर माफ करना सीखें। अपनी ओर से कोई राय कायम न करें क्योंकि हर व्यक्ति को अलग-अलग हालात में काम करना पड़ता है। सच्चे मन से प्रसन्नता का स्वागत करें और दूसरों की सफलता को उत्साहित करें। आगे बढ़ने के लिए अच्छा माहौल बनाएं, अपनी कमजोरियों पर काबू पाना सीखें। दूसरे लोगों के साथ घुलमिलकर उनकी परेशानियां दूर करें। उनकी रुचियों को नजरंदाज न करें। बहसबाजी से बचें। नम्रतापूर्वक दूसरों के अनुभवों से सबक लें। अपना समय व ऊर्जा को बांटना सीखें। अपने व दूसरों की जिंदगी को बेहतर बनाने का प्रयत्न करें। सदा कुछ-न-कुछ नया सीखते रहें। एक स्वस्थ मानसिक स्तर बनाए रखें ताकि किसी भी परेशानी का सामना कर सकें। एक खुशहाल परिवार, विवाह, संगठन व समूह के लिए भी यह आवश्यक है। इतना काम न करें जो आपको थका दे। खर्च करने से पहले अपने उधार चुकाएं। कार्यक्षमता बढ़ाने के लिए अपनी सीमाएं तय करें।

जब ऊर्जा भरपूर हो तो उसे काम पर केंद्रित करें। इससे आपकी रचनात्मकता बढ़ेगी। समझदारी से रुपया खर्च करें और भविष्य के लिए निवेश करें। एक संतुलित जीवन जिएं। काम के लिए जान देने वाले, कट्टर धार्मिक

व उपवासी न बनें। शारीरिक, मानसिक, सामाजिक व आध्यात्मिक तौर पर सक्रिय बनें ताकि आप एक संतुष्ट व भरपूर जीवन जी सकें। यह सुरक्षा काम, सहयोगियों, संपर्क-सूत्रों, प्रसिद्धि व अधिकार से नहीं मिलनी चाहिए। यह आपके भीतर से आए तो बेहतर होगा।

सकारात्मक ऊर्जा से भरपूर रहें ताकि आप खुशमिजाज, आशावादी व उत्साही बन सकें। जीवन का पूरा आनंद उठाएं। किसी भी सामाजिक मूर्खता या भूल के लिए अपने को दोषी न मानें। बीते कल को भुलाकर आज में जीना सीखें। भविष्य के लिए सोच-समझकर ऐसी योजनाएं बनाएं जिसे हालात के अनुसार बदला जा सकें हंसमुख स्वभाव वाले बनें। अपने ऊपर चाहे हंस लें पर दूसरों पर कभी न हंसें।

अपनी भूलों को नजरंदाज करते चलें इससे दिमाग का बोझ हल्का हो जाएगा। इस तरह आप अपने जीवन में भी सुधार ला सकते हैं। हमें अतीत से जुड़ी बुरी बातों को भूलना चाहिए। तभी हम अपने व समाज के लिए कुछ कर सकते हैं। किसी भी काम को शुरू करके उसे पूरा अवश्य करें।

अपनी प्राथमिकताएं पहचानें। केवल उन्हीं कामों को पहले करें, जो खास हों। महत्त्वपूर्ण कामों पर ही ऊर्जा व समय लगाएं, इस तरह आपको कामों के विभाजन में भी आसानी रहेगी। दो सप्ताह तक इसी तरह काम करें, फर्क स्वयं ही पता लग जाएगा।

अनावश्यक अपराध-बोध से बचें। अपने आत्म-बोध से हम पहचान सकते हैं कि हम कब अपनी सच्चाई व रास्ते से विचलित हुए। अपनी भूलों से सबक लेते हुए आगे बढ़ना ही जीवन है। वॉग के अनुसार-

"जिंदगी की सबसे असली भूल वही है, जिससे हम कोई सबक न लें।"

दूसरों की भाषा में बात करें

हम सभी को कभी-न-कभी परेशानी का सामना करना पड़ता है। इससे बचने का तरीका यही है कि हम उसका कोई हल तलाश लें। हम अक्सर समस्या को तब तक टालते रहते हैं, जब तक वह गंभीर नहीं हो जाती। जैसे अगर आपको किताब की पांडुलिपि तैयार करने में समय लगने वाला है तो उसे हाथोंहाथ भेजने का प्रबंध कर लें।

अगर काम ज्यादा हो तो उसे दूसरों के साथ बांटें। तय कर लें कि क्या करने से समय की बचत हो सकती है। जब भी कोई परेशानी खड़ी हो, इसको हम एक नोटबुक में लिखें ताकि भविष्य में ऐसी परेशानी दोबारा न हो। अगर आपने शीघ्र ही परेशानी का निपटारा न किया तो यह बड़ी भी बन सकती है। अपनी परेशानी को उस पंक्चर टायर की तरह लें जिसे सड़क पर जल्दी से जल्दी ठीक कराना पड़ता है।

ठीक उसी तरह, जैसे बुखार या हृदय रोग का उपचार शीघ्र ही करना पड़ता है। शुरू में ही परेशानी को हल करने से काफी मुसीबतों से बचा जा सकता है। अधूरे संप्रेषण से होने वाली गलतफहमी भी देरी का कारण बन सकती है। कोई भी समस्या हो, उसका विश्लेषण करें ताकि भविष्य में उसका दोहराव न हो। इस तरह आप ऐसे हालात का सामना आसानी से कर सकते हैं।

त्योहारों जैसे अवसरों के लिए कुछ टिप्स

हमारे देश में शायद ही कोई ऐसा महीना होगा जिसमें कोई त्योहार नहीं आता, चाहे वो स्वतंत्रता दिवस हो या गणतंत्र दिवस, दीवाली हो या दशहरा। किसी धार्मिक अथवा राजनीतिक नेता की जन्मतिथि हो अथवा पुण्य तिथि। कुछ त्योहार धूम-धाम से मनाए जाते हैं और कुछ त्योहार आदर्शों की प्रेरणा देते हैं। कुछ त्योहार बच्चों व युवाओं की उमंग बनकर आते हैं। हमारा प्रयास यही होना चाहिए कि नववर्ष हो या दीवाली, हम उसका पूरा आनंद लें।

एक सूची बनाएं

अगर आप परिवार के साथ कोई समारोह या उत्सव मनाने जा रहे हैं तो बच्चों को दिए जाने वाले उपहारों, कपड़ों व नई खरीदी जाने वाली वस्तुओं की एक सूची बना लें। आतिशबाजी व पटाखे चलाते समय कोई भी दुर्घटना घट सकती है इसलिए बचाव का उपाय भी कर लें।

हर त्योहार की कोई-न-कोई थीम होती है, उसी आधार पर अपने घर या दफ्तर की सजावट करें। निश्चित रूप से किसी बच्चे के जन्मदिन का उत्सव, नववर्ष, गणतंत्र दिवस, स्वतंत्रता दिवस व जन्माष्टमी के समारोह से

अलग होगा। अगर आपने पिछले वर्ष कुछ सजावट का सामान संभाला था तो उसे अवश्य निकाल लें। अगर पिछले वर्ष कुछ नहीं संभाला तो इस बार यह काम अवश्य करें, जैसे अगर दीवाली के मौके पर कुछ मोमबत्तियां बच जाएं तो मैं उन्हें संभाल लेता हूं। वे लाइट जाने पर बढ़िया काम देती हैं।

समारोहों में अवश्य जाएं

कई बार आपको अपने घर के आसपास या शहर में मनाए जाने वाले समारोहों की जानकारी ही नहीं मिल पाती। स्थानीय अखबारों से आप इस बारे में जान सकते हैं। अपने परिवार के साथ ऐसे समारोहों का पूरा आनंद लें फिर चाहे वह 'आम उत्सव' ही क्यों न हो। त्योहारों से कुछ दिन पूर्व ही खाने-पीने का सामान खरीद लें। भारतीय त्योहार परिवार व इष्ट मित्रों के साथ समय बिताने का अच्छा साधन हैं। आप डाक या ई-ग्रीटिंग द्वारा अपने शुभकामना संदेश भी भेज सकते हैं।

अपने टी.वी. के लिए भी सूची बनाएं

खास त्योहारों पर टी.वी. के चैनल अच्छे कार्यक्रम प्रस्तुत करते हैं। अगर आप टी.वी. के शौकीन हैं तो ऐसे मनपसंद कार्यक्रमों की लिस्ट बना लें। पूरा परिवार कहीं और व्यस्त हो तो आप ऐसा कार्यक्रम रिकॉर्ड कर लें और बाद में समय निकालकर सबके साथ उसका मजा लें। घर में खाने-पीने का सामान सबके लिए अलग-अलग बैग में रखा जाए ताकि सबको अपना पूरा हिस्सा मिल सकें

क्या आप दावत देने जा रहे हैं?

अगर आप अपने घर कोई पार्टी देने जा रहे हैं तो इसकी तैयारी कुछ समय पहले ही शुरू कर दें। अपनी पूरी योजना व बुलाए जाने वाले मेहमानों की एक सूची बना लें। ध्यान रहे कि आपके निमंत्रण-पत्र पार्टी से कम-से-कम हफ्ता पहले पहुंच जाएं।

क्या आप किसी दावत में जा रहे हैं?

त्योहारों के दिनों में अक्सर लोग अपने घर दावतों का आयोजन करते हैं। आप

पहले ही तय कर लें कि मेजबान को तोहफे के रूप में क्या देने जा रहे हैं? किसी के भी निमंत्रण पर बिना उपहार के जाना अच्छी बात नहीं है। उपहार के रूप में फूलों का गुलदस्ता या कोई पुस्तक भी हो सकती है। यह छोटा-सा उपहार आपके मेजबान के चेहरे पर चमक ला सकता है। कई बार कुछ दावतें केवल पुरुषों के लिए होती हैं। अगर आपको इस बारे में निश्चित रूप से पता न हो तो दोबारा पूछने में कोई हर्ज नहीं है। वैसे निमंत्रण-पत्र में ड्रैस कोड भी लिखा होना चाहिए। अगर लिखा हो तो आप उसका पालन करें।

प्रायः कुछ दोस्त मिलकर पार्टी आयोजित करते हैं जिसमें सभी को अपने घर से कोई-न-कोई व्यंजन बनाकर लाना पड़ता है। अगर बीस लोगों का डिनर है तो दो-तीन लोगों को सात-आठ लोगों के लिए व्यंजन लाने को कहा जाएगा। यह चपाती, सब्जी या चावल हो सकते हैं। अगर ऐसा आयोजन किसी त्योहार के अवसर पर हो तो पता लगाएं कि आपसे क्या लाने को कहा गया है। अगर कोई व्यंजन थोड़ा समय पहले बनाकर रखा जा सकता है तो उसे पहले ही पका लें।

अगर आप त्योहार का पूरा आनंद न ले पाएं तो उसे मनाने का कोई अर्थ ही नहीं रहता। घर हो या बाहर, अपने मित्रों व पड़ोसियों के साथ धूमधाम से त्योहार मनाएं। इन खुशी भरे पलों को तस्वीरों व वीडियो केमरे में केद करना न भूलें।

साफ-सफाई और व्यवस्था

साफ-सफाई एक लगातार चलने वाली प्रक्रिया है। अगर आप अपने घर की व्यवस्था करना चाहते हैं तो फालतू सामान को दान देने में संकोच न करें।

वैसे अपने सामान का मोह त्यागना या उनसे छुटकारा पाना आसान नहीं होता लेकिन आपको यह चुनौती स्वीकार करनी ही होगी क्योंकि आप अपने लिए प्यारा, साफ-सुथरा और व्यवस्थित घर चाहते हैं। यह एक शारीरिक नहीं भावनात्मक चुनौती है।

आप अपने-आपको एक यात्री मानें। जब हम किसी होटल में रहने जाते हैं तो आसानी से अपना सामान बांधकर वापिस लौट आते हैं। ऐसा ही अपने घर में करें। केवल उतना ही सामान आपके पास हो जिसकी जरूरत के बारे में आप निश्चिंत हों क्योंकि अगर कोई फालतू सामान भी लगातार आपकी

निगाह में रहा तो आपका उससे मोह पड़ जाएगा और आप उसे यह सोचकर संभालते रहेंगे कि शायद कभी इसकी जरूरत पड़ जाए।

मैंने ध्यान दिया कि मेरी स्टडी में लगभग पचास वीडियो टेप ऐसे हैं, जिन्हें मैंने पिछले पांच वर्षों से इस्तेमाल नहीं किया। उनमें धूल भर रही थी और कबाड़ बढ़ता जा रहा था। मेरी पत्नी ने मेरा यह रवैया देखा तो उन केसेटों की असली कीमत की परवाह किए बिना उन्हें बेच दिया। अब मुझे न तो उनकी जरूरत है और न ही याद है कि उसमें क्या था?

अब वे मेरी आंखों से ओझल हैं इसलिए अब मुझे उनकी याद भी नहीं आती। इसलिए आप भी यही तरीका आजमाएं। कुछ सूटकेस की मदद से आप एक प्रयोग करें। अगने घर के ऐसे कमरे में जाएं जिसका सामान जरूरत से ज्यादा हो। वहां की कीमती, सजावटी व भावनात्मक मूल्यों से जुड़ी वस्तुएं भी पैक कर दें। कमरा इस तरह खाली करें मानो आप घर छोड़कर जा रहे हैं। जब सब कुछ सूटकेस में पैक हो जाए तो उस पर तारीख लिख दें।

फिर अगले दो महीने तक उन वस्तुओं का इस्तेमाल बिल्कुल न करें। अगर किसी वस्तु की जरूरत पड़े तो उसे उसके डिब्बे से निकालें और प्रयोग के बाद वहीं वापिस रख दें। दो महीने बाद अगर कुछ वस्तुएं डिब्बे में अनछुई रह जाएं तो जान लें कि उन्हें बेचा जा सकता है, दान किया जा सकता है या संभालकर रखा जा सकता है। वैसे यह प्रक्रिया काफी कठिन है किंतु अपने रहने की जगह को कबाड़खाना बनने से बचाने का यही एक उपाय है। अपने जीवन से बेकार वस्तुओं का बोझ निकाल दें और इस काम को कल पर नहीं टालें। सुव्यवस्था बनाए रखने के लिए कोई भी समय बेहतर होता है।

टेलीफोन का इस्तेमाल सोच-समझकर करें

अपनी पहचान बताएं—जब भी किसी को फोन करें, सबसे पहले उसे अपनी पहचान बताएं। अगर आप किसी के साथ हैं तो फोन पर लंबी बातचीत न करें और बाद में फोन करने का वादा करें। अगर कोई आपकी प्रतीक्षा कर रहा है तो फोन पर ज्यादा देर बात करना अशिष्टता कहलाएगी। ठीक इसी तरह किसी से पूछे बिना उसके फोन से लंबी दूरी वाले फोन करना भी बुरी बात है। अगर फोन करना ही पड़ जाए तो पूछ कर फोन करें और कॉल के पैसे देने का प्रस्ताव भी रखें।

शिष्ट बनें–जब कोई फोन आए तो फोन उठाते ही केवल 'हैलो' कहें। सबसे पहले अपना परिचय दे देना भी सुरक्षा की दृष्टि से उचित नहीं है। कई कंपनियां फोन के माध्यम से ही अपना व्यवसाय चलाती हैं। इन्हें 'नो, थैंक्यू' कहने के बाद फोन रखा जा सकता है।

नौ बजे के बाद फोन न लें–जब तक कोई बहुत जरूरी काम न हो या आपने पहले ही आज्ञा न ली हो तो किसी के भी घर रात नौ बजे के बाद फोन करना अशिष्टता कहलाता है। अगर आप किसी को दावत का न्यौता देने जा रहे हैं तो उस समय उससे इधर-उधर के सवाल पूछे बिना निमंत्रित करें। इस तरह वे भी दुविधा में पड़ने की बजाय सही उत्तर दे पाएंगे। अगर फोन पर बात करते समय कोई दूसरा फोन आ जाए तो पहले वाले को प्रतीक्षा न करवाएं। अगर बहुत जरूरी हो तो कहें–

"मुझे दूसरे फोन पर बात करनी है इसलिए आप कृपया होल्ड करें।"

फिर दूसरे व्यक्ति को स्पष्ट करें कि आप पहले से फोन पर व्यस्त थे इसलिए वह अपनी बात जल्दी कहे। फिर पहले वाले व्यक्ति से अपनी बात पूरी करें। अगर कोई खास फोन आने की उम्मीद हो तो स्पष्ट कर दें कि आपको अपनी बात बीच में रोकनी पड़ सकती है।

कागज-कलम अपने पास ही रखें–अपने फोन व आंसरिंग मशीन के पास ही कागज व पेन रखें। कोई फोन सुनते समय अगर आपके पास पेन व कागज होगा तो सभी बिंदु लिखने में आसानी रहेगी। मेरे पास भी एक डायरी है जिसे मैं आंसरिंग मशीन से संदेश व फोन नंबर उतारने के लिए इस्तेमाल करता हूं। मैं संदेश सेव रखता हूं और लिखित रूप में इनका उत्तर बाद में दे देता हूं। इस तरह मेरा समय भी बचता है क्योंकि मैं इनका उत्तर तभी देता हूं जब मैं व्यस्त नहीं होता। लिखित संदेश से उत्तर देने में भी आसानी रहती है क्योंकि आपको दिमाग पर ज्यादा जोर नहीं देना पड़ता। आप फोन पर होने वाली बातचीत के दौरान खास तत्त्वों को भी तैयार कर सकते हैं।

अपनी बातचीत का प्रारूप बनाएं–किसी को फोन करने से पहले उससे कही जाने वाली खास बातें अपने पास लिखकर रखें। जब भी कुछ याद आ जाए तो उसे उसी समय लिख लें। यह टेलीफोन डायरी आपके बहुत काम आ सकती है।

मेरी माता जी दिल्ली से लगभग 450 कि.मी. की दूरी पर 'जलालाबाद'

में रहती हैं। मैं अक्सर उनसे होने वाली बातचीत के सभी मुद्दे पहले ही लिख लेता हूं। जब फोन करता हूं तो मुझे ज्यादा सोचना नहीं पड़ता। वह भी यही तरीका आजमाती हैं और इस तरह हमारी बातचीत सार्थक हो जाती है। यह तरीका वास्तव में कारगर है।

आंसरिंग मशीन का इस्तेमाल करें–अगर आप अपने काम के दौरान टेलीफोन से होने वाली रुकावट से बचना चाहते हैं तो आंसरिंग मशीन का इस्तेमाल करें। आंसरिंग मशीन पर संदेश छोड़ने के लिए अपना वाक्य रिकॉर्ड कर दें। अगर फोन करने वाला कोई संदेश न छोड़े तो इसका अर्थ होगा कि उसको कोई खास बातचीत नहीं करनी थी। अगर आप आंसरिंग मशीन के आसपास बैठे हैं तो छोड़े जा रहे मैसेज को सुनकर जवाब भी दे सकते हैं। अगर आप उस व्यक्ति से बातचीत नहीं करना चाहते तो अपने काम में व्यस्त रहें। मैं अपनी आंसरिंग मशीन का भरपूर इस्तेमाल करता हूं क्योंकि यह मेरे लिए सहायक सचिव का काम करती है। मैसेज की शब्द-सीमा के अनुसार इसमें बीस से चालीस मैसेज रिकॉर्ड हो सकते हैं। मैं सभी मैसेज और नंबर देखने के बाद बेकार नंबरों को निकाल देता हूं ताकि जवाब देने में आसानी हो जाए।

अपने लिए भी मैसेज (संदेश) छोड़ें–अगर मैं घर से बाहर हूं और घर पर मुझे कोई आवश्यक काम करना है तो मैं अपनी आंसरिंग मशीन पर अपना मैसेज छोड़ देता हूं। जब मैं घर पहुंचता हूं तो मशीन की लाइट मुझे याद दिला देती है कि मुझें कोई काम करना था। इस तरह इन तकनीकों के प्रयोग से आप अपनी कार्य-क्षमता बढ़ा सकते हैं और समय की बचत भी कर सकते हैं।

बिखराव समेटने की कोशिश करें–नववर्ष या किसी अन्य उत्सव के दौरान हमारा घर लोगों द्वारा दिए गए तोहफों व सजावटी सामान से भर जाता है। यह सामान अच्छे खासे घर की व्यवस्था बिगाड़ सकता है इसलिए बेहतर होगा कि समय रहते ही हम ऐसी परेशानियों से निबटने के उपाय खोज लें। यहां ऐसे ही कुछ उपाय प्रस्तुत हैं–

अक्सर हम विंडो शापिंग के दौरान कोई वस्तु पसंद कर लेते हैं उसे खरीदने से पहले तय करें कि क्या आपको उसकी जरूरत है? यह याद रखें कि आप जो भी खरीदेंगे, उसे रखने के लिए जगह चाहिए। अगर फिर भी खरीदने की इच्छा हो तो उसे एक लिस्ट में लिख लें और खरीदने से पहले

एक-दो सप्ताह का समय लें। इस दौरान आपको एहसास हो जाएगा कि वास्तव में इसकी आवश्यकता थी या नहीं। हो सकता है तब तक आप उसके बारे में भूल ही जाएं।

–सबसे पहले तय करें कि आप उसे खरीद कर कहां रखेंगे और उसका क्या इस्तेमाल करेंगे? अगर आपने कोई ऐसी वस्तु खरीद ली, जिसके लिए घर में जगह नहीं है तो वह कबाड़ बनकर रह जाएगी। किसी भी नई वस्तु या उपहार को थोड़े समय के लिए भी यहां-वहां न रखें, कबाड़ बनने से पहले उन्हें उनके सही स्थान तक पहुंचा दें।

–कई बार पुरानी वस्तु होते हुए भी नई खरीद ली जाती है। नियम बना लें कि पुरानी वस्तु फेंके बिना नई वस्तु घर में नहीं आएगी। मैंने देखा कि मेरी अलमारी क़पड़ों से ठसाठस भरी थी, तब मैंने नियम बना लिया कि जब भी कोई नई कमीज या सूट खरीदूंगा तो पुरानी कमीज या सूट अलमारी से निकाल दूंगा। मुझे एहसास हो गया था कि ऐसा न करने पर मेरा घर शीघ्र ही कबाड़खाना बन जाएगा। जैसे आप कोई नया डी.वी.डी. लाएं तो पुराना निकाल फेंकें। अगर अपने घर व जीवन पर पूरा नियंत्रण रखना है तो कपड़ों, बच्चों के खिलौनों व रसोईघर के बर्तनों के लिए भी यही तरीका आजमाएं।

–साल में कम-से-कम एक बार अपने निजी पुस्तकालय, अलमारी व पूरे घर पर एक बार नजर अवश्य दौड़ाएं। अगर आप अपने घर में आने वाले सामान और मिलने वाले उपहारों पर ध्यान दें तो इनके निपटारे में और भी आसानी हो जाएगी। जैसे सभी घरों में बच्चों के कपड़े छोटे पड़ जाते हैं या वे अपने खिलौनों से ऊब जाते हैं, वजन कम होने के कारण कुछ कपड़े ढीले हो जाते हैं, वजन बढ़ने के कारण कपड़े चुस्त हो जाते हैं। या हमारी पसंद में बदलाव आता है। आपके मनपसंद विषयों व रुचियों में भी बदलाव आ सकता है। अपने घर की अलमारियों, दराजों व खानों में वही सामान रखें जिसकी आप देखभाल कर सकते हैं और जो आपके काम आ सकता है। नया साल नई वस्तुओं से संबंधित होता है

इसलिए जनवरी माह में वार्षिक छंटाई का यह काम अवश्य करें।

–यह सोच कर सामान न संभालें कि वह कभी काम आ सकता है। वह दिन कभी नहीं आता। अगर सामान आपके काम का नहीं रहा तो निकट भविष्य में भी उसकी जरूरत नहीं पड़ेगी इसलिए किसी को दान में दे दें या किसी जरूरतमंद को दे दें। अगर उस वस्तु के बारे में कोई फैसला न कर पाएं तो उसे एक डिब्बे में बंद कर दें और बाहर तीन से छः मास तक का समय लिख दें। उससे बचने का कोई-न-कोई तरीका खोज लें। ऐसे सामान को बेचने में भी कोई बुराई नहीं होती।

–किसी भी सामान को इसलिए रखना जरूरी नहीं कि वह आपको उपहार में मिला है। अगर आपने किसी काम न आने वाले उपहार को विदा दे दी है तो पछतावा न करें। याद रखें कि यह पछतावा, कबाड़ इकट्ठा होने वाले तनाव से कहीं कम है। ऐसा सामान किसी जरूरतमंद को दे देने से आप निश्चय ही राहत महसूस करेंगे। घर में सामान को कबाड़ बनाने की बजाय किसी के लिए उपयोगी बना दें।

–दूसरों का कबाड़ अपने घर न लाएं। अगर आपका कोई मित्र या रिश्तेदार ऐसा करना चाहे तो उसे शिष्टतापूर्वक 'न' कह दें। इसी तरह अपने घर का फालतू सामान दूसरों के यहां रखना भी अच्छी बात नहीं है। अगर किसी को आपका फालतू सामान नहीं चाहिए तो उससे जबरदस्ती न करें। किसी अवांछनीय मित्र को देने की बजाय उसे दान कर दें। भारत में शिष्टता के नाते, जरूरत न होने पर भी हमें वस्तु स्वीकार करनी पड़ती है हमें बदलते समय के साथ बदलना होगा परंतु जीवन में कुछ न बदलने वाले नियमों के साथ चलना होगा।

घर-दफ्तर

कुछ लोगों के लिए घर को ही दफ्तर बना लेना किसी सपने से कम नहीं होगा और कुछ लोगों के लिए ऐसा करना आवश्यक हो जाता है। इस तरह हम अपने व्यवसाय की ओर ध्यान देते हुए भी परिवार के साथ समय बिता सकते

हैं। कई बार परिवारजन की ओर अधिक ध्यान देने के कारण यही दफ्तर तनावपूर्ण भी हो जाता है और हम एकाग्र होकर कार्य नहीं कर पाते। इस स्थिति से बचने के लिए अपने काम की प्रकृति के अनुसार सुसंगठित माहौल बनाएं। यहां इसी विषय में कुछ टिप्स दिए जा रहे हैं–

अपने लिए जगह बनाएं–आजकल छोटे घरों व फ्लैटों में अपने घरेलू कार्यालय के लिए स्थान निकाल पाना भी आसान नहीं है। अगर आपके काम करने का स्थान ड्राईंग रूम, बच्चों की स्टडी, डाईनिंग रूम या सामान रखने का कमरा है तो यकीनन वहां काम करना मुश्किल होगा। अगर घर में कोई फालतू कमरा है तो उसे ही अपने काम करने के लिए चुनें। एक बड़ी अलमारी, सामान रखने का डिब्बा या फिर मेज भी आपके काम आ सकती है। कमरे के ही किसी कोने को भारी पर्दों की मदद से अलग कर सकते हैं। जितनी भी जगह हो उसी के अनुसार अपने लिए काम करने की जगह बना लें। आपकी रचनात्मक बुद्धि थोड़े से स्थान में भी उत्पादक कार्य कर सकती है। रैक में किताबें, फाइलें और कागज रखकर भी जगह की बचत हो सकती है। बस व्यवस्था बनी रहनी चाहिए।

सफलता प्राप्ति के लिए आपको क्या चाहिए–दफ्तर के लिए स्थान तलाशने के बाद आपको देखना होगा कि वहां आपके व्यवसाय या काम से जुड़ा सारा सामान है अथवा नहीं। यह फोन, कंप्यूटर, लेखन-सामग्री तथा प्रकाश व्यवस्था हो सकती है। अपने स्थान व बजट के अनुसार ही सामान लें। अपने स्थान को कबाड़घर न बनाएं। प्रत्येक व्यक्ति का काम करने का तरीका अलग होता है इसलिए आपको अपने तरीके से काम करने की योजना बनानी होगी। साफ-सुथरा तथा सुसंगठित क्षेत्र आपकी कार्यक्षमता में वृद्धि करता है। सामान इस तरह रखें कि उसे तलाशने की जहमत न उठानी पड़े।

सुसंगठित रहें–सफल व्यक्ति अपने-आपको संगठित करते हैं क्योंकि वे जानते हैं कि कार्य-क्षेत्र में समय का प्रबंधन और काम करने का तरीका कितने मायने रखते हैं। काम करने का कोई भी तरीका चुनें परंतु रात को मेज की सफाई किए बिना न उठें। उस पर वो काम रखें जिसे आपने अगले दिन करना हो ताकि उसे सबसे पहले शुरू किया जा सकें

काम करने के स्थान पर केवल काम ही करें–आपके घरेलू कार्यालय में तस्वीरें तथा अन्य सजावटी सामान व्यावसायिक झलक नहीं देता इसलिए उसे

वहां से हटा दें। यदि कुछ सामान ऐसा है जिससे आप आरामदायक महसूस करते हैं तो उसे पड़ा रहने दें। जहां तक संभव हो, काम के घंटों के दौरान परिवार के सदस्य वहां न आएं-जाएं। सभी सदस्यों को बातों-बातों में यह समझा दें तथा सहयोग करने को कहें। किसी से भेंट या फोन पर बातचीत के दौरान पारिवारिक हस्तक्षेप से बचने के लिए स्पष्ट रूप से अपनी बात कहें।

रचनात्मक बनें–अपने कार्यालय को अधिक उपयोगी व उत्पादक बनाने का पूरा प्रयत्न करें। रद्दी की टोकरी व कागज रखने के रैक आपके अच्छे दोस्त साबित हो सकते हैं। अपने इस कार्यालय में काम करते समय कुछ-न-कुछ नए प्रयोग करते रहें ताकि बेहतर परिणाम मिल सकें। गलती सुधार की प्रक्रिया अपना कर ही एक आरामदायक, सुव्यवस्थित घरेलू कार्यालय पाया जा सकता है।

8.

सफलता की तैयारी

सफलता प्राप्त करना आसान है

जीवन में कुछ पाने के लिए सदा कुछ बेहतर या श्रेष्ठ प्रदर्शन करना पड़ता है। यही लक्ष्य तक पहुंचने का एकमात्र रास्ता है। अगर हम सफल व्यक्तियों की आदतों, विशेषताओं व काम करने के तौर-तरीके सीख लें तो वे हमारे बहुत काम आ सकते हैं। वैसे तो लक्ष्य तक पहुंचने के लिए हर व्यक्ति अपना ही मार्ग चुनता है परंतु सफल व्यक्तियों में कुछ आदतें एक-सी होती हैं। इन्हीं आदतों या विशेषताओं को अपनाकर आप भी सफलता पा सकते हैं। निम्नलिखित विशेषताएं अपने-आपमें संपूर्ण तो नहीं परंतु फिर भी सफलता पाने के लिए बहुत मायने रखती हैं।

उत्साही बनें

एक सफल व्यक्ति अपने हर काम को पूरे जोश से करता है। वह अपने लक्ष्य के प्रति जुनून बनाए रखता है। छोटी-मोटी बाधाएं उसके उत्साह को मंद नहीं करतीं। वह सदा अधिक-से-अधिक पाने को उत्सुक रहता है। यही उत्साह उसे दूसरों से अलग करता है। वह सदा बड़े-बड़े सपने देखता है व सफलता की मन-ही-मन कल्पना करता है। उसे पूरा विश्वास होता है कि उसकी कल्पना हमेशा एक सपना नहीं रहेगी, वह एक-न-एक दिन अवश्य पूरी होगी। वह अपने सपनों को हकीकत में बदल देता है। वह इसे हकीकत में बदलने के लिए हर संभव प्रयत्न करता है, इसके अलावा उसका कोई भी काम निरुद्देश्य नहीं होता। वह यह सोच-सोचकर समय नहीं गंवाता कि वह लक्ष्य तक पहुंच ही नहीं सकता। उसे अच्छी तरह पता होता है कि जब तक वह लक्ष्य के प्रति केंद्रित नहीं होगा, कुछ नहीं हो सकता।

उसके लक्ष्य व सपने आगे बढ़ने की प्रेरणा देते रहते हैं। वह अच्छी तरह जानता है कि केवल ख्याली पुलाव पकाने से बात नहीं बनेगी, उसे कड़ी

मेहनत करनी पड़ेगी। दिन भर हमारे दिमाग में जाने कितने ही विचार आते हैं और ख्याली पुलाव पकाने में ही चुक जाते हैं परंतु सफल व्यक्ति उन विचारों को क्रियात्मक रूप देने में देर नहीं करता।

ईश्वर ने सभी मनुष्यों को एक-सा दिमाग दिया है। अगर वह अपने दिमाग में आए किसी विचार पर कार्रवाई नहीं करता तो हो सकता है कि वही विचार किसी और के दिमाग में आ जाए और वह उससे फायदा उठा ले।

सफलता चाहने वाला व्यक्ति संघर्ष, कठिनाई, विरोध व परेशानियों के बावजूद अपनी राह पर बढ़ता चला जाता है और लक्ष्य पाकर ही दम लेता है। वह इन बाधाओं को अपने लिए सुनहरा अवसर जान कर साहस बटोरता है और उन पर विजय पा लेता है।

उसे पूरा विश्वास होता है कि राह में आने वाली बाधाएं अस्थायी हैं जो थोड़ी-सी मेहनत व दृढ़ता के बाद स्वयं ही हट जाएंगी।

सफलता के आग्रही व्यक्ति को तय कर लेना चाहिए वह वास्तव में ही वैसा करना चाहता है। किए जाने वाले काम का फैसला न होने की स्थिति में ही भ्रम पैदा होता है। सफल व्यक्ति जानते हैं कि कोई भी फैसला न लेने की बजाय कोई फैसला लेना बेहतर होता है। यहां तक कि एक गलत फैसला भी समझौते में मदद कर सकता है। सफलता को एक पूर्वनियोजित योजना की आवश्यकता होती है। उसके बाद उसे नियत समय में पूरा करना होता है। सफल व्यक्ति जानते हैं कि उनमें अपने सपनों को साकार करने की योग्यता है। अपने लक्ष्य के प्रति स्पष्ट नजरिया, उसे प्राप्त करने में मदद करता है।

सफल व्यक्ति अपनी इच्छा को पूरा करने का हरसंभव प्रयत्न करते हैं। वे लक्ष्य-प्राप्ति के लिए केंद्रित रहते हैं। आप अपने मन से तय किए गए किसी भी लक्ष्य तक पहुंच सकते हैं। बस उसके बारे में आपका नजरिया व सोच स्पष्ट होनी चाहिए।

विश्वास

सफलता चाहने वाले व्यक्ति सदा सफलता की अपेक्षा रखते हैं। वे विश्वास रखते हैं कि चाहे जो भी हो, वे सफल होकर रहेंगे। उन्हें अपने विचारों व योग्यताओं में पूरा भरोसा होता है। वे इसी विश्वास के बल पर भय व शंका

की सारी सीमाएं तोड़ देते हैं। वे जानते हैं कि वे अपने विश्वास द्वारा लक्ष्य तक पहुंचने की राह जान ही लेंगे।

सदाचार

इस समय हमारे देश में कई लोग चर्चा करते हैं कि सफलता अथवा नैतिक चरित्र में कौन ज्यादा महत्त्व रखता है? धनी-मानी लोग अपनी आपराधिक गतिविधियों के बावजूद समाज में प्रशंसा के पात्र हैं। मेरा मानना है कि जिस तरह दर्जी आपके शरीर की बनावट नहीं सुधार सकता उसी तरह धन भी स्थायी सफलता नहीं दे सकता। हो सकता है, लोग सफल व्यक्ति को उसके मुंह पर कुछ न कहें परंतु वे पीठ पीछे उन अनैतिक साधनों की चर्चा अवश्य करते हैं, जो उसने सफलता पाने के लिए अपनाए।

ऐसे सफल व्यक्तियों को कभी-न-कभी ईमानदारी व सदाचार न अपनाने का गहरा मोल चुकाना पड़ता है। सदाचार, ईमानदारी व पवित्रता के बिना सच्ची सफलता व आदर नहीं मिल सकते।

सफल व्यक्तियों के आसपास रहें

सफल व्यक्ति अपने आसपास सफल व्यक्तियों से ही घिरे रहते हैं। वे एक-दूसरे के साथ श्रेष्ठ विचारों का आदान-प्रदान करते हैं। एक दूसरे को सफलता के लिए उत्साहित करते हैं। वे एक दूसरे की सफलता से चिढ़ने या जलन करने की बजाय मानकर चलते हैं कि ऊंचाई पर दूसरों के लिए भी बहुत जगह है। वे समाज को अपनी सेवाएं देते हैं।

अपने समय की कीमत पहचानें

सबसे पहले आपको यह जान लेना चाहिए कि किसी काम पर आप कितना समय लगा रहे हैं। अगर आप किसी संस्था के लिए कार्यरत हैं तो अपने वेतन, टैक्स, सुख-सुविधाएं, बंगला व प्रशासनिक मदद की गणना करके अनुमान लगाएं कि आप इनकी कितनी कीमत चुकाते हैं। अगर आप व्यवसायी हैं तो एक साल में व्यवसाय पर होने वाले खर्च का अंदाज लगाएं। इसमें आपके काम से होने वाले लाभों को भी शामिलकर दें। एक सामान्य व्यक्ति प्रतिवर्ष

लगभग 200 दिन उत्पादक कार्य करता है। अगर आप प्रतिदिन आठ घंटे काम करते हैं तो यह वर्ष के 1600 घंटे हो जाएंगे। इस तरह आप अपने समय की कीमत को प्रति घंटा निकाल सकते हैं। जब आपको अपने समय की कीमत पता लग जाएगी तो आप आसानी से तय कर पाएंगे कि किसी काम को करने में कोई लाभ है अथवा नहीं। अगर आप ऐसे कामों में अपना बहुत-सा समय व्यर्थ कर रहे हों तो उन्हें छोड़ दें या किसी दूसरे को सौंप दें।

तथ्यों से अधिकतम जानकारी लें

किसी भी काम को शुरू करने से पहले क्यों, कब, केसे व कहां जैसे प्रश्नों के उत्तर अपने-आपसे मांगें। आपकी समस्या वहीं हल हो जाएगी। आपको अच्छी तरह स्पष्ट हो जाएगा कि उस काम को करें अथवा नहीं। जब तक सारी संभावित जानकारी न मिल जाए तब तक ऐसे प्रश्नों के उत्तर जानने का प्रयत्न करें। किसी भी हालात का जायजा लेने के लिए पर्याप्त समय लें। इन चार शब्दों के प्रयोग से आप किसी भी साधारण तथ्य से अधिकतम जानकारी पा सकते हैं। हो सकता है कि सामान्य तरीके से भी आप किसी नतीजे पर पहुंच जाएं परंतु यह तकनीक शीघ्र व विश्वसनीय जानकारी पाने का अच्छा माध्यम है।

जीवन अपने तरीके से जीएं

सभी खिलाड़ी, व्यवसायी तथा अपने क्षेत्र के विशेषज्ञ परंपरागत रूप से लक्ष्य तय करते आए हैं। इससे दीर्घकालीन प्रेरणा प्राप्त होती है। यह आपके संसाध नों की व्यवस्था व संगठन में सहायक होता है। नियमित समय पर लक्ष्य तय करने से आप आसानी से जान सकते हैं कि आप क्या चाहते हैं? यह आपका लक्ष्य-प्राप्ति की ओर पहला कदम होगा। यह निजी नियोजन के लिए भी एक जानी-मानी प्रक्रिया है। यह आपको स्पष्ट कर देते हैं कि आप जीवन में कहां जाना चाहते हैं? इस बारे में सब कुछ स्पष्ट हो जाने पर आपको अपने लक्ष्य के प्रति एकाग्र होने में मदद मिलती है। आपके आत्मविश्वास और क्षमता में वृद्धि होती है।

हम कई स्तरों पर लक्ष्य तय करते हैं। प्रभावी परिणाम पाने के लिए

आपको जान लेना चाहिए कि कौन-से महत्त्वपूर्ण लक्ष्य आप पाना चाहते हैं? फिर इसे छोटे-छोटे प्राप्त करने योग्य लक्ष्यों में बांट लें, जिससे काम को बेहतर तरीके से करने में मदद मिल सकें

आजीवन लक्ष्य आपकी निर्णय-क्षमता पर भी प्रभाव डालते हैं। एक बार योजना के पक्का होने के बाद ही उसे पाने के लिए काम शुरू किया जा सकता है।

जीवन के सभी प्रमुख क्षेत्रों में एक विस्तृत और संतुलित नजरिया पाने के लिए आपको लक्ष्य तय करते समय निम्न पहलुओं पर ध्यान देना चाहिए।

रवैया–आपकी मानसिकता सकारात्मक है या नकारात्मक? कहीं वह आपको जीवन में प्रगति करने से रोक तो नहीं रही? क्या आपका व्यवहार ऐसा है जिसके लिए आपको बाद में शर्मिंदा होना पड़ता है? अगर ऐसा है तो कोई भी लक्ष्य चुनने से पहले अपने इस रवैए में बदलाव लाएं।

व्यावसायिक लक्ष्य–आप अपने केरियर में क्या पाना चाहते हैं और इसे पाने में कितना समय लगेगा?

पारिवारिक लक्ष्य–क्या आप एक आदर्श माता-पिता के रूप में बच्चों का साथ देना चाहते हैं। अगर हां, तो पीढ़ी अंतराल को भरने के लिए आप क्या कर रहे हैं? अपने परिवार की देखभाल के लिए आप किन बातों का ध्यान रखेंगे?

वित्तीय लक्ष्य–आप अपने जीवन में केसी वित्तीय स्थिति पाना चाहते हैं और किस आयु तक आप कितनी आय चाहते हैं? इस दिशा में आगे बढ़ने के लिए आपने क्या कदम उठाए हैं?

शारीरिक लक्ष्य–क्या आप खेलों में नाम कमाना चाहते हैं या केवल अच्छा स्वास्थ्य चाहते हैं? इस लक्ष्य को पाने के लिए आपने क्या कदम उठाए हैं?

आनंददायक लक्ष्य–आपके लिए आनंद की क्या परिभाषा है? यह धन, मान, स्वास्थ्य व संगति में से क्या है? आप अपने जीवन का किस तरह आनंद लेना चाहते हैं? आपको अपने व परिवार के लिए पर्याप्त समय निकालना होगा। एक बार इन क्षेत्रों में अपने लक्ष्य तय करने के बाद उन्हें प्राथमिकता के आधार पर क्रमशः लगाएं।

इसके बाद उन पर एक नजर दौड़ाएं और कोई कमी लगे तो उन्हें फिर से प्राथमिकता के आधार पर लगाएं। इस प्रकार वे उस जीवन का आईना बन

जाएंगे, जैसा जीवन आप जीना चाहते हैं। यह भी निश्चित कर लें कि आप अपने परिवार, पत्नी, माता-पिता व सहयोगियों द्वारा बनाए गए लक्ष्यों को पाने की बजाय उन लक्ष्यों पर काम करेंगे, जो आपने अपने लिए चुने हैं।

आजीवन लक्ष्य पाने के लिए क्या करें?

किसी भी तरह का लक्ष्य तय करने से पहले बेहतर होगा कि आप उसके बारे में पुस्तकें पढ़ें और अधिकतम जानकारी एकत्र करें। इसके बाद लगभग 30 वर्षीय छोटे लक्ष्य निर्धारित करें। एक, दो, तीन, चार व पांच और छः वर्षीय छोटी-छोटी योजनाएं भी बनाई जा सकती हैं। यह सब मिलकर आपको जीवन के बड़े लक्ष्यों तक ले जाएंगी। यह सब एक-दूसरे पर आधारित व जुड़ी होनी चाहिए।

प्रतिदिन के कामों की एक सूची बनाना भी जरूरी है। समय-समय पर इन योजनाओं का मूल्यांकन करते रहें ताकि वे आपके जीवन के अनुसार ढल सकें। समय-समय पर दीर्घकालीन लक्ष्यों को जांचें, अपनी प्राथमिकताओं व अनुभव के आधार पर उनमें फेरबदल करें। यही सही राह पर चलने का सबसे अच्छा तरीका है।

प्रभावी लक्ष्य कैसे तय करें?

निम्नलिखित पंक्तियां आपको प्रभावी लक्ष्य तय करने में मदद दे सकती हैं। हर लक्ष्य के सकारात्मक पहलुओं को सामने रखें। किसी भी काम की गलतियों को बार-बार दोहराने की बजाय काम को बेहतर तरीके से संपादित करें।

निश्चित रूप से स्पष्ट लक्ष्य सामने रखें। समय व तिथि का अनुमान उपलब्धि तक पहुंचने में सहायता देगा। अगर आप ऐसा कर सके तो जान सकते हैं कि किस समय तक आप अपना लक्ष्य पा लेंगे। अगर आपके सामने अनेक लक्ष्य हों तो उनकी प्राथमिकता तय करें। इस तरह आप खास लक्ष्यों पर अपना ध्यान पहले केंद्रित कर पाएंगे। लक्ष्य लिखने से उनमें स्पष्टता का भाव आएगा। एक बार इसी तरीके से काम करना सीखने पर, यह आपकी आदत में शुमार हो जाएगा।

जिन उद्देश्यों को लेकर चलें, वे छोटे तथा प्राप्त करने योग्य हों। अगर

लक्ष्य बड़ा होगा तो आपको अपनी तरक्की दिखाई ही नहीं देगी। छोटे-छोटे लक्ष्य पूरे होने से प्रेरणा व संतुष्टि मिलती है। आपके प्रतिदिन के लक्ष्य ऐसे हों जो बड़े लक्ष्य तक पहुंचने का माध्यम बन जाएं। अति महत्त्वाकांक्षी लक्ष्य तय न करें। लक्ष्य ऐसे हों, जिन पर आप पूरा नियंत्रण रख सकें।

व्यावसायिक माहौल, गलत निर्णय, असंतुष्टिदायक मौसम या दुर्घटना आदि कारण आपके काबू में नहीं है अतः इनके कारण आने वाली परेशानी को सहन करना सीखें। हो सकता है कि आपके माता-पिता, मित्र, मीडिया, समाज, मित्र व नौकर-चाकर तक आपको लक्ष्य सुझाने लगें। वे आपकी इच्छाओं, महत्त्वाकांक्षाओं, प्राथमिकताओं व वचनों से अनजान होने के कारण ही ऐसी राय देते हैं।

उदाहरण के तौर पर जब मैं सी.बी.आई. में डायरेक्टर पद पर था तो मेरा सब्जी वाला, सुबह साथ सैर करने वाले व मित्रगण आदि सलाह देते रहते थे कि अच्छे परिणाम पाने के लिए मुझे क्या करना चाहिए। ऐसे हालात में यह भी संभव हो सकता है कि आपके पास पहले से ही ऊंचे लक्ष्य हों, जिन्हें पाने के लिए आपके पास पूरी योग्यता व क्षमता विद्यमान हो।

इसके साथ ही ज्यादा छोटे व नीचे लक्ष्य भी न बनाएं। आपके लक्ष्य अव्यावहारिक रूप से ज्यादा ऊंचे अथवा नीचे नहीं होने चाहिए। कई बार लोग बहुत आसान लक्ष्य तय कर लेते हैं क्योंकि वे अपने-आपको हारता हुआ नहीं देख सकते। लक्ष्य थोड़े बड़े हों किंतु इतने असंभव भी न हों जो प्राप्त ही न किए जा सकें।

अव्यावहारिक लक्ष्य तक पहुंचने के लिए कोई भी गंभीरतापूर्वक प्रयत्न नहीं करता इसलिए आप भी इस बारे में सचेत रहें और एक बढ़िया संतुलन बनाए रखें। इससे आपका तनाव भी घटेगा। छोटे-छोटे लक्ष्य पूरे होने का आनंद लें, अपनी सराहना करें और अगले लक्ष्य की ओर बढ़ जाएं। यही सदा प्रसन्न रहने का एकमात्र तरीका है।

तनाव : कैसे काबू पाएं?

तनाव हमारे शरीर पर बहुत बुरा असर डालता है। लगातार बदलते हुए माहौल से समायोजन न कर पाने की स्थिति में तनाव हमें घेर लेता है। यह हमें भावनात्मक व शारीरिक रूप से प्रभावित करता है। यह किसी भी व्यक्ति को

सकारात्मक या नकारात्मक बना सकता है। सकारात्मक तनाव जनित दबाव हमें किसी भी समस्या का बेहतर हल तलाशने में मदद करता है। नकारात्मक प्रभाववश हम क्रोध, कुंठा व अवसाद के शिकार हो सकते हैं तथा उच्च रक्तचाप, हृदय रोग, पक्षाघात, सिरदर्द, पेट की खराबी, अल्सर व अनिद्रा आदि रोगों से ग्रस्त हो सकते हैं। यह हमारे संबंधों को भी प्रभावित करता है। तनाव हमारे लिए बुरा भी है और अच्छा भी, यह हम पर निर्भर करता है कि हम इसे किस रूप में लेते हैं।

जीवन से तनाव कैसे घटाएं?

सकारात्मक तनाव हमारे जीवन को नया रोमांच देता है। आगे बढ़ने के लिए भी सकारात्मक तनाव का होना जरूरी है। प्रतिस्पर्धा, समय-सीमा, संघर्ष व कुंठा आदि भावनाएं भी हमारे जीवन को समृद्ध करती हैं। हमारा उद्देश्य यही हो कि तनाव निरुद्देश्य न हो तथा किसी अच्छे व बेहतर प्रदर्शन के लिए इसका इस्तेमाल किया जाए। नकारात्मक तनाव हमें नुकसान पहुंचाता है। यह हमारे मन को कई उलझनों में डाल देता है। हमें तनाव का वह स्तर पहचानना चाहिए, जहां वह हमें उलझन में डालने की बजाय प्रेरित कर सकें

तनाव का वह स्तर कैसे जानें?

सभी व्यक्तियों के लिए तनाव का एक-सा स्तर लाभदायक नहीं हो सकता क्योंकि हम सभी मनुष्य अलग-अलग विशेषताओं के साथ पैदा हुए हैं। एक स्तर जो किसी व्यक्ति को तनावग्रस्त कर सकता है, दूसरे के लिए प्रेरक भी हो सकता है। कई बार किसी बुरी घटना को जान लेने के बाद भी हम उसके प्रति शारीरिक व मानसिक प्रतिक्रियाएं व्यक्त करते हैं।

मेरा एक सहकर्मी लगातार तनाव से घिरा रहता था। वह साधारण और रोजमर्रा के कामों में भी तनावग्रस्त रहता था। दूसरा सहकर्मी उन स्थितियों में तनावग्रस्त हो जाता था जब उससे बेहतर प्रदर्शन की मांग की जाती थी। हमारा निजी तनाव व उसकी आवश्यकताएं आयु के अनुसार घटती-बढ़ती रहती हैं।

एक अध्ययन से पता चला है कि छिपे हुए तनाव की वजह से ही अनेक रोग पैदा होते हैं। अगर आपको तनाव के लक्षण अनुभव हो रहे हैं तो

हो सकता है कि इससे आपकी सेहत भी प्रभावित हो रही हो। आपको इसमें सुधार के लिए अपने जीवन से तनाव घटाना होगा या उससे निपटने की योग्यता पैदा करनी होगी।

तनाव से निबटने के बेहतर उपाय

किसी भी छिपे तनाव को जानकर ही इसके हानिकारक प्रभावों को घटाया नहीं जा सकता। तनाव के अनेक साधनों की तरह इसके प्रबंधन के भी अनेक उपाय हैं। यद्यपि सभी तरीके बहुत फेर-बदल चाहते हैं। इस बदलाव में आप या तो तनाव का साधन हटा दें या अपनी प्रतिक्रिया बदल दें। निम्नलिखित उपाय आपके लिए कारगर हो सकते हैं–

(1) अपने चिंताजनक तनाव के स्रोतों व उस पर होने वाले शारीरिक व भावनात्मक प्रतिक्रियाओं के प्रति सचेत रहें। तनाव व इसकी प्रतिक्रियाओं को एक कागज पर लिख लें। इसे अनदेखाकरने की नीति न अपनाए जो स्थितियां, व्यक्ति या घटनाएं आपको तनावग्रस्त कर देती हैं, उनके बारे में आपको स्पष्ट रूप से पता होना चाहिए। इन घटनाओं का आपके जीवन व तनाव से कितना गहरा संबंध है? पता लगाएं कि आपका शरीर तनाव पर केसी प्रतिक्रिया व्यक्त करता है। क्या आप शारीरिक रूप से परेशान हो जाते हैं? अगर हां, तो आप किस तरह इन प्रतिक्रियाओं को घटा सकते हैं।

(2) पता लगाएं कि तनाव को घटाने के लिए आप क्या-क्या बदलाव ला सकते हैं या आपको लाने चाहिए। ऐसी स्थितियों को प्रतिदिन निबटने की बजाय दस या पंद्रह दिन बाद निबटाया जाए तो ज्यादा बेहतर होगा। एक दूसरा तरीका यह भी हो सकता है कि आप ऐसे स्थान पर जाएं ही न। इन सबके लिए समय व ऊर्जा की आवश्यकता होगी। यहां लक्ष्य व समय प्रबंधन जैसी तकनीक कारगर हो सकती है।

(3) शारीरिक, व्यावसायिक व भावनात्मक दबाव के कारण ही हम तनाव के लिए प्रतिक्रिया व्यक्त करते हैं। तनाव के प्रति अपनी भावनात्मक प्रतिक्रिया घटाएं। इन्हें अपने जीवन से ज्यादा महत्त्वपूर्ण

न मानें और नाजुक हालात में सोच-समझकर ही कोई फैसला लें। हर किसी को प्रसन्न रखना तथा हर हालात पर तीखी प्रतिक्रिया देना भी अंतहीन तनाव का कारण बन जाता है। तनाव घटाने के लिए जीवन को सहज व सामान्य रूप में लेना सीखें। किसी भी समस्या के सभी पहलुओं की शांति से जांच करें और नकारात्मक पहलुओं से दूर रहें। 'क्या होता' या 'यदि' जैसे वाक्यों व भावनाओं के दास न बनें। यह मानकर न चलें कि हर समस्या का हल होता है। तनाव को अपने ऊपर हावी होने से बचाने के लिए सहज भाव से जीने की कोशिश करें।

(4) तनाव से पैदा होने वाली शारीरिक प्रतिक्रिया से अपना बचाव करना सीखें। धीमी व गहरी सांसें भरकर आप अपनी हृदय गति को सामान्य कर सकते हैं। आरामदायक व्यायाम मांसपेशियों का तनाव घटाते हैं। चहलकदमी, तैराकी, साईकिल चलाना, संतुलित भोजन, आदर्श वजन, मदिरापान व धूम्रपान का त्याग व अन्य उत्तेजक द्रव्य पदार्थों का कम-से-कम सेवन आपका तनाव घटाते हैं।

अपनी नींद के पूरे घंटे लें। थकाने वाले काम के बीच छोटे-छोटे ब्रेक लेते रहें। दूसरों द्वारा तय किए गए लक्ष्यों की बजाय अपने लक्ष्यों पर ध्यान दें। किसी भी नए काम में हाथ डालते ही कुंठा, तनाव, दुख, हार व निराशा का सामना हो सकता है। तब अपने ऊपर सारा दोष लेने की बजाय अपने-आपको सहारा दें। अपने अच्छे मित्र बनें। कुछ अच्छे मित्र व संबंध इस दिशा में आपके सहायक हो सकते हैं।

सफलता की शक्ति

कई लोग जानना चाहते हैं कि सफलता के लिए स्वयं को तैयार करने का सबसे बेहतर समय और तरीका क्या होना चाहिए। वास्तव में आपको इसके लिए भी पूरी तैयारी करनी होगी। सफलता कोई अचानक हाथ आने वाली वस्तु नहीं है। जीवन में अपना स्तर सुधारना चाहते हैं तो आपको मेहनत करनी ही होगी। यह एक बहुत बड़ी चुनौती है। आपके पास जो आज है, उससे कहीं ज्यादा पा सकते हैं। आप जो हैं, उससे बड़े बन सकते हैं। मैंने पाया कि मेरी आय मेरी निजी क्षमता व विकास से अधिक नहीं होती। हो सकता है कि आप

भाग्यवश एकाध बार अधिक धन पा लें परंतु थोड़े ही दिनों में आपकी आय अपने मूल स्तर पर आ जाएगी। एक लेखक का कहना है कि अगर आप सारे संसार का धन प्रत्येक व्यक्ति की क्षमता व योग्यता के आधार पर बांट दें तो वह शीघ्र ही पहली जेबों में पहुंच जाएगा। यद्यपि आप ज्यादा काम करके, ज्यादा पा सकते हैं।

जब तक आप स्वयं में बदलाव नहीं लाते, आप वहीं रहेंगे, जो हैं। आपको खतरा उठाने के लिए हिम्मत रखनी होगी। भविष्य की संभावनाओं के प्रति उत्साहित होकर काम में जुट जाएं। जीवन में कुछ बेहतर पाने की आशा है तो अपने-आपमें सुधार लाएं। जीवन की चुनौतियों का सामना करते हुए आगे बढ़ें। एक प्रसन्न व स्वास्थ्यवर्द्धक कार्य-क्षेत्र आपकी कार्य-क्षमता को निश्चय ही बढ़ा सकता है।

राह में आने वाली मुश्किलें और कठिनाइयां आपको हालात पर एक बार सोचने के लिए विवश कर देती हैं जिससे आपकी योग्यता में निखार आता है। व्यावहारिक रूप में जीवन कठिनाइयों से भरा है पर एक मजबूत दिल, दिमाग, आत्मा व चरित्र वाला व्यक्ति सदा इन कठिनाइयों से ऊपर उठता है और विजयी होता है। वह सारे भय, निरादर, शंकाओं व आलोचनाओं से ऊपर उठकर जीना सीख लेता है। वह अपने व अपने जीवन के प्रति ईमानदार रहना जानता है। जब हम बड़ी गलतियां करते हैं तो अतीत को अपने भविष्य पर काबू नहीं करने देते। इसकी बजाय हम यह मानकर चलते हैं कि हर दिन एक नई शुरुआत है। हम यह भी जानते हैं कि अपनी अप्रसन्नता के लिए हम दूसरों को दोषी नहीं ठहरा सकते। हमें अपने जीवन व इसके चुनावों का दायित्व लेना होगा। 'एल्बर्ट हब्बर्ड' के इस कथन को याद रखें-

"एक मशीन पचास साधारण व्यक्तियों का काम कर सकती है पर कोई भी मशीन एक असाधारण मनुष्य का काम नहीं कर सकती...।"

यह आप पर निर्भर करता है कि आप किस तरह असाधारण बन सकते हैं? सदा जीवन में ऊंचा उठने की कोशिश करें। नीचे रास्ते और सोच आपको खुशियां नहीं दे सकते। चारों ओर छाई खुशियों के बीच अपने लिए दुख न तलाशें। ऐसा विश्वास कभी न करें कि आपको कोई भी वस्तु प्रसन्नता नहीं दे सकती। आप जिसके हकदार हैं, उसे पाने की पूरी कोशिश करें। सदा अपने प्राप्य से संतोष न करें। जीवन में आगे बढ़ें और अंतहीन अवसरों को लपक लें।

अपने लिए एक सार्थक जीवन चुनें और जीने की कोशिश करें समय-समय पर आत्मपरीक्षण द्वारा आत्मपराजित विचारों को अपने दिमाग से निकालें और प्रसन्नता पाने के लिए आग्रही रहें। ऐसे अभ्यास से आप यह भी जान जाएंगे कि आप जीवन में केसे चुनाव और काम नहीं कर पा रहे हैं। आपको एहसास होगा कि सकारात्मक सुधारों के बिना कोई भी व्यक्ति तरक्की नहीं कर सकता। जीवन की उन घटनाओं को याद करें जिन्होंने आपके सपने को साकार करने में मदद दी। इस आत्मपरीक्षण के अभ्यास से जीवन के दूसरे क्षेत्रों में भी क्रांति लाई जा सकती है।

सदा एक विजेता बनें

एक पराजित और विजेता में क्या अंतर होता है? आज जिस तरह के व्यक्ति हैं, जीवन में उसी तरह की प्रसन्नता पाते हैं। एक प्रसिद्ध लेखक एंथोनी रोबिंस के अनुसार–

"लक्ष्य अंत तक अवश्य जाते हैं पर वे हमारे जीवन का अंतिम उद्देश्य नहीं होते। वे हमें किसी एक दिशा में केंद्रित करने का साधन हैं। अपने विस्तार व फैलाव के लिए ही हम लक्ष्य चुनते हैं। अपने आप प्राप्त हो जाने वाले दीर्घकालीन लक्ष्य हमें सच्ची प्रसन्नता नहीं दे सकते। सभी बाधाएं पार करके आने वाला व्यक्ति ही संपूर्ण संतुष्टि प्राप्त करता है।"

यह तथ्य है कि एक-सी स्थिति में दो व्यक्ति अलग-अलग तरह से प्रतिक्रिया व्यक्त करते हैं। एक व्यक्ति अपने जीवन को दुखों में डुबो देता है और दूसरा उन दुखों से निकलने की चुनौती स्वीकार कर लेता है। यह सब आपके द्वारा चुने गए रास्ते पर निर्भर करता है। एक निराशावादी अपने-आपको शिकार मानकर दूसरों को भी दुखी कर देता है। चाहे कितनी भी कठिनाइयां क्यों न आएं, अपने जीवन की जिम्मेवारी लेना सीखें। इस तरह हम मानवता का पाठ पढ़ते हैं।

हममें अपनी गलती स्वीकार करने की हिम्मत होनी चाहिए। हममें अपने जीवन को स्पष्ट नजरिए से देखने की क्षमता होनी चाहिए। यह सच है कि कठिनाइयों से उबरने के लिए साहस चाहिए। बुरे-से-बुरे हालात को भी बेहतर बनाने की कोशिश करें। यह मानकर न चलें कि आपका अतीत, भविष्य पर सदा हावी रहेगा। अगर ऐसा होता तो कोई भी निर्धन परिश्रमी जीवन में तरक्की

न कर पाता। एक क्षण के लिए भी यह न सोचें कि आप जीवन से कुछ नहीं पा सकते। अतीत की भूलों को बार-बार दोहराने से बचें वरना खुशियां आपसे कोसों दूर हो जाएंगी। ऐसे हालात में आप केवल प्रसन्नता को पैदा कर सकते हैं वरना आप अपनी बनाई केद में ही घुट जाएंगे। अपने जीवन का पूरा उत्तरदायित्व लेकर आप इस केद से आजाद हो सकते हैं।

यह सोचकर आगे कदम बढ़ाएं कि आप जो चाहते हैं, उसे आसानी से पा सकते हैं। इसके लिए आपको प्रतिदिन अपने आत्मविश्वास को दृढ़ करना होगा। जीवन के एक क्षेत्र में सुधार से आरंभ करें और इसे विस्तृत करते चलें।

जीवन को सादा बनाने के लिए अपने-आपको प्रोत्साहन देते रहें। इससे पारदर्शिता बढ़ती है। आपके भय तिरोहित हो जाते हैं। इससे आपको असीम शक्ति का अनुभव होता है। हम नए व विस्तृत मस्तिष्क के साथ नई दुनिया में कदम रखते हैं। यह हमें ही तय करना है कि हमारा आचरण केसा होगा? यह सच है कि कई बार अनदेखी घटनाएं हमारे नियंत्रण के बाहर रह कर घटती हैं। आपके पास उनसे बचाव की आजादी होनी चाहिए। हमें अपने उन बंधनों को तोड़ देना चाहिए, जिन्होंने हमें चारों ओर से घेर रखा है। अब्राहम लिंकन प्रायः कहते थे-

"मैं हमेशा तैयारी करने में थोड़ा समय लेता हूं। मुझे पेड़ काटने के लिए छह घंटे दिए जाएं तो मैं पहला घंटा कुल्हाड़ी की धार तेज करने में लगा दूंगा।"

पुराने विचारों से मुक्ति पाएं

इसके लिए कुछ सुझाव निम्नलिखित हैं।

अपनी गलती कबूल करें—एक रचनात्मक व्यक्ति किसी एक ही विचार से बंध कर नहीं रहता। एक सुलझा हुआ लचीला मस्तिष्क रुढ़िवादी नहीं होता। वह सदा दूसरों को यही यकीन नहीं दिलाता रहता कि वह सही है। कई व्यक्ति छींटाकशी, व्यंग्य व दूसरों को दोषी ठहराने में ही अपनी सारी मानसिक ऊर्जा खर्च कर देते हैं। एक सकारात्मक सृजनशील व्यक्ति अपनी भूल स्वीकार करता है, किसी भी समस्या का हल तलाश कर तेजी से आगे बढ़ता है। अक्सर अरचनात्मक व्यक्ति ही अपनी गलती स्वीकारने को कमजोरी मानते हैं। वे गलत होने पर भी कह नहीं पाते-

"मैंने गलती की है या मुझसे भूल हो गई।"

जबकि अपनी गलती स्वीकार करना परिपक्वता व निजी शक्ति का सूचक है। सृजनशील व्यक्ति अपने बदले गए विचारों पर शर्मिंदा नहीं होते। मुझे तो इस बात पर हैरानी होती है कि किस तरह लोग समाज के भय से अपने फैसले नहीं बदल पाते। एक सृजनशील व्यक्ति कोई भी नया विचार या जानकारी पाने पर अपनी धारणा बदलने में देर नहीं लगाता। अगर किसी भी हालात में उसका फैसला गलत जान पड़े तो वह झट से उसमें बदलाव कर देता है। वह ऊंचाई तक पहुंचने में संकोच नहीं करता।

आप सदा यही मानकर चलें कि आप पूर्ण नहीं हैं और आपसे गलतियां हो सकती हैं। यह साहस व बुद्धिमत्ता का प्रतीक है। हम सब जानते हैं कि आगे बढ़ने के लिए काम करने की शैली या व्यवसाय में बदलाव लाना ही पड़ता है। हमें उस बदलाव का दिल खोलकर स्वागत करना चाहिए। किसी भी अवसर को पहचानकर उस तक पहुंचना सबसे बड़ी बुद्धिमानी है।

अपने घर व कार्य-क्षेत्र की व्यवस्था करें—सरकारी नौकरी से रिटायरमेंट के बाद मैं ढेरों कागजी कार्रवाई, ई-मेल, नए विचारों, पढ़ी जाने वाली किताबों और लिखी जाने वाली पुस्तकों के जाल में उलझकर रह गया था। मैं वे सारे काम करना चाहता था परंतु मैं उन्हें किसी फाइल के हवालेकरके किसी दूसरे काम में उलझ जाता। मैंने उन सभी कामों की एक सूची बनाने की कोशिश की। अतिव्यस्त लोगों के लिए मैंने कुछ उपाय सुझाए हैं जो उनके जीवन को व्यवस्थित रख सकते हैं।

इनमें से कुछ हैं—नोट्स लें, अपने पास हमेशा एक छोटी नोटबुक और पेन रखें ताकि आप अपने किए जाने वाले विचारों व कामों का जायजा ले सकें। इन कामों को स्वयं याद रखने की बजाय डायरी को यह जिम्मेदारी निभाने दें।

टेलीफोन—कई लोग टेलीफोन पर बहुत बातचीत करते हैं। वे टेलीफोन लाईनें जाम कर देते हैं। आप हर फोन कॉल के लिए समय निश्चित करें। अगर वह व्यक्ति आपसे लंबी बातचीत करना चाहे तो उसे शिष्टतापूर्वक समझा दें, फोन कॉल समाप्त करते समय उसे धन्यवाद दें। अगर वह कुछ बातें बार-बार दोहराएं तो उसे समझा दें कि आप उन्हें नोट कर चुके हैं। अगर आप कहीं जाने की जल्दी में हैं और किसी का फोन आ जाए तो उस व्यक्ति को इस

बारे में बता दें। इस तरह आप लंबी फोन कॉल के तनाव से बच जाएंगे। फोन पर संक्षिप्त में अपनी बात कहने का प्रयत्न करें।

प्रतीक्षा के समय का सदुपयोग–किसी डॉक्टर के पास या रेलवे स्टेशन व हवाई अड्डे पर बॉस से भेंट से पहले अगर प्रतीक्षा करनी पड़ जाए तो उस समय का पूरा उपयोग करें। उस समय आप आसपास की सफाई भी कर सकते हैं।

सहायता लेना-देना सीखें–किसी सहयोगी या परिवार के सदस्य से मिली सहायता के लिए धन्यवाद देना तथा प्रशंसा करना न भूलें। ऐसी प्रशंसा उन्हें आपकी दोबारा सहायता करने का प्रोत्साहन देगी।

विलंब न करें–जब आप किसी काम को करने में देरी करेंगे तो इसके बारे में सोच-सोचकर केवल तनाव बढ़ेगा। धीरे-धीरे यह देरी इतनी ज्यादा हो जाएगी कि उस काम को करना लगभग असंभव हो जाएगा। आप पहले उस काम को निपटाएं, जो बहुत दिनों से अधूरा पड़ा हो। काम को करने योग्य छोटे-छोटे टुकड़ों में बांट लें। जो काम समय की पाबंदी के कारण अकेले न कर पाएं, उसे दूसरों के साथ बांट लें। आप किसी को भुगतान करके भी उसकी सेवाएं ले सकते हैं। एक जैसे काम को एक ही स्थान व एक ही समय पर करने से आपके समय की बचत होगी। घर से बाहर जाते समय, आपको जहां-जहां जाना हो, उन स्थानों की सूची बना लें ताकि एक ही दिशा में आने वाले गंतव्य एक साथ पूरे हो सकें। ठीक इसी तरह, बाजार से लाने वाला सामान एक ही चक्कर में ले आएं। जरूरी कामों को छोटी-छोटी चिटों में लिखकर दरवाजे या मेज पर चिपका दें ताकि आप उन्हें भूलें नहीं और समय पर कर सकें।

मौज-मस्ती के लिए भी समय निकालें–चाहे वह एक बढ़िया स्थान हो या संगीत, कोई पिक्चर हो या मनोरंजन का कोई और साधन, इनके लिए भी समय निकालें। 24 घंटों में से कुछ समय पर आपका भी हक बनता है।

बस एक बार–आपको किसी भी तरह से कागज के टुकड़े का एक ही बार इस्तेमाल करना चाहिए। पढ़ने के बाद इसे फेंक दें या फाइल में लगा दें। किसी दूसरे को भेजना हो तो उसी समय भेज दें। सभी तरह के कागजों का ढेर मेज पर यह सोचकर न लगाएं कि आप समय पाते ही उन्हें देख लेंगे। ऐसी कोई भी तकनीक अपनाएं जिससे आपकी याददाश्त पर ज्यादा जोर न पड़े।

अक्सर हम चीजें तलाशने में ही बहुत-सा समय बरबाद कर देते हैं। अपनी जीवन-शैली से मिलता-जुलता तरीका अपनाएं और उस पर नियमित रूप से काम करें। इस तरह आप अपने मनोरंजन के लिए भी भरपूर समय निकाल पाएंगे।

समर्पण आरंभ से ही आरंभ होता है

अगर आप अपने समय का बेहतर सदुपयोग करना चाहते हैं तो स्वयं से एक प्रश्न अवश्य पूछें : "मेरे वास्तविक लक्ष्य क्या हैं?" कागज के एक टुकड़े पर अपने निजी दीर्घकालीन लक्ष्य नोट कर लें। यह लक्ष्य असाधारण होने चाहिए, जैसे–उच्च शिक्षा प्राप्त करना, वृद्धावस्था के लिए धन की बचत, अपना घर, अच्छा स्वास्थ्य, आदर्श वजन, किसी विदेशी भाषा का ज्ञान या अपने ही देश की अन्य भाषाएं सीखना।

इसके बाद अपने व्यावसायिक लक्ष्य लिखें, जैसे–व्यवसाय में ऊंचे पद पर पहुंचना चाहते हैं, समाज या राजनीति में स्थान बनाना चाहते हैं आदि। ऊंचा वेतन, पदोन्नति या ऊंची प्रतिष्ठा जैसे विषयों को अपना लक्ष्य न चुनें। असाधारण लक्ष्यों पर अपने-आपको केंद्रित करें, जैसे–निश्चित रकम का वेतन, किसी खास पद के लिए पदोन्नति या किसी विशेष दफ्तर में चयन।

अपने अल्पकालीन लक्ष्यों यानी अगले माह में पूरे होने वाले लक्ष्यों की भी सूची बनाएं, जैसे–नए वस्त्र, संगीत अथवा नृत्य की शिक्षा का कंप्यूटर सीखना। आपके लक्ष्य असाधारण किंतु प्राप्त करने योग्य होने चाहिए। वे उन्हीं वस्तुओं से संबंधित होने चाहिए, जिन पर आप काम करना चाहते हैं। याद रखें, सभी लक्ष्य किसी भी समय बदल सकते हैं। उस सूची से स्पष्ट रूप से पता लगना चाहिए कि आप वास्तव में क्या करना चाहते हैं। लक्ष्य में आने वाले बदलाव व्यावहारिक होने चाहिए। सूची में लगातार होने वाले बदलाव आपको परेशान कर सकते हैं। अपनी सूची का विश्लेषण करें, अगर उसमें आपकी क्षमता से ज्यादा काम हो तो निराश न हों। किए जाने वाले कामों की प्राथमिकताएं तय करें।

अपने लक्ष्य किसी ऐसे स्थान पर लिखकर रखें जहां से आप उन्हें आसानी से देख सकें। वैसे अपने मेज के कांच के नीचे रखना ज्यादा बेहतर होगा।

अपनी हर उपलब्धि पर अपने-आपसे पूछें कि क्या यह मुझे लक्ष्य प्राप्ति की ओर ले जाएगी। अगर इसका उत्तर न आए तो कम महत्त्व वाले काम दूसरों को सौंपें ताकि आप अपने समय का पूरा लाभ उठा सकें। आपको अपने समय की बचत के लिए शिष्टतापूर्वक 'न' कहना भी सीखें। अगर आपके उत्साह में कमी आ जाए तो यह न भूलें कि काली अंधेरी रात भी सितारों की रोशनी को दबा नहीं सकती।

दिन के लिए योजना तैयार करें

असंगठित, अकेंद्रित व प्रबंधन रहित भेंटें आपका समय बरबाद करती हैं। अगर आपकोई मीटिंग रखने जा रहे हैं तो अपने-आपसे पूछें कि क्या यह काम का विकल्प हो सकती है? क्या मैं अपने आप निर्णय ले सकता हूं? फिर अपने-आपसे पूछें कि क्या यह मीटिंग जिम्मेवारी बांटने का माध्यम बनेगी या इसमें किसी लिए जाने वाले फैसले को स्थगित किया जाएगा? अगर चर्चा आवश्यक हो जाए तो फोन पर बात कर लें ताकि सबका समय बच सकें जब तब बहुत जरूरी न हो, ऐसी मीटिंग न बुलाएं।

सफलता सबसे बड़ी दवा है

एक सफल व्यक्ति बार-बार अपने-आपसे यह सवाल नहीं पूछता कि वह सफल हो पाएगा अथवा नहीं? वह सामने आने वाली समस्याओं को आगे बढ़ने का अवसर मानकर हल करता है। वह अपने-आपसे बेहतर प्रदर्शन का वादा करता है। इस विषय में डब्ल्यू.एन. मुरी कहते हैं–"जब कोई व्यक्ति अपने ऊपर शक करने लगता है तो प्रभाव क्षमता में कमी आ जाती है क्योंकि उसे अपने ऊपर संदेह रहता है। यह बात मानने योग्य है जब मनुष्य अपने सभी संदेहों व शंकाओं से ऊपर उठकर आगे चलने की बात सोचता है तो कोई मुसीबत उसकी राह नहीं रोक पाती। अनेक सहायक स्वयं ही सामने आ जाते हैं। सभी फैसले उसके हक में घटने लगते हैं। ऐसे-ऐसे अजनबी, अनजानी घटनाएं व बातें उसके हक में होने लगती हैं जिनकी उसने कभी सपने में भी कल्पना नहीं की थी।"

एक सफल व्यक्ति यह अच्छी तरह जानता है कि वह गंभीरतापूर्वक अपना उद्देश्य पा सकता है। वह अपनी पूरी ऊर्जा एक निश्चित उद्देश्य की

पूर्ति में लगा देता है। कुछ पाने का निर्णय ही उसे उपलब्धि तक ले जाता है।

सफल बनने के लिए आपको भी अपने काम में आनंद लेना सीखना होगा। सफलता चाहने वाले व्यक्ति के लिए काम करे अच्छे तरीके से कर पाना ही सबसे बड़ा पुरस्कार होता है। हमें अपने काम के लिए प्रेम व लगन पैदा करनी चाहिए। स्पष्ट उद्देश्य ही सफलता तक पहुंचने की एकमात्र राह है। भगवद्गीता में लिखा है कि मनुष्य को कर्म करना चाहिए, उसे फल की चिंता नहीं करनी चाहिए। सफलता के आकांक्षी को हर काम में प्रसन्नता मिलती है। पराजय से दुख होता है पर ज्यादा दुख तब होता है जब आप बेहतर तरीके से काम नहीं कर पाते। हम अपने-आपको सुधार कर हालात में भी सुध ार ला सकते हैं। हालात को सुधारने के लिए कोई जादुई छड़ी नहीं होती। यह भी जिंदगी की हकीकत है कि आप पूरी मेहनत और लगन से काम करने के बावजूद असफल हो जाते हैं।

इतना सब होने पर भी आपको सफलता के प्रति आग्रही रहना चाहिए। ग्रामोफोन व बल्ब के आविष्कारक थॉमस एडीसन ने कहा था, "बुद्धिमान 1 प्रतिशत प्रेरणा और 99 प्रतिशत पसीने के मेल से बनता है। मेरा कोई भी आविष्कार अचानक या किसी दुर्घटना के कारण नहीं हुआ। यह सब मेरी कड़ी मेहनत और लगन का नतीजा है।"

एक और विद्वान ने कहा है–

"अगर लोग जान सकते कि मैंने कितना कठोर परिश्रम किया है तो यह सब उन्हें बहुत अच्छा... नहीं लगता।"

कार्लाइल के अनुसार–

"अधूरे मन से काम करने वाला व्यक्ति आगा-पीछा करते-करते भटक जाता है और कहीं नहीं पहुंचता। पूरे मन से काम करने वाला व्यक्ति एक ही सीधी राह पर चलता है पर लाख मुश्किलें आने पर भी पीछे नहीं हटता और मंजिल तक पहुंच जाता है।

उद्देश्यहीन व्यक्ति एक ऐसे जहाज की तरह होता है जिस पर राडार न हो यानी एक दिशाहीन जहाज जो भटक कर कहीं भी जा सकता है।

अपने जीवन में एक उद्देश्य लेकर चलें और उसे पाने के लिए पूरी शक्ति से जुट जाएं। अपनी उस मानसिक शक्ति का भरपूर इस्तेमाल करें जो आपको ईश्वर ने दी है।"

समय को अपने लिए काम करने दें

आपको इस जीवन रूपी नाटक का सक्रिय पात्र बनना होगा। जो भी राह में आए, उसका सामना करें। सही व उचित कामों के लिए भी आपकी आलोचना हो सकती है। आप अपने सबसे बेहतर प्रदर्शन द्वारा ही इसके प्रति विरोध दर्शा सकते हैं। कड़ी-से-कड़ी आलोचना के बीच भी जीवन का उत्साह व उमंग मंद न होने दें। इससे आपकी सेहत भी अच्छी रहेगी। अवसादजनित विचार आपके विश्वास, जीवन-शैली व आशावादिता को प्रभावित करते हैं। आपको पूरे साहस से इनका सामना करना चाहिए। खुशियों को अपने से दूर न जाने दें, अपने हाथ आने वाले अवसर बरबाद न करें। अपने काम को छोटा न समझें और पूरे उत्साह व जोश से आगे बढ़ें।

तीखी प्रतिक्रियाएं व्यक्त करने से बचें। घटनाओं को सहज भाव से लेना सीखें। जीवन में आने वाली समस्याओं से घबराए बिना उनके संभावित हल तलाशें। हर व्यक्ति की जिंदगी में ऐसा होता है—अगर कोई एक द्वार बंद होता है तो दूसरा अपने-आप खुल जाता है।

उस बंद दरवाजे और असफल पद्धति पर काम करने की बजाय अपनी समस्या का दूसरा हल व नया दरवाजा खोजें। आपको उपलब्ध अवसरों व संसाधनों के विषय में सावधान रहना चाहिए। समस्याओं को अवसर मानकर सुलझाएं। हर स्थिति का बेहतर पक्ष तलाशें। सदा सब कुछ अच्छा ही हो, यही अपेक्षा रखें। भाग्य हमें प्रतिदिन पुकारता है। अगर हम व्यर्थ की बातों में समय न गंवाएं तो उसकी पुकार सुन सकते हैं। अतीत की भूलों व असफलताओं का रोना न रोते रहें। असफलता व इससे जुड़े विचार तक आपको हानि पहुंचाते हैं। जीवन से नकारात्मकता को निकाल फेंकें। सकारात्मकता को अपनाएं। अपने-आपको याद दिलाएं कि आप उससे भी बेहतर हैं, जितने आप हो सकते हैं। क्लेम स्टोन कहते हैं, "करोड़ों लोग अपने जीवन में कभी ऊंचे लक्ष्य पाने की कोशिश ही नहीं करते, क्यों? उन्हें विश्वास होता है कि ऐसा हो ही नहीं सकता। वे सकारात्मक मानसिक नजरिए से प्रेरित होने की कला सीखना ही नहीं चाहते। यह उनके लक्ष्य-प्राप्ति में सहायक हो सकता है।"

कुछ पाने की चाह में हमें प्रकृति के और ईश्वर के बनाए नियमों का उल्लंघन नहीं करना चाहिए। अपने लक्ष्य एक कागज पर लिखें और उन पर

ध्यान दें। प्रतिदिन कम-से-कम आधा घंटा अपने लक्ष्यों व कठिन समस्याओं के बारे में विचार करें और प्रबंधन नीतियां तैयार करें।

हम सब जानते हैं कि हमारे पास जीवन में समय बहुत सीमित है। यद्यपि यह जीवन को देखने का एक नजरिया है। व्यक्ति को वृद्धावस्था तक आते-आते ऊर्जा की कमी के कारण बहुत-सी गतिविधियों पर रोक लगानी पड़ती है और हम सब वृद्ध होते हैं। ई.एम. फोस्टर लिखते हैं–''मैं उन्हीं लोगों की कद्र करता हूं जो स्वयं को अमर तथा समाज को शाश्वत मानते हैं। अगर हम मनुष्य की आत्मा को सांस लेने योग्य बना सकें तो यह दोनों मान्यताएं मानी जा सकती हैं।''

अगर हम जीवन को शाश्वत मान लें तो हमारे पास हर सोचे गए काम को करने के लिए समय-ही-समय होगा। यह एक विरोधाभास है कि सबसे व्यस्त व्यक्ति के पास ही जीवन के सभी पहलुओं व उसकी गतिविधियों के लिए समय होता है। हम सब भी नियोजन द्वारा समय का सदुपयोग कर सकते हैं। इसी से महान व्यक्तित्त्व तैयार होते हैं। एक व्यक्ति को सबका प्रिय व प्यार करने वाला होना चाहिए। प्रेम आपके जीवन का अंग होगा तो खुशियों की सीमा नहीं रहेगी। साथ ही, विश्वास का होना भी जरूरी है। यह सब बातें आपको बेहतर और बढ़िया उत्पादकता की ओर ले जाती हैं। आप छोटी और महत्त्वहीन बातों पर केंद्रित होने की बजाय अपने महत्त्वपूर्ण लक्ष्यों पर पूरा ध्यान दे पाते हैं।

जीत आपके भीतर छिपी है

अच्छी आदतें आपके लिए बहुत जरूरी हैं। मेरे विचार में आपको अपने मेज से फालतू सामान व कागज हटाने की आदत डालनी चाहिए। दूसरी अच्छी आदत है कि हाथ में आए काम को उसकी प्राथमिकता व महत्ता के अनुसार पूरा किया जाए। हमारे पास यह दो मूल्यवान योग्यताएं अवश्य होनी चाहिए–विचार करने की शक्ति और काम को उसकी खासियत के अनुसार करने की शक्ति।

जब भी कोई समस्या सामने आए तो आपका पहला प्रयास यही होना चाहिए कि आप उसे वहीं और उसी समय हल कर दें। फैसले लेने में देरी न करें। आपको किसी भी काम का संगठन व निरीक्षण करना सीखना होगा।

अगर हम अपना मनपसंद काम करें तो थकान का पता ही नहीं चलता। इससे तनाव व चिंता भी घट जाती है। जब भी मौका मिले, थोड़ा आराम करें। आरामदायक स्थितियों में काम करने की चेष्टाकरें। अगर गलत तरीके से बैठकर काम करेंगे तो कंधों में दर्द व थकान की शिकायत हो सकती है।

प्रतिदिन चार से पांच मिनट तक गहराई से निरीक्षण करें कि कहीं आप अपने काम को थकानप्रद तो नहीं बना रहे! कहीं आप काम करते समय ज्यादा शारीरिक श्रम तो नहीं कर रहे! इस तरह आपको शरीर को आराम देने की आदत पड़ेगी। दिन के अंत में अपने-आपसे पूछें कि क्या आप थक गए हैं। यह थकान किए जाने वाले काम या उसे करने के तरीके के कारण हो सकती है।

जब हम काम करते समय सही भाव-भंगिमा के साथ संतुलन बनाकर चलते हैं तो थकान का प्रश्न ही नहीं उठता और हमें पूरी संतुष्टि मिलती है। तनाव व चिंता हमारे काम का सारा आनंद छीन लेते हैं। किसी भी तरह का भय भी हमें शारीरिक व मानसिक रूप से विचलित कर सकता है। चिंताग्रस्त व्यक्ति हमेशा मुंह की खाता है। वह जीवन में आगे नहीं बढ़ पाता। किसी की भी चिंता किए बिना अपना काम करने वाला व्यक्ति ही सफलता का मजा लूटता है।

अपनी जीत का अस्तित्त्व बनाए रखें

आपको अपने लक्ष्यों की पहचान होनी चाहिए। इस दिशा में निम्न सुझाव कारगर हो सकते हैं।

(1) जीवन में अपना उद्देश्य व लक्ष्य पहचानें।

(2) अपने लक्ष्यों को कहीं लिखकर रखें और पाने के लिए समय-सीमा तय करें।

(3) ऐसे ही लक्ष्य चुनें जो व्यावहारिक हों।

(4) लक्ष्यों को छोटे-छोटे प्राप्त करने योग्य लक्ष्यों में बांट लें।

(5) समय-समय पर लक्ष्यों की जांच करें। अपने सपनों को साकार करने का हरसंभव प्रयास करें। अपने लक्ष्यों को हकीकत में बदल दें।

(6) एक लक्ष्य की पूर्ति होते ही दूसरा लक्ष्य तय कर लें।

आपके पास अल्पकालीन व दीर्घकालीन दोनों तरह के लक्ष्य होने चाहिए। दीर्घकालीन लक्ष्य वे हैं जिन्हें आप अपने पूरे जीवन में पाना चाहते हैं। आपको पता होना चाहिए कि आखिर आप जाना कहां चाहते हैं? अल्पकालीन लक्ष्यों के साथ चलने में सुविधा रहती है। अपने अल्पकालीन व दीर्घकालीन लक्ष्यों के बीच संतुलन बनाए रखें। अपने लक्ष्यों के प्रति वचनबद्ध रहें और अपनी पूरी क्षमता व योग्यता का इस्तेमाल करें।

केरियर का लक्ष्य पाने के लिए आपको निम्न बातें ध्यान में रखनी चाहिए।

(1) समय नष्ट करने वालों से बचें। वे आपके मित्र, सहकर्मी अथवा रिश्तेदार हो सकते हैं। नकारात्मक व्यक्तियों से दूर रहें यह सदा नकारात्मक छवि ही प्रस्तुत करते हैं।

(2) आपको अपने वर्तमान काम की अच्छी जानकारी होनी चाहिए। आपका उद्देश्य यही हो कि आप किए जाने वाले काम को सबसे बेहतर कर सकें। आप इतने निपुण हों कि आपका बॉस भी आपकी विद्वता का लोहा मान जाए। सदा संगठित व अनुशासित रहने का प्रयत्न करें।

(3) अपने-आपको ऐसे व्यक्ति के रूप में ढालें जो किसी भी दिए गए काम को भली-भांति कर सकता हो। महीनों से टाले गए काम को दिनों में निपटा सकता हो तथा हर तरह की मुसीबत का हल जानता हो। आपको ऐसा व्यक्ति नहीं बनना, जो एक ही तरह का काम करके संतुष्ट रहे। बेहतर प्रदर्शन द्वारा ही बेहतर परिणाम प्राप्त होते हैं।

(4) उच्च पदाधिकारी सदा जानना चाहते हैं कि उनकी संस्था में क्या हो रहा है। बॉस को समय-समय पर अपने काम की जानकारी देते रहें। शिकायतें करने की बजाय सुधार के उपाय सुझाएं।

(5) आपको अपने परिवार, सहकर्मियों, अधीनस्थों व उच्च पदाधिकारियों से जुड़ी समस्याओं पर विचार-विमर्श नहीं करना चाहिए।

9.

सफलता की राह और भी

अपनी इच्छाशक्ति का प्रयोग करें

जीवन में सफलता पाने व लक्ष्य तक पहुंचने का एक ही रास्ता है, काम जल्दी आरंभ करें, मेहनत करें और दूसरों से अधिक जानकारी प्राप्त करें। हार की तरह जीत भी आपकी आदतों में शुमार हो सकती है। आप धैर्यपूर्वक अपने भीतर कोई भी आदत पैदा कर सकते हैं। किसी-भी कीमत पर हार को अंत तक न स्वीकारें। हार एक अस्थायी धक्का है। आपको यह भी नहीं भूलना चाहिए कि गुस्से व क्रोध की बजाय आपकी दयालुता किसी की भी आंखों में आंसू ला सकती है। आपकी इच्छा-शक्ति व चरित्र की दृढ़ता नव निर्माण कर सकती है। किसी भी पुरानी आदत को छोड़ने का तरीका यही है कि उसके स्थान पर नई आदत अपना ली जाए। यह आपको ही पहचानना होगा कि कौन-सी आदत छोड़नी है। वैसे कोई भी अपनी मर्जी से बुरी आदतों का शिकार नहीं बनता। जब हम जरा भी लापरवाही बरतते हैं तो बुरी आदतें हमें घेर लेती हैं। यहां आपकी दृढ़ इच्छा-शक्ति ही काम आ सकती है।

अपनी छोटी-सी सफलता को भी प्रोत्साहन दें। यही रवैया किसी बुरी आदत को छोड़ते समय भी अपनाएं। अगर इसे छोड़ने की प्रक्रिया में कहीं चूक हो जाए तो अपने-आपको दोषी न मानें। गलती मनुष्य से ही होती है। कई बार हमारे सुधार के तरीके में ही दोष होता है। प्रारंभिक अवस्था में बुरी आदत को छोड़ने में परेशानी होती है पर यह कोई असंभव कार्य नहीं है। वे लोग जो अपने व जीवन-शैली में बदलाव चाहते हैं उन्हें अधिक प्रयास करना होगा।

आपको अपने मस्तिष्क को हर समय सक्रिय रखना चाहिए। इस तरह आपका दिमाग इधर-उधर नहीं भटकेगा। अगर आप किसी ऐसी समस्या में उलझे हैं जिसका कोई हल नहीं मिल रहा तो सोने जाने से पहले उसके सभी पहलुओं पर गौर करें।

सफलता-प्राप्ति के लिए दृढ़ संकल्पी बनें

अगर आप समझते हैं कि आपकी हार हुई है तो आप हारे हैं।
अगर आप समझते हैं कि आपमें साहस नहीं है, तो आप कायर हैं।
अगर आप जीतना चाहते हैं और समझते हैं कि आप जीत नहीं सकते
तो इसका अर्थ यही है कि आप नहीं जीतेंगे।
अगर आप समझते हैं कि सब खो जाएगा तो आप सब कुछ खो ही देंगे
हम सब जानते हैं कि सफलता शुरू होती है इच्छा से
जो मानव के दिमाग की है अवस्था
अगर ऊंचा उठना चाहते हों
तो अपने-आपको ऊंचा मानें
जीवन एक युद्ध है
इसमें केवल वही नहीं जीतता
जो हो शक्तिशाली
जीत होती है केवल उसकी
जो यह मानता है कि
वह जीत सकता है।

अगर आप वास्तव में सफलता पाना चाहते हैं तो अपना रास्ता स्वयं चुनें। अपने संकल्प को ऐसी जगह लिखकर टांगें, जहां आप इसे नियमित रूप से पढ़ सकें। आपका अपने ऊपर, सहकर्मियों, मालिक, दोस्तों, परिवार व ईश्वर पर पूरा भरोसा होना चाहिए। अगर आपने पूरी सच्चाई और ईमानदारी से सफलता पाने का प्रयत्न किया तो ईश्वर भी आपका साथ देगा। अपने प्रार्थना में पूरा विश्वास रखें और कहें—"मैं सोने से पहले प्रभु से उनके दैवी मार्गदर्शन के लिए प्रार्थना करने के बाद ही आंखें बंद करूंगा।"

विश्वास तथा धीरज रखें और ऐसे लोगों को सहन करें जो आपकी तरह इन बातों में विश्वास नहीं रखते। भरोसा रखें कि बुद्धिमत्तापूर्ण प्रयासों से ही सफलता प्राप्त होती है। इसका आपके भाग्य या मित्रों व सहकर्मियों को धोखा देने से कोई संबंध नहीं है। आप जीवन को जो कुछ भी देंगे, बदले में वही पाएंगे। ऐसे लोगों की निंदा न करें, जिन्हें आप पसंद नहीं करते। चाहे दूसरे कुछ भी करें आप अपने कार्य का तिरस्कार न करें। अपनी श्रेष्ठ सेवाएं देने

की कोशिश करें, जीवन में सफल होने का संकल्प लें। याद रखें कि सफलता के लिए लगातार प्रयत्न करना पड़ता है। अपने शत्रुओं को क्षमा देना सीखें क्योंकि एक दिन आपको भी इसकी आवश्यकता पड़ सकती है।

अगर आप जानना चाहते हैं कि आपको अपने काम या व्यवसाय में सफलता मिल रही है या नहीं तो अपने-आपसे पूछें कि आप अपने समय पर नियंत्रण रख सकते हैं? यदि आप नहीं कर सकते तो इसका अर्थ होगा कि आप असफल हैं। समय भी आपके जीवन की तरह ही महत्त्वपूर्ण है। ढेर सारा समय यानी खेलने, आराम करने, सोचने, काम करने व विश्लेषण करने के लिए समय का होना एक विलासिता है। आप केवल वस्तुओं व कामों के बारे में सोचने व उन पर योजना बनाने के लिए पर्याप्त समय निकालें। इस तरह आपका जीवन एक नए ढर्रे पर चल पड़ेगा। आप अपने दुखों को अपने ऊपर हावी न होने दें। सकारात्मक मानसिकता, लक्ष्य-निर्धारण व सफलता का कल्पनात्मक रूप आपको आगे बढ़ने में सफलता देता है। विश्वास ही सफलता का मूल आधार है।

सफल व्यक्ति के गुप्त अस्त्र

एक सफल व्यक्ति सदा निपुण बनना चाहता है। निपुण बनने के लिए वह अपने भीतर विश्वास पैदा करता है। इसके लिए सबसे जरूरी है कि आप अपने वचन के पक्के हों। कई व्यक्ति अपने वचन के पक्के होते हैं जबकि कुछ व्यक्ति चाहे वे व्यवसायी हों अथवा सरकारी कर्मचारी, अपना वचन पूरा नहीं करते। संसद में और सरकार द्वारा भी इसी तरह के कई आश्वासन दिए जाते हैं। ऐसे व्यक्ति तथा संस्थाएं समझ नहीं पाते कि अपने वचनों की विश्वसनीयता समाप्त करने के बाद उनके पास क्या बचेगा।

जब लोग अपनी विश्वसनीयता खो देते हैं तो दूसरे व्यक्ति उन्हें उपेक्षित कर देते हैं। उन लोगों की प्रतिष्ठा धूल में मिल जाती है। यदि वे व्यवसायी हैं तो व्यवसाय की साख को गहरा धक्का लगता है। सवाल यह उठता है कि लोग वादा खिलाफी क्यों करते हैं।

अक्सर लोग मुंहज़ुबानी बातें करते हैं और वादे दे देते हैं परंतु वे किसी भी किए जाने वाले काम को लिखित रूप में नहीं रख पाते और इस बारे में भूल जाते हैं। अगर हम दिए गए वचन को लिख लें तो भूलने का सवाल ही

पैदा नहीं होता।

एक सर्वेक्षण के अनुसार एक मस्तिष्क में प्रतिदिन औसतन 40,000-50,000 विचार आते हैं। इतने विचारों को याद रख पाना संभव नहीं होता इसलिए ऐसा कोई भी विचार, जिस पर आप काम करना चाहें या किसी को दिया गया वचन, एक कागज पर लिख लें। एक दैनिक डायरी या प्लानर आपके काम आ सकता है। डायरी आपके दायित्व निभाने में मदद देगी। एक पेज पर भेंट के विवरण तथा दूसरे पेज पर किए जाने वाले कामों की सूची लिख लें, बस यही काफी है। आप अपनी सुविधानुसार नोटपैड, बिजनेस कार्ड आदि सहायक सामग्री भी इस्तेमाल कर सकते हैं। कुछ लोगों का मानना है कि इस काम के लिए इलैक्ट्रॉनिक उपकरण ही बेहतर होते हैं पर मेरा तो यही मानना है कि अपने समय, गतिविधियों व भेंट के नियोजन के लिए कागज पर लिखना कहीं बेहतर विकल्प है।

मैंने डिजिटल डायरी भी इस्तेमाल की तो पता चला कि उसे इस्तेमाल करने में मेरा लगभग दुगना समय बरबाद हो जाता था। पहले मैं सब कुछ रिकॉर्ड करता था और फिर उसे मिटाता था। मैंने महसूस किया कि लिखित दस्तावेज को हम अपनी आँखों के सामने रखकर ज्यादा बेहतर तरीके से काम किया जा सकता है। वैसे मैं कुछ रिकॉर्डस् को इलैक्ट्रॉनिक डायरी में सुरक्षित रखता हूं। आप अपनी इच्छानुसार कोई भी साधन अपना सकते हैं। बस इतना ध्यान रहे कि साधन कोई भी हो, आपका लक्ष्य पूरा होना चाहिए।

बेहतर जिंदगी के लिए ऑक्सीजन की खपत बढ़ाएं

ऑक्सीजन को जीवन, जीवन की सांस तथा जीवन का आधार कहा जाता है। वास्तव में यह एक रंगहीन, गंधहीन गैस है जो पृथ्वी के वायुमंडल में 21 प्रतिशत के लगभग है। यह जीवों तथा पशुओं के लिए ईंधन का काम करती है। मनुष्य अपने फेफड़ों से ऑक्सीजन लेता है, वहां से वह पूरे खून में जाती है। ऑक्सीजन लाल रक्त कणों के माध्यम से पूरे शरीर में प्रभावित होती है।

शरीर की ऑक्सीजन ग्रहण क्षमता, उसकी खपत कहलाती है यह कार्डियोवास्क्युलर फिटनेस व रोग प्रतिरोधक क्षमता का संकेत देती है। अगर कोई व्यक्ति मोटा हो, आरामदायक जीवन जीने का आदी हो तो उसके हृदय, फेफड़े व रक्त तंत्र को ऑक्सीजन ग्रहण के लिए कड़ी मेहनत करनी पड़ती

है। इसके कारण निम्नलिखित परेशानियां हो सकती हैं।

व्यक्ति आसानी से थक जाता है। थोड़ी-सी मेहनत से ही उसकी सांस फूलने लगती है। नब्ज की गति 80 से 90 प्रति मिनट तक पहुंच जाती है। ऑक्सीजन की कमी से हृदय को रक्त प्रवाह के लिए ज्यादा जोर लगाना पड़ता है और मांसपेशियों की शक्ति भी मंद होती जाती है।

आप ऑक्सीजन ग्रहण क्षमता को निम्नलिखित तरीकों से बढ़ाएं–किसी भी तरह का व्यायाम या शारीरिक गतिविधि ऑक्सीजन की खपत बढ़ाती है। रोज 15 से 30 मिनट की चहलकदमी भी फायदेमंद हो सकती है। व्यायाम से ऑक्सीजन की ग्रहण-क्षमता बढ़ेगी और आपकी ऊर्जा का स्तर भी बढ़ेगा। व्यायाम हल्का चाहे हो परंतु नियमित होना चाहिए। यह आपकी मांसपेशियों को कोशिकाओं में जमा चर्बी को गलाने में मदद करते हैं।

इससे आपके स्वास्थ्य में सुधार होता है। मधुमेह, कोलैस्ट्रॉल, मोटा व उच्च रक्तचाप आदि रोगों के रोकथाम में भी मदद मिलती है। सप्ताह में कम-से-कम पांच बार, प्रतिदिन 30 मिनट तक व्यायाम अवश्य करें। स्थान आरामदायक हो तथा व्यायाम इतना सख्त न हो कि वह आपको हंफा दे। संपूर्ण स्वास्थ्य पाना चाहते हैं तो धूम्रपान से बाज आएं। सिगरेट की कार्बनमोनो ऑक्साइड आपके खून की ऑक्सीजन में घुल जाती है। जब कोई व्यक्ति सिगरेट पीना छोड़ देता है तो रक्त-प्रवाह में ताजी ऑक्सीजन प्रवाहित होने लगती है।

कुछ लोगों को चहलकदमी, जॉगिंग व तैराकी जैसे प्राकृतिक व्यायामों में आनंद मिलता है जबकि कुछ लोग ट्रेडमिल पर किए जाने वाले व्यायामों को प्राथमिकता देते हैं। यह निजी चुनाव का प्रश्न है। अगर आप खेलने के शौकीन हैं तो टेबल टेनिस, बॉस्केटबॉल, सूकर, स्केटिंग या साइकलिंग कर सकते हैं। ऐरोबिक व्यायाम हृदय की मांसपेशियों को मजबूती देते हैं तथा हृदय को पूरे शरीर में रक्त प्रवाहित करने में मदद देते हैं। याद रखें कि स्वस्थ हृदय ही जीवन की सभी गतिविधियों का आधार है। जब तक आप अस्वस्थ होने के कारण कड़ी मेहनत नहीं करते तब तक इच्छित परिणाम नहीं पा सकते। जीवन के किसी भी क्षेत्र में सफलता पाने के लिए अच्छा स्वास्थ्य सबसे पहली शर्त है।

जो बीत गया, उसे जाने दें

अगर आपसे अतीत में कोई गलती हुई है तो अब उस पर चिंतित होने व समय नष्ट करने से क्या लाभ? इस बारे में सोचते रहने से आपके हाथ कुछ नहीं आएगा। पिछले साल आप कितने बुरे अनुभवों से गुजरे, क्या वे सभी आपको याद हैं? उस समय वे आपको कितने बड़े पहाड़ नजर आते थे और अब समय बीतने के साथ-साथ उनकी याद भी धुंधला गई है।

कई बार हम ऐसी बातों को याद कर-कर के अपने-आपको दुख पहुंचाते हैं। अतीत को दफन करो और भूल जाओ। यही सबसे बेहतर विकल्प है। आपको अपने दिमाग से वे सब बातें हटा देनी चाहिए, जो आपको चिंतित करती हैं या दुख देती हैं। हम सभी कभी-न-कभी ईश्वर तथा मनुष्य मात्र के प्रति बुरा कर बैठते हैं। वही सब हमारा भार बन जाता है। आप उन सभी अवांछित घटनाओं को भुला क्यों नहीं देते? बीते समय की दुर्घटनाओं, दुर्भाग्य व भूलों पर बिसूरने से कोई लाभ नहीं होगा। इन्हें याद करने से आप अप्रसन्न होंगे और मानसिक तनाव से ग्रस्त हो जाएंगे।

दुख व तनावजनित स्मृतियां भूतों की तरह हम पर हावी हो जाती हैं और हमारी प्रगति का मार्ग रोक देती हैं। हर दिन को एक नई शुरुआत मानकर आरंभ करें और बीते दिनों की स्मृतियों को स्थायी पछतावे का रूप न दें।

इन बुरी यादों से बचने का कोई निश्चित फार्मूला नहीं है। हम सबके साथ ऐसी घटनाएं घट जाती हैं, जिन्हें हम अपने लिए नहीं चाहते थे। कई बार तो हम उन विषयों पर बात तक नहीं करना चाहते। उनसे हमें एक ही सबक मिलता है—उन्हें छोड़ दें और भूल जाएं। अतीत में हो चुकी किसी भी दुर्घटना के लिए स्वयं को दोषी न ठहराएं। इसकी बजाय हर समस्या का उचित हल तलाशें। अपने जीवन की हर उस याद को मिटा दें जो उत्तेजना व तनाव का कारण बनती है।

जो भी काम कठिन जान पड़े, उसे सबसे पहले निपटाएं। इससे आपके आत्मविश्वास में वृद्धि होगी। आपके प्रत्येक दिन में एक मिनट भी व्यर्थ की चिंता के लिए नहीं होना चाहिए। किसी भी कीमत पर अपनी मानसिक शांति बनाए रखें। पुराने दुख, पछतावे और पीड़ा को इस तरह भूल जाएं कि वे आपके जीवन पर हावी होकर, उसे नष्ट न कर सकें।

याद रखें कि 'आज' सबसे महत्त्वपूर्ण है। पीछे मुड़कर देखना और बीती बातों को दोहराना निपुणता व कार्य-क्षमता के लिए नुकसानदायक हो सकता है। जो बीत गया, उसे बीत जाने दें। जब दिन का काम खत्म हो जाए तो दफ्तर की सारी चिंताओं व परेशानियों पर भी ताला लगा दें। अपने घर को व्यावसायिक परेशानियों, तनावों व चिंताओं से दूर रखने का पूरा प्रयास करें। आपका घर शांति व आनंद का केंद्र होना चाहिए।

इसे बीती बातें दोहराने का अड्डा न बनाएं। आपके घर में ईर्ष्या, कुढ़न, तनाव, क्रोध व लोभ आदि महामारियों के प्रवेश पर रोक होनी चाहिए। यह सभी कष्टकारक भावनाएं अपने रूप से अधिक भयंकर होती हैं।

हम अपने जीवन का एक तिहाई हिस्सा आराम व नींद में बिताते हैं। इसे पछतावे की अग्नि में न जलाएं। आपका घर एक पावरहाउस की तरह होना चाहिए जो आपको शक्ति, ऊर्जा, साहस, व शांति प्रदान कर सकें यह वही स्थान है जहां आप अपने आत्मविश्वास को सुदृढ़ करते हैं। अपने घर व कार्य-क्षेत्र को बासी समाचारों का अड्डा न बनाएं। इस तरह के माहौल में आप भी उत्साहहीन हो जाएंगे। आपका घर एक ऐसा स्थान होना चाहिए जहां आपके विचारों को एक नई शक्ति व ऊर्जा मिल सकें

सफलता-प्राप्ति के लिए प्रवीण बनें

आपका दिमाग एक धनुष की तरह है। अगर आप इसकी कमान को तना हुआ रखेंगे तो यह शक्तिहीन हो जाएगा। इसे सदा तरोताजा बनाए रखें। अपने घर को आनंद व ऊर्जा का केंद्र बनाएं। चिंता आपके काम पर बहुत बुरा प्रभाव डालती है। यह सफलता व निपुणता की सबसे बड़ी शत्रु है। मानसिक तालमेल होने पर ही कार्य में निपुणता आ सकती है। किसी भी काम में हड़बड़ाहट मचाकर, उसमें तेजी और निपुणता नहीं आ सकती।

जार्ज वाहर्टन जेम्स के अनुसार–

''चिंता हमारी महत्त्वाकांक्षाओं, साहस व साधारण जीवन को नष्ट कर देती है। यह हमारे जीवन के कतरे-कतरे से ऊर्जा सोख लेती है। हमारी इच्छाओं, आशाओं व अभिलाषाओं को मिट्टी में मिला देती है। यह हमारे जीवन का रस सोखकर हमें मानसिक रूप से पंगु बना देती है।''

यह हम पर ही निर्भर करता है कि हम अपने डर पर केसे काबू पा सकते हैं। अपने चिंता, उद्वेग व तनाव को केसे घटा सकते हैं। यह हमारी योग्यता व प्रतिभा के सबसे बड़े शत्रु हैं। केवल सकारात्मक जीवन-शैली अपना कर हम इन शत्रुओं को अपने जीवन से निकाल बाहर कर सकते हैं।

साहस व दृढ़ संकल्प शक्ति आपके भय व चिंता को दूर कर सकते हैं। इसी तरह प्रेम, घृणा व ईर्ष्या को दूर भगा सकता है। चुनाव आपका है। आप एक चिंतामुक्त जीवन का चुनाव कर सकते हैं जहां आप अपनी सारी इच्छाएं पूरी कर सकते हैं। कोई भी उचित अवसर पाते ही अपने प्रेम-पात्र को बांहों में भरने से पीछे न हटें। इससे आपके मन को प्रसन्नता मिलेगी। यह एक ऐसा खास उपहार है जो सबको पसंद आता है। यह उपहार उसे केवल आप ही दे सकते हैं। जिसे भी आप बांहों में लेंगे, वह भी आपको आलिंगन करेगा। इसके लिए किसी विशेष अभ्यास, प्रशिक्षण व निपुणता की आवश्यकता नहीं होती। इसलिए इसका प्रदर्शन करने में संकोच न करें।

एक अच्छे दिन की शुरुआत, प्यारी-सी मुस्कान के साथ

प्रत्येक व्यक्ति दूसरे से कुछ-न-कुछ सीख सकता है। कोई भी अपने-आपमें संपूर्ण नहीं होता। एक खुशनुमा व्यक्तित्त्व सबको अपनी ओर आकर्षित करता है। निम्न वाक्य से आप मुस्कान का महत्त्व जान जाएंगे–

"इसका कोई मोल नहीं लगता, पर यह मायने रखती है। यह जिसे मिलती है उसे मालामाल कर देती है पर देने वाले का कुछ नहीं जाता। इसकी याद लंबे समय तक बनी रहती है। यह धनी व निर्धन दोनों के पास बिना किसी भेदभाव के रहती है। यह घर में खुशियां लाती है और आपके व्यवसाय की साख बढ़ाती है।

यह किसी भी परेशानी में एक दोस्त की तरह हाथ बढ़ाती है। इसे न तो खरीद सकते हैं, न बेच सकते हैं और न ही उधार ले सकते हैं। इसे कोई चुरा भी नहीं सकता। इसे दूसरों को देने में भी आनंद मिलता है।"

अधिकतर लोग बनाए गए नियमों का पालन नहीं करना चाहते। अपने लिए कुछ लिखित नियम तैयार करें व उनका पालन करने का प्रयत्न करें। आप अपनी सुविधानुसार अपने लिए नियम बना सकते हैं। कुछ नियम निम्नलिखित हैं–

–अपनी प्रतिष्ठा बनाए रखें। किसी को हक न दें कि वह आपका अपमान करे, उपेक्षा करे और आपका दिल दुखाए। अगर कोई ऐसा करे तो उसे स्पष्ट शब्दों में जता दें। इससे आपके आत्मविश्वास में वृद्धि होगी।

–किस भी सही व उचित कारण के लिए बोलने में संकोच न करें। अपना मत निःसंकोच व्यक्त करें। अगर आप सही समय पर अपनी बात नहीं कह पाए तो बाद में आपको पछतावा हो सकता है। पर इसके साथ ही अपनी सीमाओं का भी ध्यान रखें।

–चिंतन-मनन के लिए भी कुछ समय निकालें। एकांत में कोई ऐसा काम करें जिससे आपको प्रसन्नता मिलती हो। यह पठन-पाठन, लेखन या कुछ भी हो सकता है। व्यर्थ बातों पर अपना समय नष्ट न करें।

–सुनें, पर हर सुनी-सुनाई बात पर विश्वास न करें। किसी भी बात पर विश्वास करने से पहले उसे अपनी कसौटी पर अवश्य कसें।

–दूसरों की इच्छाओं व अपेक्षाओं पर पूरे उतरने के प्रयास में अपने मूल्यों व आत्मा का हनन न करें।

–सचेत रहें। अपनी आंखें व कान खुले रखकर आप दुनिया में बहुत कुछ सीख सकते हैं। चुप रहें। कई बार बोलने से ज्यादा चुप रहने में भलाई होती है।

–किसी के चेहरे-मोहरे से उसके व्यवहार का अनुमान न लगाएं। कई बार चेहरे धोखा भी दे जाते हैं।

–सबसे मीठा बोलें। अगर आपके पास कहने के लिए कुछ अच्छा न हो तो चुप रहें। केवल सार्थक वाक्यों का प्रयोग करें। इस तरह आप शीघ्र ही लोकप्रिय हो जाएंगे और लोग आपके बारे में कुछ भी कहने से पहले दो बार सोचेंगे। अपने मन की आवाज को अनसुना न करें।

नियमों को आकार दें

कोई भी व्यक्ति नीचे गिरे बिना, ऊंचाई तक नहीं पहुंच सकता। किसी से कोई गलती हो जाए तो उसे एक मौका अवश्य दें। एक सफल व्यक्ति अपनी संस्था

व अपने लिए स्पष्ट लक्ष्य निर्धारित करता है। वह अपनी संस्था के प्रत्येक सदस्य के निकट संपर्क में रहने की चेष्टाकरता है। किसी भी व्यवसाय में आपका सामना अनेक विशेषणों से होगा। उनके आंकड़ों व निष्कर्षों को आंखें मूंद कर मानने की बजाय अपनी न्याय-क्षमता पर विश्वास रखें।

सभी व्यक्ति विजेता बनना चाहते हैं। यदि आप दूसरों को ऊंचाइयों तक पहुंचने में मदद कर पाए तो एक सफल नेता के रूप में सराहे जाएंगे। व्यक्तिगत रूप से सफलता के प्रति आस्था रखने के लिए आपको अपने नियम व मार्गदर्शक संकेत बनाने होंगे। इस दौरान आपके पास बेहतर कार्य निष्पादन के लिए अनेक विचार आएंगे। समस्या तब आएगी जब आप उन पर काम करना चाहेंगे और वे आपके दिमाग से निकल चुके होंगे।

आपको ऐसे विचारों को किसी-न-किसी रूप में एकत्र करना होगा गलतियों व गलतफहमियों से न घबराएं। अनुभव ही आपको जीत की ओर ले जाता है।

आने वाले कल की योजना

लक्ष्य-प्राप्ति में आने वाली अस्थायी बाधाओं से न घबराएं। इनका आपकी अंतिम सफलता से कोई लेन-देन नहीं होता। यह सच है कि असफलता से दुख होता है परंतु यदि हम कोशिश करें तो यह हमें सकारात्मक योगदान भी दे सकती है। अपने-आपसे पूछें–"मैं असफल क्यों हुआ?" समस्या के हल के लिए ईमानदारी से उत्तर देना होगा। इस स्थिति में हम प्राय: अपनी असफलताओं के लिए दूसरों को दोषी ठहराते हैं। इस विषय में ईमानदारी से किया गया आत्मविश्लेषण सुधार ला सकता है। यह आपके जीवन का एक बड़ा मोड़ हो सकता है यह आपके लिए सफलता का वाहक हो सकता है। पराजय आपको खतरों से मुक्त कर देती है क्योंकि खोने के लिए कुछ शेष नहीं रहता।

अपने ऊपर शंका रखने वाला व्यक्ति कभी आगे नहीं बढ़ सकता। पराजय का भय तथा शंका मनुष्य के सबसे बड़े शत्रु हैं। यदि इन्हें रोका न गया तो ये इसी तरह मानवता का हनन करते रहेंगे। अपने-आपको याद दिलाते रहें कि ईश्वर ने जीवन में सफलता व विजय पाने के लिए ही आपको भेजा है। विजेता बनने के लिए ही आपका जन्म हुआ है। आपका जीवन ऐसा हो

जिससे आपके मस्तिष्क व व्यक्तित्त्व को एक रचनात्मक, सकारात्मक व सफल आकार मिल सकें कभी भी साहस न छोड़ें। यह आपकी महत्त्वाकांक्षा को मंद कर देगा और ऊंचाई तक पहुंचने की इच्छा राह में ही दम तोड़ देगी।

उत्साहहीनता व अपने ऊपर शंका का एक भी विचार वर्षों के परिश्रम को धूल में मिला सकता है। आपने जो भी सपना देखा हो, उसे सकारात्मक रवैए से ही पूरा किया जा सकता है।

नकारात्मक विचार उत्साह का नाश कर देते हैं। विजयी होने के लिए आपको एक विजेता के मनोभाव अपनाने होंगे। सफलता और समृद्धि का मूल आपका दिमाग ही है। तुच्छ मानसिकता से आप सफलता व समृद्धि नहीं पा सकते। आपके विचार व मनोभावों से सदा साहस व आशा का प्रदर्शन होना चाहिए। व्यक्तित्त्व से भी विश्वास, सफलता व श्रद्धा झलकनी चाहिए। दुर्भाग्यपूर्ण क्षणों व निराशा को अपने मूड पर हावी न होने दें। जब आप इस बारे में सजग होंगे तो स्वयं ही जान जाएंगे कि कितनी ऐसी बातें अथवा घटनाएं घटी ही नहीं जिनकी कल्पना से ही आप अधमरे हो गए थे। अगर वे बुरे क्षण आप पर आए भी, तो भी आपने आसानी से उनका सामना कर लिया था। घटनाएं इतनी बुरी नहीं होतीं जितना बुरा हम उन्हें मान लेते हैं। आप अपने बारे में जो सोचते हैं या अपने-आपको मानते हैं, आपकी आकृति व प्रदर्शन उससे बेहतर हो ही नहीं सकता। आप अपने बारे में बनाई गयी धारणा व मानसिकता से ऊपर नहीं उठ सकते। हमेशा अपने बारे में अच्छी राय बनाकर चलें।

यह संसार दुर्बल, अनिपुण व प्रभावहीन व्यक्तियों में रुचि नहीं लेता अपने बारे में सदा अच्छी व ऊंची बातें सोचकर अपना आत्मबल बढ़ाएं। एक प्रभावी, दोषहीन व कुशल व्यक्ति के रूप में अपनी कल्पना करें। हमारी विचार-धारा को हमारे व बाहरी लोगों के परामर्श भी प्रभावित करते हैं। जो कुछ आप अपने जीवन में नहीं चाहते उसके बारे में सोचना भी छोड़ दें। सदा सफलता, स्वास्थ्य व समृद्धि जैसे विषयों पर अपने मन को एकाग्र करें। सदा अपने सामने उस भले, दृढ़ प्रतिज्ञ व ईमानदार व्यक्ति की छवि सामने रखें, जिसकी तरह आप बनना चाहते हैं।

आप जैसी कल्पना करते हैं, वैसे ही बन जाते हैं। हमारी अपने बारे में बनाई गयी धारणा ही हमें ऊपर या नीचे ले जाती है। आत्महीनता के बोध से

बचें। स्वयं को 'भाग्य पुरुष' के रूप में आदर दें। किसी को भी इतनी आज्ञा न दें कि वो आपकी बनाई छवि को नुकसान पहुंचा सकें जिस तरह कलाकार अनगढ़ चट्टान में किसी प्रतिमा की कल्पना करता है उसी तरह हमें भी अपने भीतर छिपे उस व्यक्ति को खोज निकालना होगा। अगर माइकल एंजेलो अपने मस्तिष्क में सुंदर कृति की कल्पना न करता तो संसार को इतनी सुंदर कलाकृतियां कभी नहीं मिल पातीं।

क्रोध व चिड़चिड़ेपन से बचें

काम में विलंब केवल एक बुरी आदत नहीं है, यह किसी भी सफल व्यक्ति की राह का रोड़ा हो सकता है। लोग व्यवसाय में असफल हो जाते हैं क्योंकि वे किसी भी बात का निर्णय आसानी से नहीं ले पाते। विवाह असफल होते हैं क्योंकि दंपति अपने जीवन से जुड़े फैसलों को टालते रहते हैं। विलंब करना फैसला करने में देरी करना, यह कोई लाइलाज रोग नहीं है। यह एक बुरी आदत है। सभी बुरी आदतों की तरह इसे भी छोड़ा जा सकता है। अव्यवस्था और विलंब दोनों साथ-साथ चलते हैं। दोनों एक दूसरे से जुड़े हैं। अगर सही समय पर निपटारा न किया जाए तो यह हम पर हावी हो सकते हैं। आपको इनसे छुटकारा पाने के लिए अपने तरीके अपनाने चाहिए।

किए जाने वाले कामों की एक सूची बना लें। अपने-आपको याद दिलाने के लिए 'रिमांइडर नोट्स' बनाएं। आप अपने जीवन व व्यवसाय से जुड़े विषयों पर अपने-आपसे बात कर सकते हैं या मार्गदर्शन दे सकते हैं। अपने-आपको आज्ञा भी दे सकते हैं; जैसे-

श्रीमान/श्रीमती...-आप इस काम को किए बिना ऑफिस से घर नहीं जा सकते। (साथ ही किए जाने वाले काम भी लिखें)

काम की तय की गई समय-सीमा की जानकारी आपको व टीम को होनी चाहिए ताकि सभी इस 'डेडलाइन' पर ध्यान दे सकें। आप दिन की शुरुआत कठिन कामों से की जाने वाली तकनीक भी अपना सकते हैं। मुश्किल काम को छूने में भी घबराहट होती है किंतु सफल व्यक्ति सदा ऐसे ही काम हाथ में लेते हैं, जो सबसे मुश्किल हों। इससे संतुष्टि का एहसास होता है। कई बार पूर्णता के प्रयास में भी काम सही समय पर नहीं हो पाता। विलंब की हानि से उपलब्धि का लाभ कहीं बेहतर होता है। देर करने की यह आदत छोड़ने

से आपको संतुष्टि के साथ-साथ प्रसन्नता, जोश, उत्सुकता व उत्पादकता का एहसास भी होगा।

एक सफल व्यक्ति अपने बारे में कुछ गलत या नीचा सोचने की बजाय अपनी उस प्रतिभा पर एकाग्र होता है, जो उसे ईश्वर से मिली है। वह लगातार अपने-आपको याद दिलाता रहता है कि वह बहुत अच्छा काम कर सकता है। वह प्रभु से कृपा व सहायता की प्रार्थना करता है और दूसरों की सहायता करने को तैयार रहता है। वह दूसरों की मदद करते-करते अपनी परेशानियां भी भूल जाता है। वह अपने आत्मबल के माध्यम से प्रसन्नता व विजय प्राप्त करता है।

सफल प्रबंधक

संसार भर में प्रबंधकों को लगातार चुनौतियों का सामना करना पड़ता है। इनमें से कितने ही 'प्राथमिकता की समस्या' से पीड़ित होते हैं। साधारण शब्दों में वे महत्त्वपूर्ण कामों की बजाय आपातकालीन कामों पर अधिक ध्यान देते हैं।

इनमें से कुछ लोग इतना काम करते हैं कि उन्हें अपनी, परिवार व दूसरे लोगों की सुध नहीं रहती। उनके काम करने के अव्यवस्थित तरीके संप्रेषण में बाधा देते हैं। वे अपनी टीम व परिवार के सदस्यों के साथ उचित तरीके से संप्रेषण नहीं कर पाते। घर में तो स्थिति और भी गंभीर हो जाती है। दरअसल वे अपनी प्राथमिकताएं ही नहीं पहचान पाते। अपने जीवन को सुव्यवस्थित करने के लिए उन्हें निम्नलिखित बातों पर गौर करना चाहिए–

(1) ऊंचे दर्जे के सफल प्रबंधक रोल मॉडल होते हैं। वे जो कहते हैं, वही करते हैं।

(2) वे अपनी व अपनी टीम के लिए समय व धन का निवेश करते हैं। वे शिक्षा तथा प्रशिक्षण द्वारा टीम के सदस्यों का मनोबल बढ़ाते हैं।

(3) वे समय को काबू में रखते हैं। उनके पास ऐसे साधन होते हैं जो कठिन समय में भी टीम की कार्य-क्षमता को प्रभावित नहीं होने देते।

(4) सफल प्रबंधक अपने स्वास्थ्य का ध्यान रखते हैं। वे जानते हैं कि स्वस्थ शरीर तथा मस्तिष्क ही योग्यता में निखार व प्रसन्नता ला सकते हैं।

(5) सफल प्रबंधक निजी जीवन के लिए भी समय निकालते हैं। यह भी एक प्राथमिकता है। उनके अनुसार, वे इस तरह स्वयं को ज्यादा प्रसन्न व सफल पाते हैं।

आप भी इन आजमाई हुई बातों को अपना सकते हैं। एक बेहतर व आनंददायक जीवन जीने के लिए घर, काम व परिवार से जुड़ी प्राथमिकताओं को पहचानें।

सफल जीवन के सामान्य रहस्य

(1) **प्राथमिकताएं तय करें**–निश्चित करें कि आपके जीवन में सबसे अहम क्या है? इसे अपने दिल में और एक कागज पर लिख रखें।

(2) **अपने लक्ष्यों को लिखें**–अपने लक्ष्य एक कागज पर लिख कर उन पर रोज नजर दौड़ाएं। फिर क्रमशः उनकी प्राथमिकता तय करें।

(3) **अपने कार्य की योजना को लिखें**–यह भी लिखें कि अपने लिखित लक्ष्यों को पाने के लिए आपको क्या करना होगा? उन्हें पूरा करने की तारीखें लिखें और उन्हीं के अनुसार काम करें।

(4) **सफल लोगों के बारे में पढ़ें**–इस तरह आप अपने लिए एक आदर्श जीवन जी पाएंगे।

(5) **सलाह अवश्य लें**–ऐसे लोगों की सलाह अवश्य लें जो आपसे पहले ही लक्ष्य प्राप्त कर चुके हैं। इस तरह आप बहुत-सी परेशानियों से बच जाएंगे।

(6) **सदा बेहतर चुनाव करें**–अपने लिए महत्त्वपूर्ण वस्तुओं से कभी समझौता न करें। आप वह सब पा सकते हैं जिसे आप अपने लिए तय करेंगे। जीवन में सदा बेहतरी की उम्मीद करें।

(7) **दूसरों की भूलों से सबक लें**–अपनी भूलों से सबक लेने की बजाय दूसरों की गलतियों से सबक लेना बढ़िया और कम पीड़ादायक सौदा है।

(8) **अपनी मांग पर केंद्रित रहें**–इस तरह आप अपने लक्ष्य तक पहुंच पाएंगे।

(9) **दूसरों को भी अहमियत दें**–किसी प्यारे से प्रशंसापूर्ण वाक्य,

आलिंगन, फैक्स, चिट्ठी, ई-मेल, उपहार व अपने कीमती समय द्वारा दूसरों को भी अहमियत दें।

(10) **स्वास्थ्य सबसे बड़ा धन है**—अच्छा स्वास्थ्य बनाए रखें। यदि स्वास्थ्य अच्छा होगा, तभी आप अपने धन का पूरा उपयोग कर पाएंगे।

(11) **वही करें, जो मन भाए**—अगर किसी दूसरे को नुकसान न होता हो तो वही करें जो आपको अच्छा लगता है।

(12) **शांत बने रहें**—शांत रहें ताकि किसी भी हालात में बुद्धिमत्तापूर्वक निर्णय ले सकें।

(13) **पूरा आराम करें**—अपने शरीर व आत्मा को ऊर्जा से भरपूर रखने के लिए पूरा आराम करें।

(14) **ढेर-सा पानी पीएं**—अपने शरीर की भीतरी सफाई के लिए बहुत सारा पानी पीएं। इससे आपकी त्वचा भी चमकदार और जवां नजर आएगी।

(15) **अनुभवी बनने के लिए यात्राएं अवश्य करें**—अपने क्षितिज का विस्तार करें। देखें कि दूसरे लोग केसे जीते हैं? अपने जीवन को भरपूर बनाने के लिए थोड़ा रोमांच पैदा करें।

(16) **जीवन में आगे बढ़ने का खतरा लें**—अगर कुछ पाने के लिए थोड़ा खोना भी पड़े तो कोई हर्ज नहीं है। नए अनुभवों से आप बहुत कुछ सीखेंगे जिससे जीवन के प्रति नजरिए में भी बदलाव आएगा।

(17) **प्रतिदिन कुछ नया सीखें**—यह प्रसन्नता का सबसे बड़ा रहस्य है। ध्यान दें कि जब आप कुछ नया सीखते हैं तो आपका मन खुशी व उमंग से भर जाता है।

(18) **श्रेष्ठता को अपना लक्ष्य बनाएं**—चाहे आप किसी भी व्यवसाय या काम में क्यों न हों, सदा श्रेष्ठ प्रदर्शन का प्रयत्न करें। यह आपकी बेहतरी के लिए है।

(19) **लगातार सुधार करते रहें**—कुछ भी न पाने की बजाय थोड़ा-थोड़ा पाना कहीं बेहतर होता है। जीवन के सभी क्षेत्रों में इसका ध्यान रखें और कभी न रुकें।

(20) **कंप्यूटर का इस्तेमाल करें**–अपने जीवन को सुसंगठित बनाने के लिए इसका प्रयोग करें। कंप्यूटर का प्रयोग आपकी प्राकृतिक क्षमता को बढ़ाता ही है और साथ ही समय की बचत भी होती है।

(21) **उत्पादकता की गति सीमा बढ़ाएं**–आगे बढ़ने की चुनौती लें और पूरी लगन के साथ काम करें।

(22) **सफलता एक यात्रा है**–सफलता कोई मंजिल नहीं है। याद रखें कि यह आपके लक्ष्य-प्राप्ति की ओर धीमी यात्रा है। इसका पूरा आनंद लें।

(23) **अपनी तुलना न करें**–दूसरों के साथ अपनी तुलना कभी न करें। बहुत से लोग ऐसे होंगे जिन्हें आपसे कम या ज्यादा मिलता है। अपने-आपको निरुत्साहित या कुंठित क्यों करना? अपनी तरफ से पूरी कोशिश करें, बस यही काफी है।

(24) **अपनी प्रतिष्ठा कायम करें**–अपनी ईमानदारी व सद्‌भाव द्वारा विश्वसनीय बनें। धीरज रखें, सभी प्रयासों का फल अवश्य मिलता है।

(25) **एक यादगार जीवन बनाएं**–बस वही काम करें जो आपके लिए महत्त्वपूर्ण और यादगार हों और अपने जीवन को नियंत्रण में रखें।

(26) **सादा जीवन जिएं**–आप एक कलाकार हैं। अपने जीवन को कला का एक सुंदर नमूना बनाएं। जीवन जब सादा होता है तो अपने आप ही सहज हो जाता है।

(27) **दयालु बनें**–दयालु स्वभाव की सभी सराहना करते हैं इसलिए जहां तक संभव हो, दूसरों पर दया करें।

(28) **प्रतिदिन व्यायाम करें**–प्रतिदिन कम-से-कम आधा घंटा चहलकदमी अवश्य करें। इस समय आप प्रकृति का आनंद लें या अपने लक्ष्यों व प्राथमिकताओं पर विचार करें।

(29) **स्वास्थ्यवर्द्धक भोजन करें**–प्राकृतिक रूप से स्वास्थ्यवर्द्धक भोजन लें। स्वस्थ भोजन से जुड़ी पुस्तकें पढ़ें। स्वस्थ व्यक्तियों से सलाह लें ताकि आप भी सौ वर्ष का स्वस्थ व यादगार जीवन जी सकें।

(३०) **अपने-आपको ईनाम दें**–प्रतिदिन शाम को अगले दिन के लिए लक्ष्य तय करें। वह लक्ष्य पाने के बाद अपने-आपको पुरस्कार देना न भूलें। आपके लक्ष्य ऐसे हों जो पूरे किए जा सकें।

(31) **मुस्कुराना भी जरूरी है**–जिससे भी मिलें, मुस्कुराकर स्वागत करें। प्रतिदिन किसी एक नए चेहरे को अपनी मुस्कान अवश्य दें।

(32) **'जीत-जीत' बस यही सोचें**–किसी भी हालात में जब सभी ऐसा सोचते हैं तो ऐसा ही पाते हैं। आइए, हम भी ऐसा ही करें।

(33) **कुछ सीखने के लिए पढ़ें**–अपने मनपसंद विषयों पर पढ़ने के लिए समय निकालें। आपको यह देखकर हैरानी होगी कि इससे आपको व दूसरों को कितना लाभ पहुंचेगा।

(34) **दूसरों के लिए मिसाल कायम करें**–अपनी पूरी अच्छाइयों के साथ दूसरों के लिए एक मिसाल बनें और प्रेरणा दें।

(३५) **जीवन को भरपूर जिएं**–जीवन के एक-एक क्षण का हिसाब रखें और उसे आनंदमयी बना दें।

(36) **संसार में कुछ हटकर करें**–संसार की बेहतरी के लिए आप भी योगदान दे सकते हैं। जरा सोचें कि आप क्या कर सकते हैं। फिर काम में जुट जाइए।

(37) **जीवन का पूरा मजा लें**–अगले घंटे में या दिन में, जो भी करें उसका पूरा मजा लें। जीवन की हर परिस्थिति को एक नया सबक मानें और उस सबक को कभी न भूलें।

(38) **क्षमाशील बनें**–इस तरह आप स्वयं को भी क्षमा कर पाएंगे और चिंतामुक्त होकर जी पाएंगे।

(39) **दूसरों को अपना योगदान दें**–इस तरह आप अपने लिए भी कुछ बेहतर कर पाएंगे।

(40) **स्वयं को प्रेरित करें**–अपने जीवन को एक चमत्कारपूर्ण प्रसन्नता में बदल दें।

10

नए वर्ष का संकल्प

यह वर्ष समाप्त होने को है और इसी के साथ हम अपने जीवन का एक और अध्याय बंद कर देंगे। कुछ लोगों के लिए पिछला साल बहुत अच्छा रहा और कुछ के लिए बहुत बुरा। नए साल का अर्थ है एक नई ताजा शुरुआत। चाहे पिछले वर्ष में कुछ भी क्यों न हुआ हो, नया वर्ष सब कुछ नए सिरे से शुरू करने का मौका देता है। आप इस नए साल को बेहतर बनाने के लिए कौन-कौन-से बदलाव लाना चाहेंगे।

कभी-कभी मेरे कंप्यूटर में खराबी आ जाती है। जब मैं इस पर काम करता हूं तो यह मुझे जता देता है कि किसी गलती के कारण यह प्रोग्राम बंद हो जाएगा। मैंने कोई बटन गलत तरीके से दबाया होगा या उस पर ज्यादा दबाव दिया होगा, नतीजन कंप्यूटर खराब हो गया। यही सब जीवन में भी होता है। यह भी उन फाइलों व सोफ्टवेयर के कारण अव्यवस्थित हो जाता है जिनका हम इस्तेमाल नहीं करते या जिन्हें हम नहीं चाहते।

अगर हम सावधानीपूर्वक जीवन में आने वाली अव्यवस्था को दूर नहीं करेंगे तो यह कबाड़खाना बनकर रह जाएगा। यह कोलाहल हमारे मानसिक व शारीरिक तंत्र पर भी बुरा असर डालता है। कंप्यूटर के साथ भी तो हम ऐसा ही करते हैं। जब कंप्यूटर का हार्ड ड्राइव नष्ट होता है तो जगह खाली हो जाती है। हार्ड ड्राइव से बेकार सामग्री हट जाती है। अगर मुझे कंप्यूटर का इस्तेमाल करना हो तो मुझे सोफ्टवेयर को फिर से लोड करना होगा। परंतु सारा सिस्टम सफाई के बाद नए सिरे से पूरी योग्यता के साथ काम करने लगेगा।

ठीक इसी तरह जब हम पुरानी जंग लगी मशीनरी, पुराने कपड़े, बैर भाव, बुरी भावनाएं और भावनात्मक बोझा उतार फेंकते हैं तो हमारा निजी तंत्र भी साफ होकर सुचारु रूप से काम करने लगता है। अपनी जिंदगी की स्लेट पर लिखी इबारत को पोंछ दें और नए साल में उत्साह व उमंग की नई भाषा लिखें। टोनी रोबिंस कहते हैं–"अतीत भविष्य के बराबर नहीं होता।" सबसे

जरूरी बात यह है कि कोई भी व्यक्ति दिए गए समय में बेहतर परिणाम प्राप्त कर सकता है।

आपको वही सब काम और आदतें दोहराने की जरूरत नहीं हैं, जो आपको लक्ष्य तक पहुंचने से रोक रही हैं। एक ही काम को बार-बार करते हुए अलग तरह के नतीजों की उम्मीद लगाना, अपने-आपमें एक बड़ी मूर्खता होती है। आप स्वयं तय करें कि कौन से काम आपको आपकी मंजिल तक ले जा सकते हैं।

इस नए वर्ष में आपको जांच करनी होगी कि जीवन जिस ढर्रे पर चल रहा है, उसमें किसी बदलाव की जरूरत तो नहीं है? जब आप बीते साल की यादें दोहराएंगे तो मधुर स्मृतियां भी सामने आएंगी। फिर आप उन बदलावों पर ध्यान दें जो आपके जीवन की दिशा बदल सकते हैं।

नए साल को बेहतरीन बनाने वाली जितनी वस्तुओं की सूची संभव हो सके, बनाएं। अपने साथ घटने वाली अच्छी घटनाएं लिखें। कम-से-कम ऐसे दस लक्ष्य व उपलब्धियां भी लिखें जो आपको प्रसन्नता व नए साल को यादगार बनाने की संतुष्टि दे सकती है। अपने लक्ष्यों के प्रति वचनबद्ध हों और उन सभी नीतियों पर विचार करें जो आप इन्हें पाने के लिए अपनाएंगे ताकि जब इस वर्ष का अंत हो और अगला वर्ष आए तो आप पीछे मुड़कर संतुष्टि अनुभव कर सकें। किसी काम को अच्छे तरीके से करने से बड़ा पुरस्कार क्या होगा?